U0871750

平湖历史文献整理丛书

《申报》平湖文献选辑

董建波　陆保林　主编

董建波　编

上海辞书出版社

《申报》平湖文献选辑

平湖历史文献整理丛书编辑委员会

主　　任

陆保林　赵正桥

副 主 任

郭杰光　陆曹珺

成　　员

董建波　贾吉丰　贾秀堂　蒋　杰　黄　艳
李文嫣　倪培培　沈　俊　李若凡　李雪锋
邱建立　石　路　田锡全　王　磊　于新娟

《申报》平湖文献选辑

目录

《申报》平湖文献选辑

导　言

报刊文献是研究近代平湖历史的重要史料。与档案相比，见诸报纸、期刊的相关新闻报道，从不同的角度提供有关平湖的历史记载。档案收藏主要限于机关公文，不仅受到公文形成机关和涉事内容的制约，还受到当时整理、保管和保存条件的限制，因而大多缺乏系统性和连续性。以之作为观察地方历史的依据，只能提供局部的视角和片断的内容。报刊资料在一定程度上有助于弥补档案的这些缺陷。我们在整理平湖针织业及近代土地文献时，已经关注到报刊资料，已从近代报刊中撷取部分篇章，与档案相互补充，互为印证。不过，受专题局限，整理出版的近代报刊资料还只是一小部分，尚需拓宽视野，继续开展近代报刊中平湖文献的整理。本书收录《申报》有关平湖的新闻报道，算是近代平湖报刊文献整理的进一步尝试。

《申报》创刊于1872年4月30日，停刊于1949年5月27日，前后延续78年，不仅见证了19世纪末至20年代上半叶的诸多重大事件，而且事无巨细地保留了许多地方事务的记录。其中，涉及平湖的新闻报道就包括从政治到经济，从县政大事到个人浮沉等诸多方面。在地方政治方面，相关报道就涉及清代平湖知县的更迭，还记载了辛亥革命以后历任县政主官的名称变化、人事变迁等，甚至对县政府机构中的人员变化，也有详细胪列。此外，这些报纸资料还对平湖县议会的组织机构、成员构成、人事纠葛、历次会议议程等有连续的报道。在国民党执掌平湖县政权后，相关的报道还涉及党务与政务等地方事务。此外，《申报》对平湖县教育会、商会、农会等机构的活动也有所关注，报道了这些机构的人员构成及其变化、主要活动等。在地方军事方面，相关文献对平湖的战略地位、主要兵事、主要军政人物等均有记载。平湖地处海防前线，在近代这一外患频仍的特殊时代，有关平湖（特别是乍浦）军情的新闻报道不仅数量较多，而且内容翔实。近代几次重要的抵御外侮的战争，大多有关于乍浦海防的报道，包括敌军窥探乃至入侵，以及乍浦守军防卫以及御敌，都有相关的报道。此外，近代在平湖范围内发生的大小军事活动，在《申报》中也都有相关报道，甚至连续追踪报道。在地方经济方面，相关报道的数量更为丰富。19世纪60年代以后，平湖与上海的经济联系日益紧密，《申报》对平湖经济的关注程度也逐步增加。作为上海西瓜等水果和菜蔬的供给地，平湖西瓜等的收成、价格在《申报》中多有报道。作为上海市场上稻米、棉花、杂粮等的生产地，平湖这些农产物的丰歉状况、供需形势、价格变化等，也是《申报》多个栏目关心的地方动态之一。将上海作为主要市场的平湖袜业，也以《申报》作为发布广告的主要窗口。由于平湖金融业与上海市场联系紧密，平湖钱庄、银行等的重要启事、声明，也多见诸《申报》头版。在地方文化教育方面，《申报》也保留了大量史料。在这份报纸的相关报道中，我们可以观察平湖近代学校教育的发展轨迹，可以理清平湖近代教育制度变化的理路，还可以认识近代教育发展过程中面临的种种制约。至于地方文化，这份报纸保留了大量平湖地方民俗文化的报道，迎神赛会的盛况、灯节的繁华等都可以在这份报纸中找到细致的描绘。此外，这份报纸报道了发生在平湖的诸多“治安”事件。偷运私盐、盗匪抢劫、遗产争讼、拐卖妇孺……这些新闻事件拼接出了一幅幅“乱世”图画。

在《申报》中，涉及平湖的报道主要集中在《地方通信》《教育新闻》《各地通讯》等栏目中，多层次、多视角地呈现出平湖近代社会变迁的历史画卷。与档案相比，这些报纸文献具有更为完整的连续性。出于种种原因，现在保存下来的近代地方档案，主要集中在20世纪40年代后期，抗日战争期间以及抗日战争以前各个时期的档案相对缺失，若要研究40年代以前的平湖地方历史，尚需补充收集第一手的资料。《申报》有关近代平湖的报道，可资弥补档案缺失，对于研究平湖地方历史具有独一无二的价值。尽管近代平湖也有若干地方报纸，但正如本书所录《申报》报道所示，这些平湖地方报纸大多缺乏延续性，未能提供一定时期平湖地方历史的完整记录。相较之下，以长期、连续、完整为特征的《申报》资料，对于平湖地方历史研究就显得更为珍贵。当然，由于平湖地方报纸与《申报》的视角不同，其相关报道在近代平湖地方历史研究中也具有不可替代的价值。在条件成熟时，我们将对近代平湖地方报纸的部分篇章加以整理，以便与《申报》相关内容相互补充，并为平湖地方历史研究增加新的资料。

《申报》平湖文献选辑

整理说明

一、本书收录文献上起清同治十二年(1873年)8月29日,下讫1949年5月16日。为行文方便起见,编目及出处涉及年份的均以公元纪年。

二、在文献整理过程中,尽量保留原始标题。个别缺乏标题的文献,整理时予以补充。若对标题有所改动,在脚注中做出说明。

三、原文以栏目、地名作为标题的文献较多。对于此类文献,以文内小标题作为主标题,在主标题中以小括号标出栏目名称及地名。若原文内包括多个小标题,也仅以第一个小标题作为大标题,各小标题另以加粗字体标示。

四、本书对《申报》中有关平湖文献的整理,尽量保留文献原貌。一篇文献中若不只涉及平湖,还涉及其他地方,则仅保留有关平湖的内容,并在标题中标明为节录。

五、由整理者更正的错别字,紧跟原始文字后面,以"[ ]"标出。疑似错漏的文字,直接补入,以"( )"标出。因原始文字漫漶而无法辨认的内容,以"□"符号表示。分别以一个和两个□表示缺失一个字和两个字,缺失字数三个及三个以上,则以三个□表示。

六、个别新闻报道有主副标题,整理时分列两行,以不同字号区分。

七、原始文献中间有蔑称、诬称等,整理时不作改动,请读者注意鉴别。

1873年

吞吃壁虎

阴湿墙壁间有毒物名旋龙者，或曰壁虎，即四足、长尾，形如蜥蜴之物也。最大者身长一二寸，尾则倍之。俗列之五毒，未闻可以下咽者也。浙之平湖县城北豆腐店伙某，常食此物。博彩而好事者令其取食，或赌酒菜，或博钱洋，被食者已不知凡几矣。一日，有人获得最长大者一条，与赌洋钱四员，[1]并有酒肉。乃因司空见惯，毫不畏难。往常则必用腐皮卷而嚼食，此次赌数较多，不许裹物，惹而取食，[2]未经动齿。因物尚活泼，竟自下咽。食毕如常，毫不致疾。直至载有余之后，人渐无力，肉亦消瘦，亦不解为何故也。其时腐已不能工作，[3]歇业在家。有江湖走方医家，见而惊问谓腹中可有动物否。答以无之。盖因日久已忘食此活物也。幸其妻尚能记忆，告其所以。医曰：是也，急宜取，否则数月后必为致命。夫妇求治，医虽允包，惟索偿定须洋钱十六圆，少一不可。某将退缩间，为大众邻居亲友担保，于成功拼凑，医者允之，遂令将病者各窍一并塞没，仅留其口，而倒悬之。咽喉周围搽以药粉，少停，物从咽喉中探出，急欲捉取，因滑腻而仍被缩进。医曰："难矣，恐人倒悬久则发晕。若坐起，物必不肯再出。"众人耸之，医即多搽药于咽喉。物果再出，立用铁钳夹住。众人围视，乃是壁虎一条，惟通身红色血艳耳。医曰："此物食时未毙，彼即涵养血中。人正血旺之际，伊不能翻动。偶或血枯，彼必摇动。犹幸是雄物，苟食其雌，则能于血中散子，早已莫之能救矣。"众人面面相觑而散。录出为胆大而妄食毒物者戒。

——1873年8月29日

浙友论今年两浙灾歉书

顷接浙友来函，详述今岁两浙被旱情形，并言前见中丞杨公奏报灾歉折内有

1 原文如此。

2 原文如此。

3 原文如此。

云“宁、绍、台三属尚可，诚恐杭、嘉、湖等处成灾轻重不同”等语，不识中丞果何所据。浙东诸县均匿而未报耶？抑中丞别有见闻而云然耶？某浙人也，浙东西之事势，以及今夏亢旱情形知之略悉，请为诸君详陈之。浙西杭、湖两郡，半属山县；嘉兴一郡，海盐、平湖两县则濒于海，其余州县地皆低洼，蓄水之湖逐处皆是，惟大小不同耳。若逢水患，淹没较易。至亢旱，则蓄水之湖不尽涸竭，尚可取水以资灌溉。且桑田随地均有，若蚕丝丰收，获利实厚。即令秋禾少获，尚可供完赋税，不忧冻馁。惟各山县，则畏旱成灾耳。然截长补短，虽有偏灾，尚不至如浙东之苦也。浙东县县非在山则濒海。即以宁、绍、台三郡而论，绍之与杭虽隔一江，犹若毗连，土尚相仿佛，故除山县以及濒海各处之外，小河尚多。第今夏过旱，小河之水亦多干涸。至宁、台所属，非山即海，蓄水之湖寥寥无几，而沿海各处地势较高，盖恐咸水风潮冲浸之故，海边塘堤更为高峻。塘外之地木棉居多，夏雨虽不充足，秋间幸无风潮，统计收成大约尚有六分。塘内之田亦有种稻者，今岁稻、棉均种之家，尚可勉强支持。最困苦可怜者，尽行种稻之农耳，颗粒无收，饥寒交迫，不得不别谋生计，将田弃置而不顾矣。为田主者，若尚有他术养生，不过赔累丁粮。倘专恃田以为命者，既须告贷以完国课，复须设法以养身家。盼望一年，仍复成空，其将何以卒岁耶？其将何以延至来年秋收耶？所冀幸者，父母官代报灾歉，虽不能有赈济之恩，尚可望有缓征之泽。今一旦得见中丞奏稿，始知旱魃既为虐于前，有司复为虐于后，使斯民竟有不能聊生之苦。宁、绍、台三郡，百姓何辜？而竟罹此鞠凶也耶？昔梁惠王于年凶之时，尚有移民移粟之举，亦可谓能尽心于民事也。而孟子尚言其不知王道。至答邹穆公之言，则责有司莫以告；谓孔距心之言，则责距心之失伍，甚至有旱干水溢，变置社稷之言。可见圣贤于凶荒之岁，无不拳拳于民者，至言变置社稷。必君臣皆能尽心民事，方敢变置，非徒漫焉归罪社稷已也。今岁两浙亢旱，均同一律，何以浙西成灾，浙东尚可？岂小民呼吁有司，而有司尚未禀报中丞耶？不然何以事出两歧也？夫为民父母者，平日受子民之奉养。及至遇灾，一任子民之颠沛艰难，置诸不见不闻、不议不论之列，父母斯民之谓何？而竟忍心若此也！

来函如此，未知信否。本馆代为录载，倘有仁人君子转达浙中各官，一究底蕴，俾小民不至既困于岁、复困于官，是则本馆之厚望也。

——1873年11月3日

1874年

同治十三年二月廿八、九两日京报全录(节录)

浙抚杨奏：陆清献公祠产基业，兵燹之后，契据不全，案卷毁失，彼此侵占，以致缠讼数年。今已断结完案，以后不准陆祠后裔再行售卖，以垂久远。

杨昌浚片：再浙江平湖县人陆胧[陇]其，康熙九年进士，历任嘉定、灵寿等县知县，卓有政声。寻以九卿荐迁四川道监察御史，抗疏直言，克彰亮节。平生持躬清慎，造诣纯深，学宗程朱，有功世教，入祀直隶江南名宦浙江乡贤祠。雍正二年，奉从祀文庙。乾隆元年，赐谥清献，并加赠内阁学士兼礼部侍郎衔。二年，遣官谕祭。仰蒙列圣隆礼儒臣，至优至渥，凡属官绅士庶，允宜尊崇贤哲，奉为师法。乾隆初年，平湖县知县高国鉴为之建祠于县，旋又赎回东湖各港十分之八即前明陆氏放生湖以为祠产。嘉庆初年，邑人捐置田亩，易湖归入书院，且湖边水阁埠头基地仍听陆姓收租，以作岁修祭祀之费，由县给照管业，岁输佃租。同治四年，臣在泉司任内，因察看海塘，顺至平湖，访悉祠墓均毁于兵燹，捐廉为之修整，复补刊遗书，以广其传。并饬县查明祠产，以资经费。乃被兵以后，案卷毁失，契据不全，湖边之地，祠产、民产分认不清，彼此侵占，以致互相缠讼数年之久，案未能定。经臣批司委员，会县查勘，并饬□嘉兴府知府许瑶光、宗源瀚先后提案集讯，亲诣确勘。缘此项基地，陆祠自承佃之后，其间出售数处，而历年久远，湖滨淤积成地，原佃之水阁埠头，渐移而前，祠生与民户因地相争，各执一词，结讼不休。该府等核其承佃之照、坐落之地及陆姓出卖年分之远近，悉心酌断，除水阁埠头向归陆氏收祖[租]及在县原佃归祠屋基三十四间外，其卖在近年应断赎者共十六间，各照契内原价，由平湖县知县邢守道捐廉赎回。又契照难凭断令归祠者，共十三间；契照年远，而新淤分数较多，断令划出归祠者一间半。尚有无人承认基地五间，亦断归祠嗣。据祠生陆念松以吕公桥外无主地二间，向非祠产，情愿让出。计共六十七间半，每间约得地二厘。此外确有凭据以及不在高国楹赎回界内之民业地基，仍令各管各业，诸造均各允服，取给完案，并据声明拟将东湖仍还陆祠，田归书院，俾免再有轇轕，俟议明另行筹办等情前来。臣复即查核，访之舆论，听断尚属公允，除饬给照执业，立石定界，不准陆祠后裔再行售卖，以垂久远，并将复湖事宜，妥议另办外，事关先儒祀产，理合附片陈明，伏乞圣鉴，敕部查照施行，谨奏。

——1874年4月29日

1875年

失妇求追

前礼拜四，有平湖人应德方在法会审署控称失妻一事，谓向以米铺生理，于上年二月十三日在本籍凭媒以银洋二百三十元曾娶马氏为妻。后因马病，至八月间，到申医治，遂即逸去无踪。前日，见在兴圣街之春祥永煤炭店内，当进查问，马竟一味含糊，故特求追等语。张公即着巡捕领应到彼，将马氏查拿到案，于礼拜六夫妇对质。马："本籍人氏，孀居有年。上年有宁波女人向我说乡间某户要觅一绣娘，即雇舟到平湖。然我不愿婚嫁，故即回申。现在家中尚有子十岁、太婆八十七岁，应姓实非吾夫也。"问官深知即系"放白鸽"之事，遂将双方送县办理。

——1875年4月19日

1876年

硕　鼠

平湖县某村闻有一巨鼠，大逾于猫，遍体作金赤色，白昼出入无忌人，有至其处者，晚间必阴耗之。粟米食物，日被侵蚀。于是遍觅俊[狻]猊，莫能制伏。村之对河某姓家素有老猫，生于嘉庆末年，后以兵燹失去。一日，忽复归家。人豢之，见其牙齿尽落，以为老而无用也。迎猫姑纳鼠所，村人目隙窥之，惟见鼠据梁俯视便浑身战慄，瑟缩有声。其猫自下跃上，直扑至地。随以两爪攫鼠腹，腹破肠裂，而巨鼠之患遂绝。村人取而称之，计重八斤有零。数猫年，六十有余岁矣。

——1876年9月13日

续记解散盐船

日前闵行镇盐船肇事，当经列报，惟情节稍有参差。兹探得实在情形，知此案之能解散者，乃松江府杨太守亲往查办之力也。当盐船初聚时，系在奉贤等处境内，因有常、镇两属之引商张顺昌承办商船，自行缉私，带得轮艇枪炮，各船计有数十号，截守浦江各要道，私盐船只不能出口，以致愈聚愈多，至有二三百号。然虽踞乡镇却不闹事，无非彼此守望而已。二十二日夜四更时，盐船有聚于闵行对岸之萧塘镇者，私贩结同数十人至浦边探望。因被巡船看见呐喊，随各相敌，彼此开枪，致有枪子飞开，误伤西瓜船户一人，私贩当即逃逸。此即传言闵行拒敌接仗之情形也。当奉道宪派员前往闵行檄府查办间，而府宪已接据属县禀报。维时民间既见私贩之众多，复因商巡之枪炮各船来此截缉，尚未准浙省盐运衙门咨会，一时彼此猜疑，人心殊形惶惑。杨太守深恐会营兜拿，或致拒敌，贻累民间。当即扁舟减从，亲往各乡，并止各处营巡暂缓举动。二十四日，私船已集胡家桥地方。次日黎明，杨太守仍乘一叶扁舟与奉贤县大令径往胡家桥。该私贩为首之孙、杨、刘、苏四人见此情形，随各执香跪道声诉凶贫违例，情甘改过，只求怜悯，给假归公。杨太守见彼至诚，并不声威，随亲查紧集之船，虽约有二三百号之多，其实真有私盐者不过一百二三十号，余皆所谓护盐之焦、湖、宁帮等处船只及停阻之小船耳。

查验私盐共计约有四万余包，所带之军械惟洋枪数十杆、火药数十斤、小刀十余把而已，并无别样炮械。杨太守见若辈扶老携幼，诚恳至切，许限三日内，即令为首者向各帮互相商定先缴器械，将盐斤提二成充公，余准每包给钱一百二十文，准各自新免究，否则未便从宽也。私贩欣然领命，杨太守亦往别处弹压。二十六日至南库［厍］地方，随传驻扎相近之华亭分防县丞邱二尹并该营汛哨弁，授以机宜，饬往查问曾否商定。去后，岂知二十七日，邱二尹等往查盐船已一号无存，询之乡人，则称太守动身后，各帮互相议论，内有一帮不允，遂连夜从新埭入浙境平湖等处而逸，亦间有至太湖者。杨太守以为不能拿究而使潜逃，深自引咎。然不折一矢，致此大帮盐船逸去，民得安堵无恐，是即默化于无形也。故是处之民今犹感颂之。

——1876年9月14日

1877 年

平湖丝业告白

闻杭、嘉、湖丝行向有定章，有力者请领部帖，无力者请给谕单，并领联票，俾其各自报捐。正捐之外，惟奉宪扣塘工、善后、保婴等项，其余不准添增名目，私自抽扣。煌煌宪示，通国皆知。闻得今年嘉属平湖县有陆某者，忽拟在平湖创开公行，不准平湖丝行□局报捐，一切丝捐均归伊手，名为代行报捐，实则为私意计。又有同县之某绅，欲向丝行增扣善后捐，每洋六文，且许禀请县示，抽归平湖公事拨用等语。又有秦某者，胆敢蒙请县示，开张秦公泰丝业经纪，实则并不买卖，欲向丝行每洋索钱两文，专招诸闲人为白拉计。闻平湖丝行年来颇见热闹，丝捐逐年加增。今年为此三阻，竟有不能开秤之势。想陆某之公行、秦某之经纪各属，无此格式，应可置之不论。惟善后一项，各属已奏宪示，抽扣两元一包。今平湖忽拟增扣每洋六文，私立公事名目，虽县示未肯发，然乡民闻之而散往别邑者□经共见，但愿就此寝事，则丝捐虽少，尚不至有碍大局。如果必要添增设，或乡人聚而滋事，谁可任此重咎？故我为县示之必不肯给，各行之必不肯代扣，亦势有所必然也。嗣知陆某一事，先经批准，旋复奉宪驳斥，此事既寝。秦某一事，业由平局卡员转禀府宪，已蒙饬县差押闭歇。诸患悉除，想六文善后之捐，亦无上再行添扣矣。今闻于四月念五日开秤，从此往来贸易，生业各安，虽彼处商民之幸，实由仁宪能体恤下情也。所有局札备录于左。

为札饬事。据平湖厘卡委员朱理问禀。据丝行全源盛等来卡面禀，职等向业丝行，除请领部帖，即遵章按年捐请谕单，由局给示开张，向不准有经纪名目。兹有秦公泰冒称经纪，蒙请县示，意在把持，兼肆需索，商等买卖均有窒碍，叩请转禀府局宪严行谕禁，以安商业等语。卑职当查秦公泰既无部帖呈验，又未捐请谕单，蒙混开张，殊干法纪。拟请宪台先行谕禁，一面札饬平湖县差押秦公泰实时闭歇，以安商业，以重捐款，并检呈该县发给全源盛丝行告示，禀请核办等情前来。查秦公泰既无部帖，又不请领谕单，已与原定开张丝行章程不符，乃敢藉词领照纳税，捏称丝业经纪，蒙混请示，意图挟制同业丝行，实属狡诈。除批示外，合行札饬到该县立即出示，将丝经纪名目即行禁止，一面押令秦公泰赶速闭歇，毋任藉延，切切，特札。

——1877年6月15日

续收平湖捐款

十月十八日收到王福森由平湖寄来助赈山西捐款，计开台衔于左：墨韵室十元，葛修本五元，俞贻谷、陆景记、萼雪草堂各三元，和泰庄、鼎元庄、巨康庄、裕来号、信和行、杨悦顺、涌源号、耕野、恒森号、皮业公、戴少记、俞青崖、恬养书屋、陶紫云、澹园各二元，大生行、大顺号、源昌行、赵裕丰、义记米行、北瑞泰、计裕生、陈茂记、沈恒记、萃吉庄、鲁义昌、封幼青、庆成、公豫、程泳琴、方俊卿、方芝香、蒋泖春、吴少秋、俞廷珍、俞仲谷、金笑梅、俞少安、俞水如、周金海、张雍睦堂、陆源盛、源记、元孚庄、胡侣记、徐泳玉、翠云山房、顺记、耦园、胡留耕、秦成裕、碧云水榭、胡晋荣、王庭骠、赵慧斋、顾仁亲、胡竹筠各一元，众姓一元，半吟芳馆主蔡景记、麒记、广兴、丰德记、云霞书屋、顺泰鱼行各半元。以上共合英洋一百元，特此布闻。果育堂敬启。

——1877年11月24日

1878 年

严禁赌博

赌博虽干例禁，而随处有之，总难风清弊绝，大抵土豪或差吏为之包庇耳。昨有浙之平湖客言及该邑赌风向称极盛，近自彭邑尊下车后，严剔弊端，力行整顿，故虽现届新正，而作明琼之戏者竟歇绝云。

——1878 年 2 月 19 日

六旬花烛词有序

许君翰香，平湖之乍浦人，风雅能诗，性耿介，迟暮未娶，今年已六旬矣。适同里有沈氏女，守贞不字，年亦与许君同。有友人闻而喜曰：此真天生佳耦[偶]也，因为蹇修以成之，择小春十日为合卺之期。明日同入，即为庆花甲双寿，诚佳话也。记之以诗：

结褵正俏杖卿时，梁孟留年未算奇。杯泛合欢应一笑，庞眉今日始齐眉。

生居同里又同庚，底事青春未缔盟。留与人间作佳话，白头双拜听吹笙。

芙蓉花老月初圆，镜里风情压少年。莫怪冰人迟撮合，前生注定此姻缘。

今夕洞房花烛艳，明朝海屋寿筵开。遥知雪点麻姑鬓，定有文禽舞彩来。

——1878 年 10 月 28 日

隔省缉贼

平湖某姓妇，随带细软归宁母家，为积贼郑福祥所窥，窃去枕箱一只，内有珠翠等件，价值数千；金凤冠一顶，抛存屋面。当即报县饬捕查缉。该捕役分人来沪，在宝善街遇一人，衣冠楚楚，所悬金表确系原赃，无如地在租界，又无平邑侯明文，不敢造次，一面暗暗跟随，一面着件回平湖报明邑尊，备文请上海县转请英会审员派差协拿，于昨日扭获。据闻，该贼住居连升客栈，已起出珍珠数十颗。捕役等当即将该贼飞解至平湖归案办理矣。

——1878 年 11 月 15 日

1879 年

界石宜移

客自平湖来，言及东湖之滨所立陆清献公祀[祠]产界石，其卑湿之处每为行人溲溺所污，且有妇女小坐其上。侮圣亵字，莫此为甚。所望官斯土者，亟为严禁，或陆氏子孙将碑石移置高处，不失敬祖之意，尤为得体也。

——1879 年 1 月 6 日

声明[丰泰烛店]

启者：氏夫沈增贤，宁波慈溪人，在平湖城内开设丰泰烛店。十余年来，并不亏空。无如氏夫于上年十月初回家病故，所有凭记、图章今已失去。现在店内一切事情，均归氏亲自经管。倘有人以本店之图章在外作为凭记，一概与本店无涉。言之在前，乞勿后悔。此布。二月初一日。

平湖丰泰店主沈洪氏告白

——1879 年 2 月 26 日

关提民妇

平湖人王龚氏与姑反目，私逃来沪。其始旋赴平湖县署指控，由平湖县备文关提。莫邑尊查得王龚氏在法租界新街花烟馆中，因照会法领事签字，协同巡捕及来差提人，于前晚提到。而无如名姓不符，故捕头着为暂押。昨解法公堂讯究，经孙明府询问，一称李周宝，一称李马氏，而来文所提之二妇，一为王龚氏，一为陈王氏也。盖缘王龚氏为陈所引诱，故一并关提。然二妇到堂，坚称名姓不对，何能将李代桃。问官谓此有原差在，况尔等皆系平湖口音，既称不符，候县署问明，即可放出。随饬送县，二妇正当出门，有一人自称张阿男者，高声喊称名姓不对，何能送县。孙明府见张阿男凶横无礼，着一并解送云。

——1879 年 4 月 18 日

助赈愈疾

平湖萱泽主人为孙患腋疽，形势甚剧，医治罔效，形神日见消瘦。知晋省凶灾，其于去年默拟助赈，遂得良医，进药数剂，疽患全化。想一念之诚，足贯神明，特具助晋赈莺［鹰］洋一百元，交本埠善堂汇解，并陈节略，交本馆登报，因乐得而书之。

——1879年7月20日

束脩画润助赈（节录）

平湖新仓黄棠珊孝廉，家素贫而好善不倦。去年，闻办豫赈，已竭力捐助。今闻晋灾未已，又以所得生徒之束脩洋十元寄沪以助赈需。又有乍浦王秋舲、□允卿、沈贤方三君，各愿以画润助赈。其润价及代收处所，本报后登有告白，兹不重赘。

——1879年7月22日

1880年

谭钟骥奏折（节录）

头品顶戴浙江巡抚臣谭钟骥跪奏，为修筑平湖县坍损石塘等工，一律完竣验收，恭折奏祈圣鉴：事窃照浙省嘉兴府属平湖县境独山、乍浦一带应修石塘等工，前经委员查勘丈尺，估需银数，并责令乍浦同知徐皋等妥速兴办缘由，业经臣奏……当经乍浦同知徐皋等亲驻工次，督率员弁购料集匠，自光绪五年七月二十日祀土兴工起至六年二月二十日止，业将独山往字号中十三丈，秋字号东三丈、西六丈五尺，收字号中十三丈，藏字号西三丈，闰字号东西各四丈五尺，余字号二十丈，间共拆修石塘六十七丈；又往字号东三丈、西四丈，秋字号中十丈五尺，收字号东三丈、西四丈，闰字号东二丈，间共砌石塘二十六丈五尺；又天字号起至岁字号止，间共填筑附土四百十丈，均已一律如式赶办完竣，统共用过工料银二万三千六百余两。其前次陈明，不请开销之乍浦吕、调、阳、云四号理砌大石塘三十四丈，亦经匀拨工料修办完整。详经臣饬委候补知县钱福年赴工逐细验收结复，均系工坚料实，如式完固，并无草率偷减取用工料，银两照估核计，亦无浮溢等情，由塘工总局司道核明会详请奏前来。臣复核无异，除饬前项办竣各工用过□两取造细数清册，并同图结另行详请题销外，合将修筑平湖县境坍损石塘等工一律完竣验收缘由恭折具奏，伏乞皇太后、皇上圣鉴，敕部查照施行。谨奏。

——1880年10月1日

1881 年

遗失汇票

今遗失汇票一纸，平湖通济庄支申信成庄，永丰抬头，八百二十五号八月十六期，□八元四百两，已向前途说明，作为废纸。望各宝号勿用。永丰坊启

——1881 年 10 月 7 日

1882年

私枭猖獗

月前探知金山县与平湖连界地方，有盐枭拒捕伤人之案，现在已奉通饬缉拿。盖迩来本省特设缉私水师后，巡缉綦严。此次闻系枭匪设伏，假扮民船引诱。有缉私炮船两三号，正在港巡缉，而伊等从港内驶出。炮船向问港内有无盐船，即架［假］称盐船甚多。诸炮船信而进港，始见拒敌，一面已塞截港口，以致□遭覆没云。

——1882年1月1日

失票（全盛局）

兹去年十二月二十四日平湖鼎乱，寄申恒安票元五十两，计六百零九号，十二月二十八日期。因此票遗失，早已关照前途，作为废纸。望各号不可收用。全盛局启。

——1882年2月24日

碰沉煤船

本月初有某甲之平湖船载米来沪，开至闵行镇与宁人某乙之煤船相撞，米船坚固，不过船头稍有损坏，仍乘风向北驶行。煤船则已沉没，人均落浦，幸得遇救。而乙误认碰撞者为停泊该处某丙之平湖米船，即向索偿船货值。丙与辩难明，乙即上丙船，随同来沪。船泊南市新码头，日逐吵闹。讵知甲船亦停在傍，丙稍得风闻，察甲之船头，固有损坏，而用芦席遮掩。询诸该船伙，则某日装米，某日开行，某日抵沪，日期相合。即向理论，甲不认前事。丙乃派伙看守甲船，俟其卸米时验米之干否，以觇其实，一面将情告乙。讵乙坚执前词，不肯指甲碰撞。及甲卸米时，米果潮湿，而乙仍惟丙是问。丙无奈，投上海县署，控请提究核断。经莫邑尊饬提甲、乙质讯，各执前词，矢口不移。邑尊饬查，得丙船果无损坏，乃谕丙船设使碰撞乙船致沉，安得乙船无损，显系误认。至乙既不肯指甲碰撞，毋庸丙为控甲等语,乙、丙二人尚哓哓不休。邑尊怒饬将乙、丙分别笞责,一并斥释。

——1882 年 4 月 12 日

拿 获 私 土

前日下午,本埠十六铺新码头洋药局巡丁蔡来顺等在平湖船上搜获漏捐川土十五个,贩客即时逃逸,巡丁等因拘该船户至局。局员将土充公,命船户具结保释。

——1882 年 7 月 3 日

丐 头 凶 横

贫至为乞丐,苦已甚矣。然犹必受丐头之管束凌虐,方得逐齐人之后,否则虽沿门托钵,竟有枵腹终朝而不名一钱者,良足慨已。浙江杭、嘉、湖各属,乞丐众多,凡开店居家者,非由丐头承包不可。包定后,给一纸牌,上书某某长看及照看字样,悬诸门,群丐即不敢滋扰。每逢年节,丐头向各户收取规费,先饱私橐,余则每年一次,散给群丐。其开发之期,杭城向在二月间。若嘉、湖各属,则均在端节前后。三处之丐,例得互相往来,领取包费。上月初十、十一日,杭城之丐赴平湖等处领费,有外来穷民随之而往。十二日,皆聚于平湖县西门外。该处丐头共十余人,而以南京阿宝、何思忠、朱二车、牛阿三等四人为最著。四人以杭丐众多,需款必巨,欲为吞没之计。因谋诸邻县丐头李少祥。李本凶横渠魁,兼与各炮船、各枪船熟识,遂不禁攘臂而兴,先醵金贿通炮船弁兵及枪船中积匪,约时而集。是晚,各丐头故假开发之名,与群丐争闹。群丐鼓噪直前,方各以老拳从事,不意一声枪响,各路伏兵齐出,戈矛并举,枪炮兼施。群丐本乌合之众,又皆老弱残兵,何堪遇此大敌?一时四散奔逃,有逃生不及者,尽被擒获,受重伤者约有二十余人。其中,有船户两人及一丐名赵六者,受伤更重,命已垂危。余则一时不能遍查。凡赤身逃归者,或遭刃伤,或受枪子,要皆体无完肤。并闻有陆姓、杨姓两丐妇,尤极狼狈不堪。各炮勇于捉人之外,并将群丐栖身之船五只焚毁净尽。是时,枪声震地,见官有至,各鸟兽散,无从拿获。而各丐之受伤卧地及避匿近处者,皆呼冤乞命。邑尊询明原委,令群丐先行散归,毋得滋事。其受伤之人,饬令各丐头领归医治,须视伤而定罪也。至炮船弁兵及枪匪等,俟查明确实,即当据情上详也。

——1882 年 7 月 25 日

1883年

浙抚新政

嘉兴斗山湾一带，素有湖南客民盘踞滋事，被其害者不可胜计。日间则强赊硬买，或拆梢打降；夜间则剪径穿窬，甚或纠伙盗劫。土人畏之如虎，而无计驱除。刻闻新抚刘仲良中丞抵浙后，深知此辈为害闾阎，故未经接篆以前，即饬炮船各哨，将该客民所居之草房茅舍一律焚毁净尽。于是客民纷纷逃徙，几如丧家之狗，亦有死于是役者。闻日来平湖、乍浦一带，背负肩挑者，若老若幼，殊形狼狈。此亦鸳湖友人来信（按本报前登）《土客残杀》一节未悉。中丞此举，是否因桐乡闹事后，故雷厉风行若此，抑或另是一起？来信未详，应俟函查再录。

——1883年3月31日

天地分明

平湖友人来信云，月之十二晚宵分时候，皓月当头，微风拂面，忽片云篆袅于天际，现出擘窠书凡四，其文为：天地分明。目击此异者甚多，翌辰谈者纷若，众口同声，皆谓得未曾有。并参以休咎之说，噫异矣！夫神龙夭矫，或隐约以成文；旅雁排行，亦凌空而有阵。从未闻叆叇光中居然作书示人者。姑妄言之，以符有闻必录之例云尔。

——1883年3月31日

鄂藩回籍

平湖友人来信云，前湖北布政使王晓莲方伯由长江到沪后，即于上月二十八日安抵平湖原籍。二十九日，恭祭祠堂。三月初一日，祭扫祖茔。初二日，通拜阖城官绅亲友，乘坐绿呢中轿，沿途观者甚众，市上亦倍形势闹。盖平邑地本弹丸，向鲜通显，故无不以一瞻丰采为幸。方伯此来，实足为宗族交游光宠矣。日前本报误登方伯已坐丰顺船北上，实系传闻之讹。合并更正。

——1883年4月12日

哨弁恣横

平湖东门外向设抽厘卡局，兼有炮船护卡。其哨弁善化某君，甫于上月廿八日接办。旧例每月炮船勇丁须登岸操演一次，本月初三日该弁初次阅操，下午率同在船勇丁十余名，即于吕公桥北首隙地从事。是处旷地甚宽，向有染坊晾布其间。适值操演，染司某甲恐枪子火药爆落布匹，婉恳可否稍远数武。讵操勇大张威武，不待词毕，遽批其颊。该弁亦揪其发辫，拖翻肆殴。甲以伤重，血溢于口，登时晕绝，逾顷而苏。染坊中闻信，各司飞驰前来，见甲卧血泊中，仅奄奄一息，即将甲扛入该弁公寓内。弁见事已如此，只得赴县首报，以甲阻挠操练，被勇误伤为词。平湖彭邑尊带同刑仵验得受伤不止一处，其时该坊东伙无一至者，邑尊饬传亦不肯到。遂赏大钱五千文，令速延伤科医治，一面饬令抬赴该坊医养。讵该坊不肯收留，并全坊人众躲避，锁住店门。谓甲亲属远在绍兴，未能克期至平。现在伤者生死未卜，设有不测，咎将谁属？邑尊不得已，饬该图地保将甲抬回下处，小心医治，俟伤平再作区处。传闻甲年未三十，去岁完姻，人甚长厚云。

——1883年4月17日

瘟牛弃水

入夏以来，各乡牛瘟，浙西尤盛，平湖、嘉兴两邑，瘟毙不计其数。因乡俗不许掩埋，□致煞为患，乃相牵投诸水中，由官给价，雇夫拖牛出境。刻下瘟牛数千头流至下游娄邑境内，黄浦江中松郡各河水皆发臭。居民汲饮，投以药物，犹不免致疾。鱼虾之属，肠中尽是牛蛆，市上无顾而售者。江南提督李军门慨然虑之，因绅士所请，拨炮船数艘，分布各港口，堵截瘟牛，不使入内。满江流蛆沿艘而上，兵弁等昼夜御涤，绅士日以酒肉相飨。特因上游浦狭，潮汐势缓，未能迅流出海。军门拟以轮船拖带，由沪赴淞，并关会沪北善堂设法协助。盖沪江势居下游，牛流过境，迟早在所不免，善堂自必慨助。事由军门主持，仁哉国之干城，而兼民之父母矣。

——1883年7月28日

杭州琐录[节录]

上月初,平湖县解到盗犯五名,类皆身躯雄伟、面貌狰狞,望而知为绿林之杰。闻解役传说,该盗等共系九人,中惟一个稍弱,其八人则矫捷善斗,如天马行空,不能以羁靮从事。幸是日营兵众多,然亦仅获其半,否则皆杳如黄鹤矣。该盗等本图劫一冰鲜鱼船,幸以所坐之舟太小,不能出洋,因先劫得一鲞鱼船。船中货物约值二百余千,而船户共有十四家,生业皆系乎此。该盗以为此区区者,我辈得之,则九人不足为杯水之济。而此辈失之,则十四家必致有性命之忧。因与渔家明言,谓暂假汝舟一用,舟中货物分毫不动,汝等只须在舱坐候,明夜即可见还也。渔户无奈应允,而船家则心怀疑惧,遂私逃上岸,密向营中首告。乘其不备,掩而获之。四人漏网脱逃,余皆就获。当即解县讯,系图劫未成,例无死罪,审实后押解来省,过司定案。五人皆系户魁,拳勇绝伦,现在身坐囹圄,项盘巨练,足上之镣,至再至三。然彼略不如意,则稍纵即逝矣。幸其性皆爽直,颇知王法,既经就获,不肯以免脱累人,故解役极为小心伏侍云。

——1883年9月3日

1884年

赌匪闹事

平湖姚家廊下村店数十家，素为博徒渊薮，其中最著名者为计申和、沈阿喜、沈白悌之数人者，同设赌局而各不相能。闰夏十二日，计方聚博徒作牧猪奴戏，呼卢喝雉，一掷千金。突沈白悌率其党数十人操刀弄杖，排闼而入，擒计，按地上，出尖刀剜其双眸，并将肾囊抉破。其党更拳脚交下，以致遍体鳞伤。时计家属闻信前来，未敢与沈抗拒。俟其去后，方扛抬至家，延医施治。计以小惠小信得同党欢，至是皆攘臂而起，欲图报复，遂于十四日昧爽，纠集百余人，赶赴东圩村，寻沈雪耻。讵沈已闻风远遁，其党忿无所泄，遂毁其庐，夺其牛，欣欣然唱凯而反。嗣经朱、何二绅士恐酿大祸，劝沈党凑洋五十元给计为医药资，事遂寝息。噫！开场聚赌，纠众行凶，匪类横行，至于斯极！有地方之责者，安可充耳不闻哉！

——1884年7月28日

嘉郡杂闻[节录]

前日，平湖县城内北寺前烟筒店不戒于火，水龙闻警驰援，而间壁又系茶馆，取水甚便，当即扑灭。只烧去水烟筒店一家，亦不幸中之幸矣。

平湖、嘉善等处奉宪札举办团练，以清匪类而保善良。少年子弟无不乐于应募焉。

——1884年8月30日

1885年

槜李杂闻[节录]

申防戒严，乍浦居民大有风鹤之惊，纷纷挈眷赴禾暂避。其由平湖迁至郡城者亦不少，房屋为之充牣。

——1885年3月13日

舟 子 争 论

近日，江、浙两省漕米运至沪上，势如云集，舟子以无锡人为多。舟人无事登岸，往往肇事。昨据无锡人王阿四、周阿春到案诉称，承装吴江县粮米来沪，船泊太古码头。太守问何事到案，周阿春称："管船者给我洋五元，放在身畔。上街买菜，与一人相值，即称欠洋今日可以还矣。我与伊素不相识，被伊等十余人围住，拖到城脚将洋摸去。当扭住一人送案。"翁太守谓："既欠洋又不相识，伊等何以知尔身上有洋？且十余人拖尔到城脚，必过吊桥，此在何时？"答称："在前晚八点钟。"太守诘之解案人张银才，据供："亦为船户，常熟人，装平湖县粮米到沪，船泊久大码头。同一亲戚到小东门，在同新泰烟馆楼上吃烟，伊等有十余人，均不认识，后因我等堕水烟煤，坐柜者即与我两人争吵，伊等帮同将我扭住，指为拆梢。同来者均惊逸。"翁太守问船主是何名字，称系王才宝，昨日甫到，尚有押米之人可以查访。翁太守得供，着将三人一并管押，待查明再核。

——1885年3月13日

乍 浦 近 闻

乍浦为浙洋要口。本月十六日，闻镇海交战，该处万分惊惶，水师统领卢协戎遣船哨探，归途遇见法船停泊洋面，四处游弋。于是居民店铺闻之无不丧胆，卜迁之乱，无间昕宵。平湖城外亦相率迁徙至苏、杭一带避难，船价为之陡涨。并闻二十外，常有法船三两，在乍口外来往无定，炮台各营昼夜严备，所有军报电信均由禾郡接递，以通消息云。

——1885 年 3 月 14 日

司事病民

浙之嘉属张经汇有玉环分卡，当江浙水陆要冲，捐数历居上考，盖无绕越之路，而投捐者卡上给以联单护照，以便别卡稽查验放，法至善也。局员则一年比较，得居上考，故得此差后，往往破壁飞去，历来皆能洁己奉公。即今之局员某君，亦以清谨自爱。惟司事巡丁则不能上下其手，出息有限。从中谨愿者，固能奉公守法，不致病民。近有某司事者，历充各卡司事，盘踞冲要，自至张经汇，额外苛敛，商民交困。近复节外生枝，多置巡船数艘，勾通巡役等人。该司事时于办公之暇，假公敛私，驾一叶小舟，来往于穷乡僻壤间。遇乡农之抱布贸丝者，无论零星，尺布寸丝，辄指为应捐之物，虽数十百文，居然勒索，取之不疑。前月廿七日，有某甲离张经汇十余里地名王康村，结伴至平湖货布贸丝，并售小豕。此村进出之船，固毋须由张经卡过，而该司事适驾舟集此，将船扣住，指为漏捐之物，将丝布硬取过船，勒索洋数十元。后经乡农一再叩求，而某甲以难对同伴，投水自寻短见，该司事见事不佳，让至二十元。众人将某甲救起，凑洋二十元，后闻该司事派与巡丁洋六元，余则尽饱私囊。某甲归后，怨愤交集，仍寻短见。呜呼！苛政猛于虎，若某司事鱼肉乡愚，其心更甚于虎狼。余有佃人为余细言，故□缕陈之。

——1885 年 6 月 27 日

1886 年

檇李樵歌[节录]

平湖县属之钱[全]公亭,一小市集也。是处有大王庙,乡人祷雨祈晴,往往有验,由是信奉益专。相传十月初六日为大王诞辰,每年醵资演戏,自初六日起至二十日始止,红男绿女,闻风齐集,诚洋洋乎大观也。而无赖之徒,乘此开场聚赌,以赚乡人财物。今年王西垞明府以其扰害闾阎,并恐游勇枭匪乘机滋事,先期出示禁止。而乡民仍复哓哓渎禀,请准演剧。明府遂派炮船十数艘,到彼弹压,并将为首之人拿办,以儆其余。

——1886 年 11 月 3 日

1887年

重整旧规

窃惟信局一业，原为便民通商起见。兹因杭嘉湖松江、乍浦、平湖各镇等处信价，向有定章，近来渐有参差，而局中归帐，例不减扣，以致收信友受亏非浅。为此□集同业，在公所妥议，于十六日停班，廿二日开行，信资载明行单，以复旧规。嗣后不准紊乱，倘有违章，察出重罚。伏乞各宝庄号鉴原为幸，特此预闻。信业同人启。

——1887年2月6日

1888 年

书画助赈[节录]

平湖沈君逌梅，名翊清，性耽翰墨，隶篆兼工，向为豫、晋告饥，屡以书画减润入赈，求者盈门。近读报章，悉豫、皖之灾情未减，奉、直之水灾继至，发书告急。恻然心伤，愿照曩例，收润充赈，一月为期，润例列后。

书：匾额，每字五角；对，每付三四尺三角、五六尺五角、八尺以外一元五角；屏，每条□对例；纨折扇，每握三角。油单及秋扇不书。

画：纨折扇，每握三角；册页、手卷每尺三角。均翎毛、草虫、花卉，余者不画。

——1888 年 9 月 30 日

失票（正大局）

平湖同裕庄十月廿八日寄，由本局带至杭省鼎记收汇昌支杭遂记庄兑，第七十六号十一月初四期票洋一百廿八元，其票行至长安地处遗失，业已知照遂记止付。早经挂失，其票以作废纸。望各宝号切弗收用。特此布告。平湖正大局启。

——1888 年 12 月 18 日

1889年

关提贼犯

月前浙江平湖县属某村人某甲家被贼窃去花布若干，报经县署饬缉。嗣经捕役访得该窃尚有别案，逃在上海，逗遛租界中，因之禀请邑宰出票关提。前日，带同眼线人等抵沪，访得该窃匿迹法租界，随派人将其住处围守，一面报请捕房派捕协拘。备捕头允之，将其人拘入捕房。大约今日须解送公堂，然后交来差押解归案办理。

——1889年5月16日

鸳水棹歌[节录]

平湖县属大通桥地方陆姓昆弟两人，皆已娶妻。其弟以跃马弯弓为事，已入邑庠。初七日，忽与妻反目，忿不可遏，持刀将妻砍毙。后经母族得信，欲兴问罪之师。陆自知理屈，即央亲族再三理劝，许以从丰棺殓，延僧追荐，遂得将就了事。

——1889年6月16日

湖楼听雨[节录]

前报平湖县属之大通桥某姓杀妻一案，兹闻系被其兄从中播弄之故。其兄与弟妇素来不睦，一日因细故而启争端，弟果持刀杀妻，而将首级交其兄。其兄见之大惊，亦欲杀妻以赎罪。女家恐再酿人命，遂得将就了事。

——1889年6月21日

槜李樵歌[节录]

平湖县属之新篁镇，丝市颇觉热闹，近有无赖辈开场聚赌，该处乡民堕其术中，因而丧资者颇属不少。此处嘉兴交界，经王邑尊访闻，派拨干差并移文平湖县吴大令会同前往兜拿。不料若辈早已知悉，先期逃散，未经拿获。然此后当不敢明目张胆公然开设矣。

——1889年7月17日

1890年

书润助赈

平湖沈逋梅先生素工八法，隶、篆尤精，频年饥荒，辄以笔墨助赈，海内赏鉴，无不争相求乞。今先生随使英、法，昨自苏来，卜吉出洋，尚需时日。诸同人仍以此相劝，先生亦慨然乐允，特开润目于后：计开扇册每件三角，廿四方以下不书。联屏四五尺者，每[幅]五角，大者酌加。件交电报沪局译报房陈祝三先生代收，五日取件。协赈同人谨白。

——1890年1月9日

平湖火警

浙江平湖县南隆泰南货店于客腊二十五日之晚四更后，因浇蜡烛以致失火，霎时上炽，毁去店面七椽。犹幸人口未伤，然失物已不少矣。

——1890年2月7日

1891 年

五茸爆竹［节录］

江北游民诡称逃荒者，结队成群，沿途需索，见有菜蔬牲畜，攫取一空。如在孤僻村庄，竟敢入室搜罗，情同抢劫。去冬松郡娄县、金山两属，若辈时来骚扰，致有械伤村民情事。节经禀县驱逐，彼始去而之他。平湖系江浙五县接壤，游民盘踞其间，升屋击门，毫无顾忌。有索至千金之多，而凶焰仍不稍杀。该地耆民不堪其苦，联名具禀。平湖县署吴大令赫然震怒，星夜会同乍浦抚标营并驻嘉之盐捕水师，整饬军容，前往弹压。游民始各鸟兽散，境内得安谧如常。

——1891 年 2 月 21 日

1892年

瓶山春眺[节录]

近日平湖县城□晚迎赛龙马灯及各式纸灯，火树银花，光腾紫陌，衣香鬓影，极盛一时，不可谓非升平韵事也。

——1892年4月22日

沪滨琐语[节录]

平湖人某甲向在原籍为京货生意，娶妻某氏，年轻而性荡，于今春背夫逃逸。甲四处缉访，杳无踪迹。遂于上月杪来沪，托友人某乙代为寻访。前日下午，乙行至南市升吉里俗名南四马路地方，与甲妻相遇。乙曰："踏破铁鞋无觅处，得来全不费工夫。尔夫思尔甚急，可速回去。"氏怒曰："我出外佣工，丈夫早已知悉。尔今日花言巧语，岂欲诱骗我耶？"其时旁观者甚众，均指乙为拐匪，不由分说，将乙扭住，以老拳从事，该氏乘间逃逸。乙孤掌难鸣，大呼救命，众人始释手。迨乙扒起，适甲蹑踪而至。乙向甲述明前情，甲正欲寻觅，而缥缈惊鸿，已无踪影矣。二人遂向南而去，以后不知可能寻见否。

——1892年8月1日

平湖火警

上月二十八日之夜，谯楼已报二更，浙江平湖县城内西街三登桥左近某姓香作尚遣学徒爇火烘香，不提防火堕香中，立时上炽。学徒骇而奔避，并不呼人救援。直至屋顶通红，经左右邻望见，始鸣锣报警。少焉阖城水龙驰往喷救，文武各员弁咸到场弹压，然已毁去上下岸民舍二十一家矣。翌日吴邑尊查知被灾者皆寒苦小民，遂饬役查明口数，每大口给以洋银一圆，小口半之。在籍绅士金若人观察方在病中，闻而悯恻，遂亦以洋蚨一百数十翼，按户派给，使之小本营生。

——1892年8月2日

观察骑箕

平湖金茗人观察息影在家，淡于名利。月前，忽被造化小儿所弄，医药无灵，延至初三日寿终。由诸公子置备棺衾，遵制含殓。在城官绅士庶纷纷往吊，车骑衔接于门。

——1892 年 8 月 2 日

禾客述新［节录］

平湖县属曹家桥某某，诸妇夙喜佞佛。某日，雇舟至姑苏赛愿，归后顺道至嘉郡烧八寺香，然后遄返，行至平湖东门外，时已向晚，遂系缆于荻花浅渚之边。初更时，梢棚所点灯笼忽然火发，舟子咸起而扑救，致船身侧重，诸妇悉堕入波心。幸某姓丝网船主伙见之，入河援救，诸妇始诞升彼岸，得庆更生。至翌晨，检点之余，尚少五妇两孩。少焉，孩尸渐浮至船旁，而五妇已毫无影响。船主知不免于罪咎，投平湖县自首。不知县尊将若何发落也。嘻！烧香原所以祈神佛庇佑，乃蓦遭巨祸，而神佛竟置若罔闻。君子曰，是真残忍之最者。

——1892 年 10 月 13 日

1893年

禾中琐纪[节录]

平湖县监犯病毙，禀请宗太守派委邻封相验。旋由太守委嘉兴县金邑尊往验。金邑尊奉委后，即于是夜登舟，二十一日午前已抵平湖，经该县差役人等迎接入署。设案检验，果系病毙，并无别情。邑尊遂填明尸格，饬即收殓发封。乘坐原舟，于傍晚回郡。闻该犯系去年缉获之海盗也。

新塍镇北栅外有一男尸，由他处氽来，善堂验有伤痕，嘱地保投县禀报。刘邑尊于廿一日带同刑仵书差，乘舟往验，果有刀伤两处。其人年约三十余，并无尸亲认领。邑尊饬令棺殓，并饬差捕缉凶究办。

——1893年3月17日

禾中杂录[节录]

平湖东门内外灯市异常繁盛，某染坊中埭房屋偶尔遗火，焚烧数间。传者遂以为该坊不肯收染灯彩，致被神明谴责。无稽之谈，真不值识者一笑也。

——1893年6月21日

1894年

由拳清话［节录］

平湖县城内士民各集资财，每晚迎赛龙灯马灯，并扎各式纸灯以及鳌山抬阁。俱用童男子扮演各种戏剧，雾鬓风鬟，丰姿绝俗，头马牌书“官清民乐，五谷丰登”八字，杂以锣鼓，更番迭奏，响彻云衢。往观者人山人海，直至参横月落，然后缓缓而归，谓非赏心乐事乎？

——1894年5月6日

绣州烟景［节录］

平湖东门外各店铺居民集资，于十八日为始，沿街搭盖灯棚，至二十夜通宵为止，计三日夜晚间，一律燃点，如入不夜之城。并传班在大王庙演戏，祝千秋神诞，以循历年旧例。远近士民咸各约伴买舟，前往观灯，异常热闹云。

——1894年5月28日

平湖盗案［两则］[1]

平湖朱宦家十三日为女公子出阁，一切妆奁概已备齐。不意于十一夜二鼓时被匪徒用梯扒进，软进硬出，搜掠一空。翌晨，投县报案。邑尊带同书差捕役前往踏勘。据报所失各物为数不少。邑尊允为赶紧缉获，当场将地保、更夫笞责，以儆其疏忽之咎。

——1894年10月19日

1　标题经编者修改。

禾中谈屑［节录］

平湖县城内外各店铺，悬挂万寿灯彩，自初七日始至十三日止，争奇斗胜，采烈兴高。远近居民咸各约伴而往，一开眼界。入晚鳌山万迭，大放光明，如入不夜之城。县署传鸿福堂京班自初九日始十三日止演戏五日。吴邑尊之太夫人亦值寿诞之期，在城各官绅咸往道贺。邑尊设筵款待，佐以梨园歌舞。主宾酬酢，尽欢始散。

——1894年11月20日

英廨晚堂案

平湖人朱居氏逼令寡媳史氏醮与陈金鳌，媳父史秋江向论，恃蛮争殴一案，由宋通刺提讯。居氏供认，事由丈夫朱岳清作主，通刺判将居氏交保，着交伊夫到案，再行核夺。已录前报。前晚，通刺升堂复讯，史秋江伸诉前情，惟求恩断。史氏供：自丈夫弃世以来，小妇人自知命薄，情愿始终守节。今翁姑既不容氏在家苦守，惟求大老爷施恩，将氏发交清节善堂守节终老，以全名节，感德无涯。朱岳清供：本不敢擅令寡媳再醮，实因家计窘迫，度日维艰。况曾与媳言明，将所得身价洋四十元为儿安葬之费，媳妇亦以为然。以后媳妇不知听信何人唆使，忽然翻悔。今蒙讯明，尚求恩典。陈金鳌供：宁波人，曾凭豆腐姐为媒，娶醮妇史氏为室，已付过身价及酒筵费用、衣饰等，共洋六十元。史氏既愿入清节堂守节，甚属可嘉。小的情愿将所付身价洋四十元求请免追，其外费用洋银及银饰等物，务求究追。通刺以史氏既愿入清节堂始终守节，可嘉之至，自应准如所请。着具自愿守节、决不翻悔保证存查。朱岳清、史秋江亦着各具遵结，并着朱交保出外，赶向陈金鳌料理清楚，不得延玩。余人一并斥释。

——1894年12月4日

1895年

西医神技

平湖人潘桐寅年四十岁，抱恙已三载，每经小便，疼痛异常，屡谒名医，竟难奏效。前礼拜日，雇人舁至美租界同仁医院求治。院主文医生验明膀胱内生有砂石，名曰"石淋"，须割而出之，方保无害。遂订期昨日奏刀。昨晨，约集西医李马宝三君讲求治法，议既定，即于十一时由文医生为主，复约同华医曹、仇二君，将潘按卧榻上，嗅以哥罗方迷闷药。然后，割穿海底穴，将砂石取出，用药敷之。有见者谓砂石如鸡卵大，其坚如铁。西医之技可谓神矣。

——1895年2月8日

观灯酿命

平湖于上月十八日起悬挂大王灯三日。适值天时晴暖，裙屐往来，较往年更盛。二十日，有南门外近乡甲、乙两人，各驾一舟，命俦啸侣，至东门外一扩眼界。舟泊木排之旁，至傍晚回船，甲、乙邂逅相遇。两人本有夙仇，狭路相逢，即图报复，当即振臂直前，旁人劝解不散。不料甲偶一失手，击中乙之头顶，顷刻毙命。甲乃弃尸河内，意欲逸去。经邻船目睹，当将甲拘住，投县禀报。吴邑尊于翌日带同书差刑仵，捞尸验视，果系要害受伤。填明尸格，饬即收殓，一面将凶手带回收禁，以待研讯。

——1895年5月24日

杉青闸纳凉记［节录］

传闻平湖亦患时症，有早发夕殁，不及延医者。地方官已出示晓谕，禁食西瓜，免遭意外。

——1895年8月18日

平湖分设华英大药房告白

仆因该药房丸散膏丹灵效有案，为此爰集同志，拟于中秋节后，由上海分设华英药房，并非专利，藉以济世。真有不肖匪徒，自谓生理攸关，□登《申报》，信口狂吠，不值识者一笑。况各店各记，风马无关，何至嚼咀若是耶？

——1895年9月28日

槜李新谈［节录］

平湖县吴佑孙邑尊在任有年，迩由大宪调省另委，遗缺檄委即用县王大令家骥署理。邑尊交缺毕，即行赴省。该县书差等于某日往杭塘恭迎王大令，旋于十二日接印任事。

——1895年10月9日

1896年

李氏琵琶新谱

平湖李芳园先生，鸳水名士也，雅擅琵琶，素称“国手”。五世家传，积有遗谱，向无刻本。兹特详加校勘，以付石印。其中算法、指法，各极其妙，详注曲旁，开卷便知。后附初学入门，即日出书。想知音者必以先睹为快也。上海昼锦里赐书堂启。

——1896年3月30日

南湖夏景［节录］

平湖东门外各店铺居民于十八日为始，搭盖灯棚，悬灯三日，并传文班演戏，以祝大王千秋，远近买舟往者甚众。闻灯景甚盛，城开不夜，人乐通宵。讵天不做美，夜半降雨甚猛。未知往观诸人如何淋漓尽致耳。

——1896年6月7日

1897年

禾中人语［节录］

闻平湖县妇女时有失去或被诱拐逃者，或因相约偕遁者，年皆在十七八左右。上月共逃去有五名之多。风俗之坏，正不知伊于何底也。

——1897年1月15日

1898年

平湖命案

嘉兴访事人云：平湖县属之钟埭镇乡间有某甲者，以缝纫为业，生有两女，年皆及笄。其徒某乙工作颇勤，心甚爱之，乃许以长女为室。乙不胜欣喜，操业益力。讵料甲忽变计，将长女另许与人。迨至去年完姻，乙始得悉。诘问之下，甲乃以次女许之。乙不疑，如常工作。岂知甲复将次女另配，今年正月某日于归。乙适不在，后始知之，不胜气忿，如颠如痴，即持厨刀奔至甲家，见甲即砍。既毙，复割□首级，挂于桑树枝上。邻右见之大骇，意欲兜拿。乙持刀乱砍，以致不敢上前，旋被逃脱。迨报县相验后，邑尊饬差严密缉拿。刻闻已在枫泾镇拿获凶犯，解案讯办矣。

——1898年3月11日

寻人[张仰渠]

浙江平湖新埭镇恒泰典当内于三月廿七晚逃走学生一人，带走满号金银首饰珠子，约值数百千文。今年岁数廿左右，身体不长不短，脸盘长尖，面皮带油瓷色，两眉有些倒下。身穿蓝洋布长衫、黑布棉背心、茶青罗绒夹套裤、墨绿心子□如意头京式薄底鞋子。原籍徽州人，现在平湖口音，姓程，小名叫玉春□叫焕光。此人上海未曾到过，一无朋友，谅想来申必寓客栈，每日必在热闹之处茶酒、烟馆、戏园游戏。拜托仁人君子代为察访，如其查着，送信谢洋廿元。获原人失件，谢洋五十元。决弗食言。上海西门内庄家桥南首望花楼南狮子弄张仰渠告白。

——1898年4月21日

1899年

减润助振

平湖方啸琴，工山水，素取润格八尺八元、六尺四元、五尺三元、四尺二元，扇页四角四[分]。因淮、徐赈济，绘堂画念张、扇页百张，润取减半。暂寓三牌楼，件交四马路两宜堂代收。

——1899年5月9日

舟中失物[节录]

浙省平湖县人名金和者，向为庖人，日前偕同乡人数辈雇一舴艋，乘之来沪，小泊南市赖义码头。前日午后，突有甲、乙、丙三贼潜入后舱，窃去洋银十一元及衣服十余件。后经船伙察知，告知坐客，令讯捕严为查缉。

——1899年8月30日

谋毙孩命

嘉兴访事人云：新篁镇乡间有地名将军坊者，系平湖县所辖乡。有某姓者所失去一十一龄男孩，四出访寻，绝无踪影。父母痛子情切，如醉如痴。某日，附近某处喧传有一孩尸，往视之，果子也，而左臂已断，知系被人谋毙，取去银练等物，将尸抛弃荒郊，爰投平湖县喊控。至二十日，邑尊始带同刑仵下乡相验。

——1899年8月31日

1900 年

赌 棍 已 获

松江访事人云：著名赌棍金昆秀前曾由县拘获，未几即乘隙脱逃。迩者客来自浙江平湖县境新仓，言及本月初一日，金挈妇驾舟来镇，在某茶肆啜茗。忽来枪船六七号，船上缉私营勇群至茶肆，将金拘获，锁锢送官。其妇飞奔逸去。

——1900 年 3 月 6 日

寻人［保昌衣庄］

海盐西乡任坤元，二十岁，在平湖保昌衣庄学业。七月十六日出门，至今不回。其人身长面长，尖鼻上有一黑印堂。如有仁人君子报信送来，必当重谢。平湖保昌衣庄海盐任祠堂桥任告白。

——1900 年 10 月 22 日

1901年

平湖新安义园咨照

义园之柩自乙未火葬，业经六载，今柩又拥挤，亟应埋葬，万难再迟。公拟冬至前掩埋，凡寄柩者如欲来领，务祈从速勿延。再，义园头门今夏遭风坍塌，殡房亦多损坏，急应翻造。苦经费短绌，更祈仁人君子解囊佽助，成全厝所，终始勿替，功德无量。同人公启。

——1901年9月14日

招寻老妇

杨盛氏年六十六岁，浙江嘉兴府平湖县东乡人，于七月二十日至龙华烧香，继到城内城隍庙烧香走散，迄今尚无着落。今伊子杨文和到申四处查寻，亦无音信。为特登报。倘有仁人君子留下，送到上海六马路仁济堂，谢洋五元。布告公鉴。

——1901年10月18日

1902年

捉奸酿命

平湖县人徐凤石间在某酱园执业，与侨居上海县署西首成衣店楼上潘海文之妻施氏结为露水夫妻，已阅三载。今春，潘侦知其事，颇欲得而甘心。徐恐好事多磨，旧缘难续，与氏密商，相率逃至闵行镇，赁屋同住。潘侦骑四出，踪迹杳然。旋由友人周桂生、万洪生、胡金和、周志亭等访明居址，偕潘同往，遂将奸夫淫妇一并拘获，□舟而回。不意行至中途，徐忽跃入河中，随流而去。适盐捕缉私营管带吴福海参戎督勇出巡，查悉其事，帮同援救，而尸身已不知所之。参戎以案关人命，遂将潘夫妇及周等四人一并解至上海县署，并拜会汪瑶庭大令，详告原委。大令即饬值日差前往彼处协同地保打捞尸身，一面将到案各人分别看管候讯。

——1902年6月27日

1903 年

戕弁详志

松江访事人云：平湖城汛千总沈弁因奉县主某大令札，追缉逃犯俞阿三，在金山县北仓地方被俞枪毙，并戕弓兵两人。事后，金邑主蒋澜江大令申详府署，称在华亭县界内酿祸。华邑尊陈仲陶大令派差驰往查□，确在金界，随取具地保切结，申复府尊。许子原太守委南汇县戴子迈大令往勘，陈大令亦遴差赴平湖，请将逃出之弓兵钱某带松，以便细勘。前日，钱已到案，禀称：是日停泊之处在一湾内，实系金山县境，去华境尚有二里许。岸上有屋数椽，可以指认。大令得供，谕暂留松，俟戴大令到松，偕往指陈。嗣询之弓兵钱杲云，沈弁系嘉善武举，雄伟有胆识，曾以捕斩匪徒十二名，得保升补平湖千总，到任仅四十五日，奉县札即带弓兵十二名、舟子六人，分乘三船，县拨差役六人，随同前往。至秀平桥匪巢，查抄不获。复往金水娘桥，又不获。将入江苏金山界，差役以未奉越境拿人明谕，托故辞去。沈弁遍探各乡民，知俞确在北仓聚赌，遂径赴北仓，至则知俞已于昨日移往大石头。乃回舟，令造饭。时已暮烟西起，忽闻枪声从岸上屋后来。沈弁急取十三响手枪，跃登鹢首，则俞党二十七人已齐在岸滩，枪声砰然若连珠，弹丸雨集，沈弁两攀机栝不灵。弃枪，取马刀，再出，则乳际已中两弹，俞匪近身复鸣一枪，铅丸穿腹而过，沈遂倒仆滩上。舱中两弓兵，一已中弹先死；一图脱逃，被斫毙命。其余各弓兵无可抵御，遂纷纷凫水逃逸。时钱于仓皇中尚闻沈言：我将死于此尔，可速逃。并用手推钱落水。钱乃顺手掠一絮被顶头上，泅往浅滩略避。幸在垂晚，否亦不免。事后俞移三尸于一舟，尽掠所有，并将两舟劫去。目下平湖县访悉不能获俞之故，因有奸民某剃发匠，受俞月俸，专一往来送信所致，故该剃发匠已获案讯实，禀准上游，于日内正法矣。

——1903 年 7 月 18 日

1904年

存折被盗

十月初二夜，盗失平湖瑞源庄存折一扣，十一月终期，洋二千元。报明［嘉］兴县立案，已向该庄说明作废。新篁郑泰顺隆告白。

——1904年1月19日

冒牌受罚

启者：元兴祥银楼开设在平湖城内孟家桥西首坐南朝北石库门内，于光绪壬午年开张，至今二十余载。货真价实，四远驰名。近有无耻之徒在平湖东门内小街口万祥首饰店内沈补金捏造伪金首饰，假冒元兴祥招牌。沈补金将冒牌伪饰当在西门内同兴典，又当在汤家浜同济典，现被本号察出。本属禀县请究，缘伊挽友再三求情，沈补金愿罚邑庙神戏一台，并再罚洋五十元，充入警察军经费，另立悔改笔据一纸。本号据情禀县，出示晓谕。惟恐外埠当铺以及仕商贵客尚未周知，用特登报，俾使咸悉。平湖县元兴祥银楼谨启。

——1904年1月22日

1905年

教授游民工艺

浙省各州县所设之迁善所，专禁寻常案犯，俾期自新，奈办理皆未得法。兹由平湖县徐印士大令于其署东捐廉起建房屋二十间，专令各犯入内学习织草帽、毛巾等各工艺，俾于期满释放时有业谋生，不再流为匪类。诚善政也。

——1905年3月26日

1906年

失票作废

平湖瑞源庄划付鼎泰祥去腊廿五期票洋一百元，第一千六百七十七号支申慎余庄照解，被途遗失，已向前途说明，作为废纸。望各宝号切勿收用，特登申、新二报声明。南市万茂启。

——1906年2月9日

创设浙西小轮公司

杭州往来苏、沪之三轮局，前已订立合同，颇觉获利。兹有某富商因转瞬蚕汛上市，特创设公司，备有小轮数艘，专走杭、嘉、湖及南浔、海盐、平湖等处。(的)

——1906年2月9日

复议开辟乍浦商埠

浙江平湖县属之乍浦口拟开商埠，早有是议。嗣因意见不一，遂尔中止。日前，王大臣复提议此事，拟即电致浙抚，详细测勘该处形势，再行酌核举办。而庆邸则谓，乍浦为全浙之要口，关系至重，未便率行开辟云。(上)

——1906年5月26日

声明［协隆和］

平湖县新仓镇北乡俞家湾桥协隆和油车由丁鉴臣纠集拾股，自上年大汛开作，归丁鉴臣经手，至今血本无着。现丁鉴臣匿账不交，反与王瑞卿私相授受，其居心之奸险，诚恐股中均受其串弄。特此先行登报。有股人具。

——1906年6月23日

大东轮船公司经理庆记上海平湖轮船局广告

启者：本局新置宽大坚快轮船，备有新式无锡坚固钢快，择于本月十六日下午四点钟开往平湖。嗣后，每逢双日，由申开往平湖，单日同时，由平湖开回上海，定期无误，风雨不更。船伙接待周到，饭食格外清洁，定价划一，童叟无欺。贵绅商客，光顾为幸。申总局设在铁大桥北堍西首，平湖局设在东门外南廊下。其乍浦、海盐、青阳汇各埠，皆有分局，并备驳船接送，以便行旅而广招徕，请就近购票为荷。

——1906年9月5日

1907年

巡检贿纵拐匪

平湖县属乍浦地方近来到有兴化客民甚多，专事诱拐小孩，贩运出口。前日被人窥破，获住多人，并搜出小孩□余口。当即送请该处巡检曹晋泰送县严究，讵皆为曹得贿宽纵。现闻该处绅民已赴府县禀控矣。（南）

——1907年3月11日

禀请电饬验放截留漕米杭州

浙嘉平湖之乍浦口向为偷运粮食出境之一大漏卮。兹由平湖县主杨大令获到一批，据称系石门县漕米，正在行文彻查。刻又续有所获。十八日，仁和县林大令面禀信方伯云，由省载赴沪局漕米误被截留，未便稽延，求请电饬杜大令查明放行，并派炮船前往护送，已由张中丞照准矣。（士）

——1907年4月5日

航船遇盗（琐事栏）

往来平湖、松江之航船于本月初三日破晓在松江西门外汊口地方被盗截住，将舟子捆缚推入舱中，掠去银洋、布匹，数颇不资。事后，即报请娄县何秋坪大令莅勘饬缉。（此）

——1907年4月20日

浙省米事汇记

平湖县杜大令钟骏查悉某漕船有溢额私米，数与护照不符，禀报到省，当蒙浙抚批示略云：此案查获溢装米石，道中原给运漕护照自系空白，发县填用。该栈伙所供补耗米石可难计数填入，今既于照外查有溢装，其为该米商藉照夹带，已无疑义，应将扣留余米，即照本部院日前通饬，全数充赏，由县移营分赏弁勇。至本届漕米已蒙恩准，缓运十万石，前经恭录行知，应由道查明沪局收支米数，如果足敷起运，该县禀叙各州县定购，未运之漕米五千一百石，应饬一并截留，只准省内自行拨兑，不准再运出口，致妨民食云云。(厚)

——1907年4月25日

平湖禀办平粜

平湖县绅董何之鼎等现在购定米五千石，每石价洋六元，即于提回积谷存款洋八千元内先付米商二成价洋六千三百元，所定之米仍寄存米店，俟开厂办理平粜时，随时支用。至奉给赈款银一千二百余两，加以绅商捐助银二千元，均作为平粜蚀耗之用。现已由该县杜子良大令禀请省台批示遵办。(右)

——1907年5月7日

日领与平湖县令之交涉

日商荫山又吉前控平湖陈二观所开陈源兴花生号不交定货一案，曾经日本总领事函致英廨，经关太守移请平湖县饬提该号主陈二观解沪追缴定银在案。兹因日久仍未解到，以致日本总领事以平湖县令有意庇护陈二观，是以抗不到案。刻下日商荫山又吉亏蚀折息甚巨，须由该县令赔偿等情，函请英廨核办。昨关太守爰即禀经沪道转电杭嘉湖道，饬令平湖县迅即遵办矣。(惻)

——1907年8月6日

营弁分领查获私米充赏洋元

候选通判何汝成日前呈报浙抚谓：昨奉兵备处袁道宪面谕，卑队本年春间在平湖县属查获出口私米一案，奉派充赏米三百五十石，遵即具领在案。兹在湖墅裕通米栈变价洋一千八百六十元，除提给哨官段兰魁等购线费洋一百二十五元，尚余一千七百三十五元。每哨官一员派给洋一百一十元，计正、副哨官五员，共派给洋五百五十元。每船头舵每名派给洋三十一元，计五船二十名，共派给洋六百二十元。正勇每名派给洋二十九元，计十五名共派给洋四百三十五元。伙勇每名派给洋二十六元，计五名，共派给洋一百三十元。以上共派洋一千七百三十五元，均于七月初五日照派给领，并无折扣等情，业已出示分派矣。（火）

——1907 年 8 月 27 日

平湖县邓令撤任原因

平湖县邓大令化龙到任未及两月，因加收茶捐，致动公愤，激成罢市。当经张抚派委候补知县吴大令宝鉴前往密查，兹查得实因办理不善，以致罢市。现张抚已将邓令撤任，另委张大令怀信接署矣。（还）

——1907 年 9 月 19 日

日商买花之交涉（淞沪要闻）

日商荫山又吉控平湖县陈源兴花行不交定花一案，前经公共公廨禀经沪道电请杭嘉湖道饬催速解，又经日总领事永泷一再函催，由公廨饬差移提在案。讵廨差至平湖，该县忽传谕县差进署，将信票吊销。廨差不得已回沪，将情禀复谳员。刻经关太守转禀沪道此案日领函催甚急，势难推迟，仰祈移请杭嘉湖道宪札饬平湖县迅速将人、卷解沪会讯，以免外人借口云。（的）

——1907 年 9 月 22 日

平湖县庇护华商之交涉（本埠新闻）

日商荫山又吉控平湖陈源兴花行不交定花一案，兹日领永泷君以平湖县始终包庇，并不查封提解案卷，亦未移廨，殊欠公允，业已函请公廨派差赴平湖县发封陈二观家产提沪讯办，并转禀沪道详请，浙抚饬县迅速办理，否则惟有将该县延搁要案徇情纵庇情形呈请本国驻京钦使径向外部交涉云。（企）

——1907 年 11 月 10 日

请究书吏串捏洋商（分类新闻 · 交涉）

嘉兴商务分会咨呈商务总局略称：拟平湖县商人陈汝增诉称：伊在平湖县全公

亭镇开张陈源兴棉花行，有上年遗失之空白发票，为现在上海新衙门书办毕端甫所得，捏填定花，于本年二月间控平湖县，诬商定货不缴，词内初未提及洋人。三月初十日，前任平湖县杜堂讯毕端甫供词，亦未提及洋人，乃毕端甫供词支离，谕各呈簿复讯，毕避匿不到。久之，忽勾串日本人出头，意在藉图胁勒等情到会，查商家现货交易用发票、定货用成单或合同。先交定洋若干，提货交足，此系通例。今毕端甫持计数不缴之发票，指为定花单据，而价洋一千三百二十元，全数交讫，于定单式例既不符，于定货情节又不合。况毕系衙门书办，不业花纱生理，即访觅买棉花，亦应由人介绍，岂有付价一千三百二十元之巨，过付无人，又不订合同，不签成单，仅执一发票为凭之理？诚如杜大令堂谕，该商虽愚，谅不至此。至毕端甫原词未提洋人，初供亦未提洋人。追讯见情虚，狡思恐吓。在日本人明达法理，必不肯出为干预。非系毕之所捏，必受毕之所给。应请檄饬新廨，将毕端甫解送平湖县归案讯办云云。（琴）

——1907年12月6日

松江提台刘军门致苏抚电（为平湖剿匪事）

抚帅钧鉴：艳电悉。二十七日，据金山营游击龚先第禀称，匪在平湖县属九华桥与浙军接仗，已派弁兵三十余名前往堵御。惟兵力单薄，当加派游击张普沾、孔德升，都司刘世金率带炮船枪划，分路驰往枫泾、金山一带，协同堵剿。尊处饬派师船堵击，极佩。芪筹才印。

——1907年12月10日

苏浙合剿枭匪汇志［节录］

平湖县禀浙抚电 杭州抚宪钧鉴：支电敬悉。盗赃已获。武生卢子秋等即详办，仍遵饬严拿。匪情详艳电。刻匪帮已窜往金山未散。苏营已到，分路会剿。平湖县张怀信叩。微。

平湖绅商上浙抚电 杭州抚宪钧鉴：平湖一带枭匪横行，成群结队，形同流寇。十日内，白昼连劫市镇多处，当铺、行号受累尤巨。嘉防营剿办不敌，匪势愈猖，裹胁日众，人心惶急，环叩迅赐饬派重兵，星驰剿办，否则必酿大祸，地方不堪设想。绅商朱丙寿、徐用福等公叩。宗。

——1907年12月14日

禀控县令阻留公款之批词（分类新闻·学务）

日前平湖县学堂堂长顾言行等具禀省台谓：前任邓令捐留学款，意图中饱，致堂中度支匮乏等情。兹奉抚宪批示云：查该县禀准带收串票由单钱文酌留纸张、工食，仅准每串三文，每单四文，其余尽数拨归学堂。照杜前令原禀掣发串单总数计算，每年约有学费五千千文之谱。前署县邓令何得谓除纸张工食之外，所提学费有限，难保非意图中饱。该令业已另案撤任，所有此项学费自应责成新任照案核实发给。惟该县征收钱粮，何月最旺，何月最淡，应如何结算收数，按期拨解之处，希布政司即饬该县会同办学绅士妥议办理，勿使吏胥欺隐，致干严究云。（斤）

——1907年12月15日

浙抚批准饬提被告解沪（本埠新闻）

日本商人荫山日前在公共公廨禀控浙江平湖县境陈源兴花行主陈二观延不出货一案，当经沪道札饬该县提陈解沪，嗣因延不遵办，复经沪道详奉浙抚批示云，候札饬杭嘉湖道迅札平湖县立传陈二观到案复讯，实情禀复，一面检同卷宗，将陈二观解沪传质，此复。（车）

——1907年12月20日

舞弊书吏归案讯办（本埠新闻）

公廨书办毕端甫前将陈源兴发票捏填定花，经嘉兴商务分会呈请沪道核办，兹梁观察以毕端甫胆敢勾串日商，讹诈内地商民，不法已极。业已札行公廨将毕端甫解送平湖县归案讯办矣。（琴）

——1907年12月21日

1908 年

平湖县张令再请加蠲(分类新闻·实业)

平湖县张大令电请加蠲,已志前报。兹又上抚藩粮列宪电云:奉定灾歉分数,平邑独短,委实不敷分派,民情惶急,临漕恐滋事端,敢再为民请命,余容到省面禀云云。未识能否邀准。(杭)

——1908 年 1 月 2 日

枭匪掳劫团董电文嘉兴

上月二十九日,官军在海盐县通元镇与匪接仗。匪改窜入乍浦,已志昨报。兹平湖友人又抄示电文,分录如下:

乍浦团防局禀各宪电

杭州抚藩宪钧鉴:乍浦平湖交界庙桥镇团董盛光中被枭匪掳去,军火枪械劫掠殆尽,民心惊惶,迅乞救援。乍浦东乡民团罗鼎熙、张德元急叩。(初二日)

平湖县绅商致嘉兴雷统领电

嘉防营雷统领鉴:今午有大帮枭匪,由海盐窜至本邑庙桥镇,声势汹涌,掳去团董盛光中。匪众团单,势不能敌,恳请派兵防剿,以安民心。怀信叩。(初二日)

——1908 年 1 月 10 日

嘉湖匪情汇电[节录]

平湖县禀各宪电

抚藩臬兵备处宪钧鉴:昨午,乍浦庙桥镇突来匪船多艘,掳去团董盛姓一人。乞迅赐拨兵剿办,卑职宜斑叩。

乍浦学界上浙抚电

杭州抚宪钧鉴:商电计达。枭警日急,调兵需时。乞电饬乍协先将调往平湖之练军速行撤回,以安人心。乍浦学界汪蓉第等迫叩。(初三日)

乍浦商会上各宪电

杭州列宪钧[鉴]：枭匪自元通镇接仗后，现均屯集海盐港，离乍仅三里。庙桥镇离乍仅八九里。今日城厢遍张伪示，人心惊惧，全市恐慌，将罢市。吁求速饬剿办，以靖地方。乍浦商会总理徐应良等叩。（初三日）

——1908年1月11日

日领催结不交定花案

日商荫山又吉控陈源兴不交定花一案，昨日领又函致公廨，略称：此案延宕已半载有余，被告陈二观恃平湖县及商会为之包庇，屡次抗提，殊堪骇异。请从速移提归案严究，务于华历年内办理完结，毋任恃符藐玩等语。现宝大令已禀请沪道核示矣。

——1908年1月23日

苏省防匪汇闻

平湖县请咨苏抚合办民团

浙省平[湖]县张大令以匪徒久在苏浙交界，出没无常，舍筹办团防，别无万全之策。特邀集城乡绅董，限以时日，自城厢以至乡僻村落，一律购械设团。城厢分东、南、西、北、中五段，各设团局一处。每局每夜轮派团丁二十名，更由商铺集款合募壮丁四十名，彻夜分班，互相梭巡。各乡亦按坊设团，团丁自五六十名至百余名不等。惟是一邑之中，筹布固贵周密。若交界各县未能合力通筹，一经遇匪兜拿，仍不免有此拿彼窜之虞。必须咨明江苏抚院，通饬苏、浙两省交界各县，一体认真筹办民团。凡遇匪警，逐团鸣锣为号，不分畛域，与随处防兵、警军奋往截击，一面仍实行清乡事宜，庶几匪无可窜之路，村无窝匪之人。匪情虽狡，当亦无从托足矣。现张大令已将以上各情禀详浙抚冯中丞，请即咨明苏抚，通饬各州县一体照办。

苏抚通饬各州县整顿民团

苏抚陈伯帅接准浙抚冯中丞咨开，据署平湖县知县张怀信禀称：匪踪不定，请咨明邻省，通饬会办民团，一律防堵等情。特行咨烦查照转饬交界各县一体筹办，以期尽绝根株，是为至盼。伯帅据咨，即通饬各州县，略谓：苏省团练，虽经迭饬整顿，无如官怕办事、民怕出钱，无非虚行故事，坐视匪势披猖，地方骚然。言念及此，殊堪痛恨。兹准前因，合行通饬与浙交界各县一体遵照，将团练事宜认真整顿，务使守望相助，足以自卫。倘再敷衍粉饰，以致匪警频闻，毫无实效，定行从严参办。仍将办理情形限一月内禀报察核。

——1908年1月26日

获匪正法

平湖县张大令前日拿获枫泾败匪吉阿三一名，左足有枪弹伤一处。讯据供认，随同夏竹林抢劫平邑团防局及轮船、袁化［花］镇不讳，并供屡抗官兵，左足实在枫泾受伤等语。张大令以该匪临拿拒捕，格伤甚重，即电请浙抚先行就地正法。

——1908年3月19日

劫轮要匪就地正法

日前，平湖县张大令电禀浙抚，略谓：前据探报平匪冯阿龙被常熟获案，改易姓名，希图卸脱。当经电禀苏藩宪，于二月十七日提犯到案。讯认纠众掳掠、抗拒官兵、截劫商轮、强抢得赃各案不讳。查该匪著名凶悍，去冬平邑盛姓斜桥团局抢案，皆其为首，党羽众多，未便久稽显戮，可否即行就地正法，以昭炯戒。冯中丞接电即飞电嘉兴府杨太守云：顷接张令电禀获匪冯阿龙，讯认不讳，由府速委妥员驰往会审明确，果系情真，罪当就地正法，一面录供驰报。

——1908年3月27日

饬查平湖长兴学务（分类新闻·学务·杭州）［节录］

平湖县令禀陈县学堂办理为难情形

奉浙抚批示云：兴学为地方公益，允宜和衷共济，期收成效。据禀该县学堂长顾言行前被高廷楫等无端诋控，沈元勋等竟乘该令晋郡集会，一方面少数之人另举一烟瘾素深之朱凤冈。迨定议堂长，转由该令兼充，又欲争举教员。植党营私，概可想见。一味委曲求全，殊于教育前途有碍。查部章，自高等以至小学，监督、堂长、教员等皆由提学使分别聘用、委派，并受其节制。自应遵照办理。仰提学司

迅饬省视学驰赴该县，会同该令查明情形，妥议办法，即慎选合格堂长、教员，派往接办，俾得早日开学。（比）

——1908年3月28日

平湖学界之堕落（分类新闻·学务·浙江）

平湖县张令出示，略谓：平湖学务荆棘丛生，明人达士望而却步，劝学所王总董见机高举于前，今顾堂长言行又复再三告退，势难挽留。本县原拟邀集绅、学两界，投票公举。惟被选人之资格易定，选举人之资格难定。苟严为限制，既迹近不公。倘概与包容，则市侩编氓皆得滥竽充数。况人心不古，运动为能。将多数之是从，则人非公正。将正人之是取，则得票非多。倘致再起风潮，互相攻讦，甚或效野蛮人之举动，演成无意识之竞争，则培植人材之地，几等于争权竞利之场，不特失本县调停整顿之苦心，殊负朝廷兴学育材之至意。查《奏定高等小学堂章程》，地方官有监督学务之责，有选派绅士襄办学务之权。委任非人，有失举之过，责无旁贷，道贵变通。堂长一时未得其人，暂由本县兼摄。择教员中之品敦学粹、老成持重者，由本县委任兼充管理员。似此无权利之可争，庶几风波之不起。迨试办三月，别无流弊，然后选举堂长接办。即劝学所、教育会各事，宜亦可次第兴举。（乎）

——1908年4月3日

查明日商购花之诬（本埠新闻·要事）

日商荫山又吉前控平湖陈源兴号主陈汝增不交定花一案，曾由沪道移请杭嘉湖道札行平湖县，查提陈汝增解归上海英廨讯追在案。兹由平湖商会禀陈沪道，略谓：此事系由上海英廨书吏毕端甫在路拾得陈源兴空白发票一张，捏填定花，勾串日商诬控，希图讹诈，实无日商荫山又吉定花之事。请饬英廨迅将毕端甫解送平湖县讯究等情。昨由梁观察札行英公廨宝谳员核明办理。

——1908年4月4日

分统缉获枭匪

分统上游江巡徒阳缉私等营徐梅汀副戎麾下哨弁盛文奎在浙江平湖县□全宫

[公]亭地方缉获枭匪乔二一名,旋在乍浦地方续获张和尚一名。该二匪均系已歼枭魁夏竹林之羽党,当于廿六日押解到苏,禀经瑞督办饬发清乡局审判所讯办。(为)

——1908年4月28日

平湖禁烟局议拨膏捐(分类新闻·政界·浙江)

平湖县绅民联名公禀省台,谓该邑实行禁烟,联合各界组织专局,暂行简章亦经禀县立案。应需经费统由士民捐集,势难为继,致本年所需迄无把握,烟伙习艺所亦未举办。现经邀集绅、商、学界公同会议,决定暂借佑圣宫房屋开办习艺,妥定专章,应需各款请即援照嘉兴禁烟局成案,将膏捐每两酌加三分,悉数拨充,俾收实效而除烟害。闻已饬厘饷膏捐局核议复夺矣。

——1908年6月4日

膏捐不能为警察经费(分类新闻·政界·杭州)

平湖县张怀唐大令以该县巡警经费异常支绌,通禀省台,请酌拨膏捐四成以资接济。现奉膏捐总局批云,膏捐项下向有带收学费,酌留四成,其余四成关系各国偿款,断难再行动拨。至禁烟局经费三分,如果就地筹办禁烟事宜,尚可准予拨留。原以寓禁于捐,将来禁烟实行,禁绝捐亦随尽。警察清乡为保护地方而设,自应官绅合筹,以垂久远。若概仰给膏捐,为饮鸩止渴之计,殊与原定章程不合,碍难率准。仍仰该县会商绅董,另行妥筹。一面速将应解膏捐克日迅缴,毋稍违延。

——1908年6月15日

邓令发押记闻(分类新闻·政界·杭州)

前署平湖县邓革令化龙于上年交卸县篆后,经征正杂各款延未缴清。现经颜方伯密委朱大令浦由某处守提来省,禀经藩宪发交仁署看管。闻邓令已于今日差人禀知上宪,愿解清交代银两,或可量邀宽贷矣。

——1908年8月21日

杭嘉湖七州县公请折解截漕（分类新闻·政界·浙江）

嘉善县徐宝棻、平湖县张怀信、前署嘉兴县丁夒、前署富阳县李恩敬、前署钱塘县伊象昂、秀水县秦国均、前桐乡县沈惟贤以各属秋禾歉收，拟将三十三年截留漕米奏请折价报解，免购本色补运，以裕民食，昨特公禀省台，略云：杭、嘉、湖三属征完光绪三十三年起运漕粮，因各县秋禾被灾，经前抚宪冯电奏，准其少运米十万石，留办平粜在案。现值秋收之际，本应将嘉属截留之米如数购运赴沪交兑，只以外县收成异常歉薄，既须征运本年新漕数十万石，如再购运上年旧漕六万数千石，深虑明春民食匮乏，接济为难。且知县等所截漕粮减价交商粜售，每石仅止洋三元八九角及四元二角，前奉札饬，每石解洋六元零五分，即使将随收二五耗米除扣练兵学堂经费全数贴入外，每石尚不敷洋一元有零。如嘉善截留米二万七千六百余石，嘉兴截留九千九百余石，海盐截留八千三百石零，石门截留六千六百余石，桐乡截留四千九百余石，平湖截留四千四百余石，秀水截留三千三百余石，约计每县多则赔累三万数千元，其次则一万数千元及七八千、五六千不等。知县等再四筹思，惟有仰恳宪恩俯念民食匮乏堪虞、下僚赔累尤甚，俯准按照历年折免米价，每石折解银二两四钱或二两八钱，均候酌定。

——1908年10月19日

平湖商界请设商会（分类新闻·实业）

浙江农工商局据平湖县禀云，昨据徐嗣昌等联名具禀省台，请设商务分会，并于本月起联络各业董组织成立，公举陆增铨为总理等情到县。查商会为统一机关，至为重要。平湖、乍浦同为滨海要区，水陆冲要，轮舶如云，商货辐凑[辏]，维持保护，端赖商会。可否量予变通，援照乍浦成案，准予咨部。汤观察据禀，即详抚宪咨部核示。一面移知省垣总商会调查平、乍情形有无窒碍，以凭核办。

——1908年12月11日

江浙巡舰拿获贩私划船（分类新闻·政界）

江浙内河巡舰舰长林焕铭前日巡至苏属昆山县境茅塔港，见有形迹可疑之划船三艘，饬令停验。船中人置之不理，并力开驶。旋以该巡舰将次追及，弃船逃窜。时适盐捕后营胡领哨驰至，帮同追获王大贵一名，并划船三艘、私盐十二担，当即一并解省，禀经瑞方伯饬发清乡公所审讯。据供由平湖县属钱公亭地方之韩春五、方两毛雇用摇船，并非贩私。其盐亦系韩、方两人自己所晒，求请开恩。当饬发交长洲县管押，候禀请方伯饬县查办。

——1908年12月17日

1909年

士民实行调查(嘉兴平湖)

平湖县调查选举事宜已于十一月二十一日由本县苏大令邀齐城镇绅、商、学三界进署集议。初拟划分四区，嗣以投匭不便，改划七区，并由县令派定调查员五十三人，已于十一月二十六日分赴城镇各乡，切实调查，限明年正月二十日前一律告竣。

——1909年1月6日

小轮拖运漕粮之利便

浙江粮道李观察以平湖县上年冬漕现用小轮拖运，移请沪道转致新关好税司核给免验专照，曾志前报。兹由好税司查得浙省各属漕米均用轮拖，不独平湖一县为然。现拟以后凡有小轮拖运浙省漕粮驶过本关南卡，只须报明此系浙省漕粮即可，立刻放行。所请核给专照一节，似可无须给发。昨已函复沪道查核矣。

——1909年1月31日

檄查乍浦海口航路情形

杭省农工商矿总局檄饬嘉兴府，略谓：奉抚宪札开，据职商楼景辉等禀，拟就乍浦地方集股试办裕顺航业公司，购置大小轮船，分驶宁、台、温、杭及苏、闽等省，请奏咨立案等情到院。据此，除批据禀该职商等拟就乍浦地方试办裕顺航业公司，购置大小轮船数艘，分驶宁、台、温、杭四属及苏、闽等省，事属可行。惟与各项税厘有无窒碍，资本能否备足四十万，其中有无外人股份，候分札宁、杭、温三处关道及厘饷局、农工商局，迅速确切查明，据实禀复察夺。并由农工商局即将此批转饬知照，立即遵照批指各节，确切查明，据实禀复。杨太守奉札，即转饬平湖县查明现今该海口航路实在情形。速即禀复转详。

——1909年2月26日

会勘米船被撞情形

浙江平湖县第四批漕米装船两艘，由庆记公司之恒隆小轮拖带来沪，于上月廿二日驶至商市大码头浦，而被日商满珠丸轮船撞沉一船，计共装米五百石，曾由浙江海运局禀奉沪道函致新关税司，饬派理船厅往勘在案。兹闻理船厅于前日会同满珠丸等船主前往失事之处，勘得是日满珠丸轮船于潮涨时由北往南驶至信源洋药趸船相近，见有恒隆小轮拖船三艘靠浦东一面，由南驶北，迎面而来，追至逼近，忽由该小轮将舵右转横驶，在满珠丸船头经过，满珠丸无从避让，致将该小轮所拖第三只漕米船撞沉。此事皆因该小轮横驶所致，所有沉没之米价、船价，应由恒隆认赔。现已将情复税司核办。

——1909年2月28日

札饬协剿平湖枭匪之原因

苏抚瑞中丞据浙江平湖县职员蒋锡荣等禀称，该处枭匪纠党贩私，猖獗异常，请即派员会剿等情。当以枭匪乔三结伙多人，麕集独山地方，驾船贩私，实属玩法已极。该地既归浙省管辖，苏省兵队未便越境捕匪。惟内河巡舰为两省捕枭而设，立即札饬博统带会同嘉兴缉私各营，前往严捕。并电请浙抚部院檄饬会拿，及行盐捕营统领汪道知照。

——1909年11月19日

乡民与小轮为难

立兴公司专开平湖班之新大小轮前日行至新埭港地方，突有乡民张富根、张根和、张根发、张宝和等四人因伊等之石头船曾被撞沉，人俱下水，该轮船并不援救，一并上船向之理论。旋被载至沪上，拘送工程局，请为讯究。陈副裁判以事在平湖县境，着赴该管地方官衙门控理。

——1909年12月28日

1910年

彻查官民好恶不同之学董

嘉属平湖县劝学所总董周绅恭威旧□，上学期经各界开会公举，事任期年，毁誉参半，于官界尤称圆融。故年终甄别，由该县出具考语，通详上峰并送成绩图表在案。讵腊底忽有士民张太等联名多人呈控抚学各宪，以该总董营私结党，劣迹昭著，请饬查办撤换，以维学务等语。袁树五文宗阅牍，大为骇诧，即日札饬苏府，谓该学董办事可观，已据县详成绩，何以与现呈大相径庭，殊堪骇异。究竟该总董有无结党营私情事，仰即秉公彻查。

——1910年2月17日

营弁诬良为盗

金山县属吕巷镇冯姓家去腊被盗匪明火执械肆行抢劫，失赃颇巨。日前，飞划第三营管带沈葆义即沈小阿妹率同勇丁多人，在平湖县属三［山］塘地方擅将平民陆爱福、曹子明二人拿获，既无赃证又无眼线（闻该二人与营勇有隙），先在飞划船中私刑拷逼，勒令供认。次日，解送金山县归案审办。想贤有司详细推鞫，必能得其真相也。

——1910年3月18日

海军与公产

平湖县学界胡际虞等具呈抚院，谓该邑向有登瀛善举，田亩系乃祖独力捐助，现在会商同族，拟将是款悉数拨充海军经费，河海细流，俾尽一分子之义务，并不敢仰邀奖叙等情。本日，奉增帅温谕慰奖，谓据禀各节具见爱国热诚，实堪嘉尚。惟产系创捐善举，关系合邑，从中有无纠葛，族中是否乐从，仰平湖县妥速查明。如果系该绅祖良佐、良俊独捐，并无别项枝节，且移无用为有用，似可照准。即饬开列亩分字号，详候拨充奏咨可也。

——1910年5月18日

杭垣钱市恐慌之余波

杭州鼎记、庆余两银号，相继倒闭，酿成经济恐慌，波及全省。迭经官、绅、商、学各界集议维持，电部借款，一面推举公正人清理两银号账目，无论欠人、人欠，一律限期清偿，以昭信用。惟该两号人欠之款以官场居多，幸灾乐祸，意存吞黑者亦复不少。目前，庆余庄经理具禀杭府，以现任平湖县张令积欠借项八千余金，屡催支吾。此次本庄搁浅，率请将别县存项划抵，实属有意图吞，请予严追各节。本日，奉夏太守批查张令欠还该庄洋元。前经本府函询，复称已由平庄汇出，乃为司帐之周汝钊即勉之抗不交付，辄欲划抵他款。无论与张令函复之语不符，且各户存款业由商会全体决议，自四月十一日起以后，不准私相划抵，周汝钊何得怀私阻抗，破坏公议。据禀前情，候即札饬平湖县张令速将所欠该庄洋八千余元克日解交省城商务总会查收，备抵公款。如果实系周幕一人把持，意图吞赖，亦即责成张令限追清解，不得藉词延宕，以儆效尤，而免推诿。

——1910年6月10日

赏　格

伊子常，平湖县乍浦人，年四十一岁，身中，面仓［苍］，无须发，已锈顶，两耳招风，齿门无一牙。如有确实，送至上海后马路干记弄姚慕记，谢洋五十元；或通风报信，同去认实，谢洋十五元。决不食言，伊陈氏谨启。

——1910年7月28日

串卖女子

一路巡查巡长将金庆发、夏陈氏、单友仁及女子王静宝、王二宝等解送到局。前晚经德正巡官提讯，王静宝供，廿六岁人，平湖县人，因家贫难以度日，偕同妹子王二宝到申帮佣。前日，在小轮船上遇见夏陈氏，被伊诱骗到栈住宿二宵。该氏即托单友仁兜卖，欲将姊妹二人价卖于花烟馆，议定洋五百元。金庆发闻而垂涎，出为拦阻，欲将女子等荐至城内帮佣，因此声张拘送案下求鉴。王二宝供，年念三岁,余语相同。讯之夏陈氏、单友仁、金庆发等,供词支吾,判一并送县讯办。

——1910年8月2日

乍浦两等公学运动会纪盛(学务)

平湖县属乍浦镇公立两等学堂于上月念八日开秋季运动会,是日男女来宾约有四千余人,各界到会者有平湖官立高等小学、公立普育初等小学、新埭镇新溪两等小学、本镇启明两等小学。东区、南区、务本各初等小学及公立女学,均全体莅会。余如平邑劝学所、本镇商会、新仓镇芦川两等小学、嘉府僧教育会证明两等小学等各举代表与会。参观运动时间自十二时始至五时止。节目分体操、游戏两大部,而体操分普通、兵式、应用、表情四类。游戏分舞蹈、竞争二类。观者咸啧啧叹赏不置。

——1910年11月5日

1911年

江浙交界少一巨枭矣

沈葆义又获一功

江浙著名枭匪乔三经盐捕中营获解松江府署讯供解省后，由抚宪发交巡防营务处洪观察亲提审讯。据该枭乔三供称，平湖县人，向跟余孟亭当头目，又系夏竹林手下党羽。在平属东乡领帮贩私多年，抢过轮船，及抢行船多次，掳掠各案不记次数，地名及事主姓名亦记忆不清，并曾在江浙交界一带拒敌官兵数次。前因金永泉作线往拿，伊曾令同党孙阿有将其双眼挖去。上年获案之乔二、乔大均系堂兄，屡同伊贩私、抢劫。去年，在浙江嘉善县境贩盐十三船，亦系伊为首。后在野窑地方图劫小轮船，经伊开枪恐吓，因该船急开快轮，未得凑手。今于五月半后回家取资。十九日，忽闻营队来拿，当即改装乡民，乘间奔逃。讵营队四面埋伏兜拿，致被擒获。所有起获之后膛枪一枝，系伊素用之械等语。观察得供，以该著枭乔三领帮贩私，无恶不作，久经漏网。此次一旦成擒，实为江浙两省除一巨患。当即禀奉程中丞谕，饬将该枭照军律即行正法。旋由观察督饬营员，将该犯押赴王废基地方监视处斩讫。一面由观察具详请，将拿获该枭之出力员弁奏请奖励，以示激劝。

——1911年7月9日

详纪草子加捐之风潮

乍平厘卡黄委员寿慈因加草子（按：即“苜蓿”，古人用以喂马，今人用以肥田）。捐钱五十文，各水客不允增加，乡民聚众闹卡，当经黄委员飞禀嘉兴府，请拨炮船弹压，略称：平湖农种草子，现经禀奉宪饬整顿捐章，一次捐足，免其次卡验补，业经遵办在案。如平湖城厢及白法镇各行客，尚知恪遵完纳。惟秀平桥、庙［桥］一带行户，唆通客贩，把持抗缴，正在分派司巡，恺切劝导。不意于本月初八日突来多人，拥至秀、庙两卡，殴伤司巡，并将什物捣毁一空。又声言将乘机再来大闹。职卡但有稽征之责，而无守御之权。谨援十年庙卡闹事请兵弹压成案，仰恳移商统领，就近拨派炮船四艘，克日拖往秀、庙两处弹压，并将为首滋事之人查获，送县究办等情。当经杨太尊移请嘉防统领派拨炮船拖往弹压，一面札饬平湖县苏大令即日驰往秀平桥、庙桥两处，会同委员查办，并严切晓谕，解散胁从，并将为首滋事之人查明严究。

——1911年8月19日

盗案二志［节录］

平湖船户杨昭生日前在该处新埭镇装运糙米来沪，停泊西南乡龙华港内。前晚夜半，突来盗匪六人，驾船而至，持械登舟，吓禁声张，遂将糙米数石、大洋三十余元、小洋数十角、铺盖三个、杂物等件掳掠一空而逸。昨日，已开具失单，报告市政厅请缉矣。

——1911年12月26日

1912年

钱票声明

启者：平湖自九月间光复以前，有严临孚托鄙人向恒升庄支用二百四十五号十一月十七期票洋五百元，现今严临孚带票脱逃，内有纠葛。该票已与恒升庄说明永远作废，请各界诸君切勿收用，特此声明。平湖方小轩谨告。

——1912年1月2日

平湖县民事长三易其人（浙事片片录·嘉兴）[1]

嘉属平湖县民事长三易其人，迄未就职。此次政事部续札屠丙华实任该邑民事，讵城、镇、乡自治各区群起反抗，迭次召集，全体主张共和，公权选举程钟鍪、沈仰高二君，于本日电禀都督，加札委用。当经政事部严词电驳，云平湖分送各镇、乡自治会两电均悉，民事长系由都督委任，何容公推？亦胡敢抗不承认？第文一电，词尤支离，自治会济济多才，何昧于政治至此？

——1912年1月15日

日清内河轮船公司大东局添开平湖晚班广告

本公司特备坚固小轮，开往平湖等处。如蒙赐顾，请至大东局接洽。特此布告。

——1912年1月22日

平湖新埭镇之黑暗

平湖新埭镇自光复后，一般无赖争相运动，因之总董、团防长等职，皆为若辈盘踞。如张元熊、戴允升、高七等合家吸烟，居然为禁烟董及调查员。著名聚赌抽

1　标题为编者所加。

头之俞砚华（即“俞七”）、张仲伦（即“张三”）等，居然为禁赌之探查员。至夜分，荷枪四出，借查赌之名，行敲诈之实，预藏牌骰作为凭证。见柔弱可欺者，即诬为聚赌。富有者，勒罚巨款；贫苦者，施以非刑。两月以来，敲诈甚巨。旧历十二月二十四日夜，该局中人荷枪至南巷坊地方，遇胡海和、毛小弟二人，强指为聚赌，扭入民团局，每人勒罚洋二百元。该乡人力不能出，即施以毒刑，跪铁练、踏杠子，哀呼之声，惨达户外。噫！此等极刑，在满清时代，官吏用以审讯盗贼，尚为主持人道者所不容，况民国光复，人权发达，而反演此惨剧！异哉！后见伤势已重，即将两人送县，禀称聚赌拒捕，思欲置之死地。幸本县民政长不为所蒙，即予保释。如此暗无天日，已非一次。积至本月十三日，群情益愤，聚集数百人，将民团局、警察局、禁烟局及戴允升之房屋捣毁一空。现在新埭一区秩序已乱，若不善为处置，势将激成大变，不知浙省长官何以善其后也。

——1912年3月4日

新埭镇黑暗续记

平湖新埭镇黑暗情形曾志前报。兹据署名商学界来函辩白，略谓该镇自光复后，新党用事，旧党中人每借民团捉赌、警察剪辫之事，煽动乡愚，致令警察局、禁烟局、民团、商团局及学堂尽被打毁。纯任意见，不顾大局，诚哉黑暗云云。是前报所谓黑暗，指办事人而言。来函所谓黑暗，指反对办事人者而言。爰记之，以待知者之公论。

——1912年3月8日

催解侵吞公款之库书

浙江蒋都督咨沪军陈都督文云：据平湖县知事屠丙华呈称：窃平邑库书严文昭即临孚父子相承，充库书一千余载，侵蚀钱漕，并吞没各庄书办公经费，确凿有据。光复以后，卒先脱逃，既不将经手钱漕清算完结，又复欺蒙礼明律师出函，希图抗避，实属狡猾已极。前经呈请民政司、财政司转呈钧府奉批应候，咨请沪军都督转知礼明律师，将该库书办事职名取消，饬令即日回平，清算欠款。如再延宕，即先查封家产备抵，仰即转令知照等因，载入本年二月十四日公报，宣布在案。现在上忙地丁业经遵照议案，由知事督饬征收人员赶造田赋清册，预备开征。所有

□时钱漕纠葛之处，亟应速从清厘，划分界限，以除弊混。乃奉批至今，又将一月，该库书依旧逍遥沪上，抗不回平，以致清理钱漕几无着手。除将该库书房屋遵照前批，先行查封备抵外，合再呈请钧府迅赐移咨上海温交涉司，委任丁榕律师转致礼明律师，取消该库书办事职名，即日移解回[平]，归案讯办，以资清理等情。据此，查此案前据财政司案呈，业经咨请贵都督转致礼明律师取消库书严临孚办事职名，饬令即日回平清算在案。据呈前情，应仍请贵都督转咨温交涉司查照办理见复。除批示外，相应咨请贵都督请烦查照办理。

——1912年4月5日

平湖前司法长之敲诈

张静山有妾徐氏卷逃，曾经树案退回。前平邑执法科长徐钦夔、科员纪于常朋比为奸，播弄生事，托由姊夫陆惟鋆转托徐森甫向张恫吓，欲索诈洋四百元了事。幸经屠民事长明鉴，烛照万丑，将案亲笔批销，并将徐钦夔、纪于常所当职务均行斥退。然张已被敲出洋二百五十元，名为该妾养赡费，实则该妾家只到洋五十元，余均为纪子常等所分肥。尤可笑者，前有告忤逆案，经徐等以父控子万国无此法律，吾不知徐等何以能通万国之法律。豚皮老脸，闻之令人喷饭。徐本有心疾，且烟癖甚深，自斥退后，徐泣求伪郎中某代为运动，而得县自治议员。噫！以此败类而列法人地位，诚地方之不幸也。

——1912年5月9日

浙省迭报陆海匪警[节录]

平湖、海盐交界各处，饥民受匪鼓激，聚众暴动，纠抢米店绅富。平湖知事屠丙华闻变，当即派员驰勘，并飞请防营酌派师船弹压。昨已据情电禀省军政府请示矣。

——1912年5月19日

平湖县初选监理朱景章启事

本县省议会初选举业已调查完竣，恐有遗漏，限于六月五日前，凡具公民资格、未经入册者，请速报明补入，以备七月二十日实行投票。事关选举，幸勿放弃，无任盼祷。

——1912年5月25日

张静山声明

五月九号《申报》载平湖前司法长徐钦夔一节，内有鄙人妾徐氏卷逃之事，此案已于去年了结，无可再□。内中所言敲诈等事，均系不实。鄙人八十衰翁，聋愈颓唐，一时误听人言，今自知不是。除向县申明外，转再登报。要知徐君等均系地方办事热心之人，鄙人素所佩服。过勿惮改，同胞其许我乎！

——1912年6月7日

严文昭不认吞款

浙江军政府代表董珠联、方锡章控前清平湖县库书严文昭卷吞公款银三万余两一案，昨经公共公堂提讯。董、方两代表投诉前情，请予带回归案讯之。严供在该县充当库书已十二年，去秋光复后，将一切进出款项交明内账房。迨至十月初八日，据陆、计两科员称，所缴之款不符，将我弟兄房产查封。因恐被押，是以来沪，并不卷吞。关谳员商之美副领事强君，强君以原告并无实据，拟将被告释放。关君则以案关卷吞公款，未便遽释，着交妥保。候函请浙江都督，将册据检齐送廨，听候预审明白，再行解回归案讯办。

——1912年6月28日

复审库书吞款案

前清浙江平湖县库书严文昭乘去年光复时卷吞公款银三万余两，逃匿租界，业经浙江军政府侦悉，派员董联珠等禀请陈交涉，使移知公共公廨，将严逮案，判交妥保，候原告检呈证据，再行讯核在案。昨晨，由廨复讯，严延律师侯鲁公上堂代辩，称请将案注销。陪审西官美副领事强君以原告不将证据呈出，定欲将案注销。关谳员以案关卷吞公款，未便遽释。会商良久，遂判仍交原保，候函请交涉，使转致杭州蒋都督，于三礼拜内，检据派员，来案质证，以凭核夺。

——1912年7月10日

严文昭仍交原保

前清平湖县库书严文昭曾乘光复时卷取公款，逃至沪上，匿居租界内。经浙江蒋都督侦悉，电致公共公廨，将严逮案交保限交在案。昨晨，由廨复讯。原告代表丁榕、佑尼干两律师偕都督府财政科科员张纪瑞，并代表董珠联、方锡玮先后上堂，证明被告与司帐[账]人张连庄呈案簿据殊多不符，请将严解送杭垣对明账目，再定刑事民事讯理。讯之严延侯鲁公律师，辩称被告已将一切帐[账]款交明，内账房有清单呈电。关谳员商之美海副领事，判严仍交原保，候下礼拜二再讯核夺。

——1912年8月2日

原被咸愿查账

浙江蒋都督派员董珠联等控前清浙江平湖县库书严文昭卷吞公款，详情屡□前报。昨经公共公廨关谳员会同美海副领事复讯。原告代表佑尼干律师投称严卷吞新政府公款，请派公正人查账饬追。讯之严延侯鲁公律师，辩称原告律师请派公正人查账一层，敝律师亦表同情。中西谳员会商之下，判严仍交原保，候派公正查账员查明账目再核。

——1912年8月7日

判决库书吞款案

浙江平湖县库书严文昭于光复时卷吞公款，逃至沪上，经浙江蒋都督侦悉，电致驻沪交涉使，咨行公共公廨，将严逮案。迭经审讯，判交妥保，候查明帐[账]据再核在案。昨晨，蒋都督派代表董联珠等投廨请追，关谳员即商之美海副领事，以此案业经查账员查得严实，有吞款情事，自应解送浙江讯究。惟查账等费应由原告垫给，候备文将严解送杭州都督府讯办。甫经判毕，原告代表丁榕律师、被告代表费信惇律师均上堂请示，中西官遂将判决情形宣布，两律师唯唯而退。

——1912年9月13日

1913年

遗失息单

今遗失浙路公司余穉记名下第六千二百四十七号一整股息单一纸，又七千另四十六号至七千另五十号五零股息单五纸，已向该公司挂失，另给息单。前项遗失之息单，日后如有出现，作为废纸，特此声明。平湖余穉鸿白。

——1913年1月23日

股单作废

兹有平湖股开宝和庄宓伯贤名下两股，计股本二千元。因宓伯贤向本庄支用过巨，除将股本二千元冲抵外，尚属不敷，业将宓伯贤市屋两间，禀县发封备抵有案。诚恐宓伯贤将本庄股单在外有抵押等情，特此登报声明作废，望中外绅商注意为祷。平湖宝和庄告白。

——1913年1月28日

为会员平湖葛嗣蔚君辩白

前有触邪氏诬蔑本会会员葛嗣蔚君传单，阅之不胜骇异。窃葛君乃平湖世家子弟，乡望素著。其生平历史以及有无嗜好不法情事，同人无不知者，岂容鬼蜮横加毁谤？此必挟嫌诬蔑，不问可知。匿名传单，本当置诸不问。惟今既为人权世界，不能不一伸公论，以明是非。况毁人名誉，律有专条，一面当访查主名，再行起诉，以为挟嫌诬蔑者戒。浙江旅沪学会朱福诜等公启。

——1913年3月13日

王升记平湖轮局声明

王升记平湖轮班于前清光绪二十二年间禀准抚院藩司遵章开驶，自平湖至上海。轮船本系独资创行，并无外股附入。现闻有人谣言添开本轮班平湖分局，藉此名义，希图招股兴本，轮局名誉攸关。窃本局断无同此航线、同此时间添设分局、开驶小轮，自相矛盾、自行抵触情事。诚恐人为所愚，未能深悉，贸然附股，受其欺骗。除呈明江海关税司及浙民政长外，特此登报声明，即希公鉴。平湖王范吾谨启。

——1913年5月15日

平湖同乡会开成立会

平湖同乡会昨假北山西路茧业公所开成立大会，首由许奇松代发起人报告开会宗旨；次推定主席王蓝生，临时干事王远堂、蒋巳春、王叔明、陆勤方，临时书记陆志青；次主席报告章程，经全体会员认可；次请来宾张菊生君演说，由会员何书农、顾春仙答词毕，投票公举职员。除经举定会长张石君、副会长葛词[嗣]蔚、林依中，董事金钱孙、张达卿、王蓝生、王远堂、何书农、胡戊鹊、许奇松、王史吾外，尚有马骥良、徐鹤笙、杨子英、蒋巳春、潘子瑜、张寅谷、陈菊山、莫访[放]梅居次多数。选举事毕，旋即散会。

——1913年6月24日

平湖同乡会改选职员

平湖旅沪同乡会前次开成立大会，推举正副会长及会董等各职，曾载前报。嗣因葛君词[嗣]蔚决辞副会长之职，另订五月二十五日午后续会改选。兹将是日举定各员列下：正会长张石君，副会长金钱荪、林依中，会董八人：葛词[嗣]蔚、王蓝生、张达卿、王远堂、何书农、胡戊鹊、许奇松、王史吾。评议员十六人：陈菊山、马骥良、王叔明、徐幼芳、蒋巳春、徐鹤笙、朱祖甫、张理卿、张寅谷、吴毓峰、包寿伯、潘子瑜、王质吾、莫访[放]梅、陆琴舫、陆志清。候补四人：陈晋轩、杨子英、朱象甫、王云帆。继由会长提议，事务所地点仍假设小花园嘉荣社，并劝会员量力乐助，共维会务。经众赞成，一时认集特捐约三百元之数。至六时散会。

——1913年7月2日

浙江戒严纪［节录］

日人私售弹被获

日前平湖城内来一日本人，名栗田类吉者，携带手枪，秘密售卖。乃被该县警察长毛锐探悉，当即赴日人寓处，假托欲买手枪。该日人不知进退，竟将手枪三支与毛君拣选，并有子弹二百颗左右。毛君得枪弹在手，随将该日人带送县署，由平湖县派员将人赃一并解送嘉禾。戒严司令官吕司令以外人私买违禁物品有关国际交涉，即于昨日备文将人赃并解送都督府，请都督严重交涉矣。

——1913年9月23日

新仓祥大隆广告

兹者本号缘于庚戌年十二月初一日在新仓镇合股开设祥大隆、顺德隆二号，集资拾股，每股四百元。郭慰慈六股，吴幼棠一股，商三股，由宁波人沈金生经理。不料生意亏蚀，至本年五月底，盘见两店生财、货物、实洋一千七百五十元，共亏二千二百五十元，每股亏洋二百二十五元。郭君无意再做，吴君因德大钱款之案，早已远扬。郭君名下亏本及支宕账找出洋四百五十元，吴君幼棠亦有宕账及亏本找出洋三十一元，由沈茂顺、范槐堂当场一并找讫。惟郭、吴二君股单未曾交出，因郭君一张，沈俊生携去，带往宁波。吴幼棠一张，其妻将此单抵惠徐氏，手存在平湖县内。此两张股单作为废纸。是［年］六月初一日起，归商独做，均加寿记字样。如和郭、吴两君别项事□，与寿记无涉，特此通告。祥大隆寿记启。

——1913年11月7日

1914年

请看嘉平锦成和记公司孙锦裳之狡猾图赖

嘉兴平湖昌裕、昌大、昌记三所茧厂房屋由浙路公司司事谢蓉征介绍出租与锦成和记公司开设茧厂，所有租金，合同内载明，于开秤前三日如数缴清。嗣经谢蓉征一再情商，约于开秤后络续清缴。曾于本月念一日在永保栈由谢蓉征并孙锦裳将久和庄二十三日期龙洋一千五百元支票面交与温旬宣手交来，凿凿可据。何得孙锦裳反登二十四日《申报》告白，作为遗失？显系有意图赖。且锦裳改作景字，愈见孙锦裳之狡猾毕露。用特登报布告声明。厂主刘崇德启。

——1914年6月21日

平湖同乡会举定职员

平湖旅沪同乡会自去夏成立，已经一载，兹照章举行第二届选举，业将各职员如额举定，其姓字开列如下：正会长张石君，副会长陈菊山、林依中，会董八人：葛词[嗣]蔚、胡戊鹄、王远堂、莫访[放]梅、张达卿、徐鹤笙、陈晋轩、何书农。评议员十六人：马骥良、张理卿、徐美士、陆汇泉、潘子瑜、杨子英、陆琴舫、陈子泉、徐幼芳、王史吾、吴毓峰、许奇松、蒋巳春、徐眉轩、包寿伯、李荣卿。候补四人：李鸿钦、朱佐(祖)辅、葛景伊、陆志清。驻办兼会计员王叔明。

——1914年10月2日

串同拐卖幼女

平湖人吴云甫于去夏在籍诱拐邻人吴张氏之五岁女孩寿宝来沪，串同七浦路松同里之妇人杜吴氏与粤妇刘潘氏，将女价卖。兹经女母侦悉，来沪将吴寻获，扭控捕房。经捕头询明，饬探将王、潘两氏一并拘获，昨解公共公堂请究。经王襄谳会同英领康君讯悉，该女已被转辗价卖属实，判两氏押交，寿宝到案再核。吴云甫带回捕房候录供，函请平湖县知事备文派警来廨移提归案讯办。

——1914年10月20日

1915年

收买女孩之惩罚

平湖人吴云甫曾于去年旧历六月间在原籍诱拐同居妇人吴张氏之六[五]岁女孩寿宝来申，串同惯做蚁媒之妇人杜吴氏、刘潘氏卖与住居北四川路之粤妇魏郭氏。嗣于旧历九月间，被原告吴张氏来申，将吴云甫寻获，扭控捕房。复派包探将蚁媒杜、刘二妇及粤妇魏郭氏，先后拘获，解送公共公堂，讯供属实，并讯得女孩已带往海参崴地方。判杜、刘二蚁媒各押本廨女所三月。吴云甫犯事地点系在平湖，候备文移解平湖县归案。魏郭氏一并移解，勒交女孩。旋经郭氏之夫魏旭初延代表律师投案，以案已电致海参崴将所买女孩送沪，禀准公堂暂缓移解。嗣经魏旭初将女孩交案，讯系另一女孩，并非原告被拐之女。而魏郭氏坚称刘潘氏领来即此女孩，质之潘氏，供称并非此女。女孩亦供与潘氏并不认识，系由伊父母价卖。中西官以郭氏所买女孩究竟是一是二，抑另有别情，判郭氏存洋交保。吴云甫及杜、刘二妇分别还押。女孩暂留济良所，候再讯核在案。前日午后，由王襄谳会同英领康君升堂复讯，郭氏仍由律师到堂代辩。中西官研讯良久，因郭氏与刘潘氏仍各坚执前供，遂即会商之下，以魏郭氏明知潘氏专事贩卖，显系有意收买，且复将女孩贩往海参崴，殊有不合。姑念逮案至今，已拘押一月，从宽再罚洋五十元充公。女孩发济良所留养。杜、刘二妇照原断还押。吴云甫仍照前断，候备文移解平湖县归案讯究。

——1915年1月10日

女教员辞职之可惜（地方通信·嘉兴）

平湖淑英女学校素称发达，所有教员皆品端学优，热心教育，故成绩甚佳。近闻有余教员兢虹女士，因母疾不便远离，再四辞职，虽经校长多方挽留，无如余女士孝养心切，坚不允许。该校失一良教师，殊为可惜云。

——1915年1月19日

拐匪尚未移提归案

平湖人吴云甫因诱拐同乡妇人吴张氏之五岁女孩吴寿宝来沪，串同杜吴氏、刘潘氏，将女价卖与北四川路粤妇魏郭氏带住海参崴。经女母来沪侦悉报捕，将各人一并拘解公共公堂讯押。嗣由郭氏之夫魏旭初电致海参崴，将女送沪，因非吴寿宝，系另一女孩，故判杜吴氏、刘潘氏各押女所三月，另一女孩暂留济良所，魏郭氏罚洋五十元充公开释，吴云甫押候移请平湖县知事提归讯办在案。兹因吴在押日久，该县并不派警迎提，故于昨日捕房将情禀明公堂，请示中西官，谕□再缓七天。如不来移提，即由本公堂判决。

——1915年1月21日

国货调查

浙江平湖县启新袜厂所织各种线袜均用宝塔商标，花素男袜每打一元五角，女袜每打一元一角。本埠经售处四马路少年社陈驾春。

——1915年5月4日

平湖旅沪同乡会通告（1915年）[1]

本会今订五月廿九日举行第三届大会，报告会务并筹办选举等事，凡我旅沪诸乡台届日午后三时务请驾临英大马路洋货集益会楼上本事务所原址，藉联梓谊而策进行。除通函报告外，恐未周知，特再登报奉闻。本会事务所启。

——1915年7月9日

平湖同乡会选举会董

旅沪平湖同乡会成立迄今已届三载，兹于七月十八号下午仍在沪北事务所原址照章举行第三届选举，举定会董十一员，姓字录后：张石君、张达卿、林依中、葛

1 标题经编者调整。

词[嗣]蔚、胡戊鹄、王远堂、陈菊山、徐鹤笙、陈晋轩、陆纪光、蒋巳春，并闻定下星期互选会长及评议员云。

——1915年7月20日

平湖同乡会选举职员

旅沪平湖同乡会前日二十五举行复选会长、会董，遵章投票，当众开筒。兹将当选人姓名列后。会长张石君，副会长林依中、陆纪先，会董八人：张达卿、葛词[嗣]蔚、胡戊鹄、王远堂、陈菊山、徐鹤笙、陈晋轩、蒋巳春，评议员十六人[1]：马骥良、陈琴舫、徐美士、潘子瑜、徐右芳、徐眉轩、徐理卿、包寿伯、吴毓峰、莫放梅、李荣钦、徐岷源、陆汇泉、何书农、祝伯英、许奇松，备补[四人]：杨子英、陆志清、甘如瑛、奚麟石。

——1915年7月27日

平湖朱氏紧告

启者：韦陀桥朱思训堂六、七两房，现因家务涉讼，已呈准公堂传讯判断，未解决以前，所有平湖、苏州两处公共产业，以前因被告隐匿未分者，不得擅自出卖、抵押。倘有受主不明来历，必致日后纠葛。特此声明，免贻后悔。

——1915年7月28日

声明[立兴、协记轮船局]

启者：立兴局平湖班、闵行班自上海至平湖一带航线内一切轮埠、局所、泥埠等，尽租于协记代表顾岫云君，于阴历八月初一日起接办行驶。特此布告。立兴、协记轮船局启。

——1915年9月9日

1　此处删除“备补四人”。

朱氏争产案近闻

朱景绳等与已故前清苏臬司朱竹石之子朱景迈(即朱象甫)因家产纠葛,以致涉讼。曾经公共公廨传讯,原告朱景绳之代表律师以被告朱景迈久居沪上,请归公廨讯断。而被告律师以双方均住平湖,要求移归内地官厅讯理。当经中西官谕令原告代表律师将被告抗告理由五节逐一辩诉,再行核夺在案。兹悉此案已由平湖县知事季君详请浙江屈巡按使函致杨道尹转饬公共公廨停止进行,移归内地讯断。公廨奉饬后,即备文详复,不允停止。闻已订期星期二(即明日)开特别公堂研讯云。

——1915年9月20日

朱氏争产案注销

朱景绳等与其堂兄朱景迈(即已故前清苏臬朱竹石之子朱象甫)因争产纠葛在公共公廨涉讼一案,前日上午奉聂襄谳会同观审西官英卓副领事升座民庭研讯。先由朱象甫之代表担文帮办、好卜鲁律师上堂译称,此案双方及其族长均居平湖,所争产业及案中见证亦均在平湖。查中国定例,凡争讼不动产案,应在产业地点审判厅起诉。况此案双方已先在平湖原籍涉讼,曾经平湖县知事禀详浙江巡按使函致杨道尹转移到廨,声明原委,应请移归内地官厅讯理等语。继由朱景绳等之代表穆安素律师投称,当朱景绳起诉之时,朱象甫确居公共租界南洋路,且渠租界内亦有产业,公堂当然有权可以受理,请为讯核。中西官核供会商之下,遂判将案注销,着赴内地官厅起诉。

——1915年10月4日

屈使复勘海塘(地方通信·杭州)

屈巡按使偕塘工会办俞明震复勘盐、平海塘一节,当屈使起程时,本拟在长安站下车,嗣因平湖县属乍浦镇距嘉兴只五九路,[1]遂改由嘉兴站下车。随即乘轿至

1 原文如此。

轮船码头，改乘兵轮赴盐。闻已勘视完竣，定于六日仍由禾乘早车回杭。

——1915年10月7日

平湖淑英女学之扩充（地方通信·杭州）

平湖淑英女子初高等小学校校长徐钦夔自辛亥年春间接办以来，已经五载，纯尽义务，不辞勤劳，所聘女教员汪玉瑛、赵逸俦、陈芍如、徐超群、陈瑛、杨谨勤等或毕业于师范，或毕业于中学，均能热心教育，学生已达一百七十余人，先后举办毕业五次。近日来，学者尚纷纷不绝。闻徐校长以其所得储蓄票奖金五百元建造教室一所，以备推广之用云。

——1915年12月30日

1916年

声明遗失[何合兴]

今遗失四年内国公债五元实收第一万三千九百三十八号一纸，已向平湖县商会挂失，并请移知县公署备案。别人拾得，作为废纸。特此登报声明。平湖何合兴启。

——1916年1月7日

声明遗失[陶新甫]

今遗失四年内国公债五元实收第一万三千二百二十三号、第一万三千二百六十二号各一纸，已向平湖县商会挂失，并请移知县公署备案。别人拾得，作为废纸。特此声明。平湖陶新甫启。

——1916年1月29日

平湖朱氏紧要再告

启者：韦驮桥朱思训堂六、七两房，前因家务，在上海、平湖两处涉讼，深恐六房以隐匿未分田、房各产擅自出卖，曾于去年阴历六月间登明申、新两报。现在此案迭奉巡按使、县知事批饬，调齐账据，秉公断结。乃六房延不交账，案未解决，欲将田产擅自变卖。为再紧要通告，务望置产诸君勿买纠葛之产，以免日后交涉。特白。

——1916年2月29日

浙巡按饬平湖县禁止朱象甫擅卖田产批示

此案批讯日久，迄未遵办，实属迟延。在未断结以前，朱景迈何能变卖田产？仰平湖县查明禁止，一面遵照前批，调齐帐据，传集双方及房族人等质讯断详，毋任延讼,切切,此批。

——1916 年 3 月 11 日

声 明 诬 蔑

平湖东乡虎啸桥镇李义昌花行小东李郁轩君,人极开通,为商界中之佼佼者。上年秋间,被同镇开京货店之费芹洲诬指为私受他行客信,一口咬定,到行缠扰。一般无知乡愚,复从而和之,任情嘲笑。一若果有其事者,不容辩白。迨后查得,系曹店徒王和观所为。且□刻他人图记,冒领支票银洋,皆出一人之手。当由曹着原荐保人赶至伊家,将款追回。事既大明,李君乃欲向曹君正式交涉,以为当时不应诬蔑。至此,曹自知理屈,屡次恳央鄙人等至李君□代为负荆,情愿出资在本镇东市修理街道约六十尺,并于该处神□中上一匾额,书明此事原委,留作纪念。李君性本慈祥,既见曹已所费不资,复念其忧悔致疾,遂允和平解决,惟恐远路客商传闻失实,致与李君业务名誉均有关碍。用特登报声明,俾各周知。同里顾良甫、杨剑堂同启。

——1916 年 3 月 24 日

平湖旅沪同乡会通告(1916 年)[1]

启者:本会订于阴历五月二十五日三时开第三届年满大会,并报告会务等事,至期务希同乡早临指示。从即日起,举办第四届投票选举会董,定六月初三上午截止,下午揭晓。阅二星期,于六月十七日下午复选正、副会长,并推举各职员,亦希按期莅会,不另再启。除函告外,恐未周知,用特登报再布。

——1916 年 6 月 25 日

婢女来沪求援

济良所昨解女子胡玉宝至公共公廨请示。胡女供年十六岁,在平湖县公署书记张荫如家为婢,因苦逃出,乘轮来沪,自投济良所求援。中西官判胡女暂留栖流

1 标题经编者调整。

所，候传其父母来廨讯明再核。

——1916年7月14日

香客溺毙七人(地方通信·嘉兴)

平湖香船一艘昨搭载香客十余人至嘉兴王江泾北之刘王庙进香，途经该庙附近之连四荡，适值狂风四起，竟将香船吹覆。呼救无应，致遭溺毙者七人、受伤者四人。现六尸已经捞起。众香客均向香头诘问，该香头无辞以对，只得赴平湖县投案候质矣。

——1916年9月16日

视学员之报告(地方通信·嘉兴)

平湖县视学员朱曾善于日前出发视察新溪区学务，现已竣事返平，将视察情形禀复知事。略谓：新溪区小学向有八所，本学期并未推广。教职员五十八人，学生总数四百七十八人。各校学生旷课太多，核其实到数不过十分之六七。各校教授方法并无进步，惟成德国民学校管理较为认真，学生亦少旷课，在该区小学中成绩较优，应请酌予奖语，以示鼓励云。

——1916年11月8日

租用官屋开办工场(地方通信·嘉兴)

平湖朱清等集资开办平湖第一工场，内分织布、织绸两部，现已布置就绪，于前日具呈省署，请予立案，并请租用北门外严姓充公房屋为场基。兹奉吕省长批云：该公民等集资创办平湖第一工场，为地方贫民广筹生计，殊堪嘉尚，应准照行。至请租用该县充公房屋一节，此项房屋计有若干间？何案充公？照该县情形，每月该租金若干？可否租给该厂应用？应候令平湖县查复核夺。

——1916年11月11日

县立校长有人(地方通信·嘉兴)

平湖县立高小学校校长自邹之栋辞退后,悬缺已逾数月。前该县张知事以宏鲁国民学校校长戈咸熙办理宏鲁已届五载,成绩照著,拟委以该职。而戈君以手创宏鲁,未肯遽离,力辞不就。嗣经张知事力劝,戈君暂行兼理,俟该校继任有人,再行专理宏鲁校事。现戈君已允任视事矣。

——1916年11月23日

平湖县议会复函

敬复者:前奉惠书并电稿三件,足征诸公热毅,历久不灰,无任钦佩。敝会对于此举深表同情,现拟邀请嘉兴县议会开嘉属六邑联合会,协议公推代表诣前协商,共同进行。一俟就绪,再行奉函。

——1916年12月23日

1917年

平湖发现越狱案(地方通信·嘉兴)

平湖县监狱署自管狱员黄某接事后,守卫狱卒屡次更易,人多生手,易疏防范。日前夜半时,保护院内忽逃脱监犯八人,重犯马阿照亦在其内。闻该犯脱逃时,由墙壁挖洞而出。现正饬警查缉,未见踪迹。

——1917年1月30日

平湖县向省财政厅汇解赋税(杭州快信)[1]

平湖县昨日汇解财政厅正杂赋税及抵补金洋二万二千余元。

——1917年2月3日

平湖县知事撤任(杭州快信)[2]

平湖县知事张志莼[纯]撤任,现委正任嘉兴县知事袁庆萱署理。

——1917年2月16日

知事撤任原因(地方通信·杭州)

平湖县知事张志纯任事甫及一月,忽奉省令撤任,另委嘉兴县前知事袁庆萱接充。兹悉张撤任原因约有二端:(一)张莅平湖任时,与前知事张濂因办理移交互起冲突。(二)张自一月十五日接印后,即于十八日监内逸去要犯八名。迨省吏侦悉,令行节查,始行呈报齐省长。以该知事办事胡涂,故特撤任另委也。

——1917年2月22日

1　标题为编者所加。
2　标题为编者所加。

警备队调驻全公坊

平湖县知事袁庆萱昨接齐省长令云：前据该知事呈称：平邑全公坊僻处海隅，民情强悍，请酌拨警队前往填驻，以资镇慑等情。当经指令候饬第二区统带斟酌情形具复核夺在案。兹查第二区第三营第四哨原驻乍浦，现在该处已驻陆军一营，外力既厚，警队应可抽拨。除令行第二区统带即于该哨内抽调两棚克日开赴全公坊驻扎，以资防护外，合行令仰该知事知照。

——1917 年 4 月 4 日

军队调驻全公坊（地方通信 · 嘉兴）

平湖全公坊地处要隘，接近海盐，匪徒易于混迹。前由水警第三营管带某呈请二区统带，转呈省署，将第四哨全哨驻防该坊，以防不测。当奉省署指令云：该区第三营管带所陈全公坊防务重要，拟请将第四哨全哨驻防该坊，尚属可行。仰该统带先行另筹队伍填驻海盐，再令该营第四哨两棚驻全公坊。仍将筹调情形及到所日期具报。

——1917 年 5 月 28 日

平湖运动会之冲突（地方通信 · 平湖）

旧历四月初一、二、三日，平湖开联合运动会，所请正评判员为程鸿声，吴某等为副。吴某，本县人也，素与县校体操教员徐某交情颇笃。徐某以婚姻问题（闻此次该校能占优胜，徐某即可得某女士之允婚），竭力运动吴某相与作弊。初一日，高小运动如拾□发号，均有暗号情弊。百码跳栏，芦川学校选手先到，徐某突从吴某手中抢夺优胜旗，授与县校学生。芦川职员即向评判员质问。正评判未言，吴某以此为其权限，谁可干涉？于是冲突遂起。观者纷纷出场。四百四十码赛跑，原定四圈，徐某以本校学生力不能胜，运动吴某等临时修改三圈，因之崇实、存粹等校相继取消□□□。

——1917 年 5 月 28 日

平湖同乡会选举揭晓

旅沪平湖同乡会昨日（星期一）在英大马路事务所复选第五届正、副会长及会董、评议员等。当选姓名如左：正会长张石君，副会长徐鹤笙、林依中，董事八人：葛嗣蔚、胡戊鹄、张达卿、王远堂、马骥良、陆汇泉、陆纪先、陈晋轩，评议员十六人：徐美士、张理卿、徐眉轩、蒋巳春、徐岷源、杨子英、王范吾、陆琴舫、陆志青、葛书征、薛鹤筹、甘如瑛、祝伯英、陈子泉、包寿伯、许奇松；备补评议员四人：李荣钦、奚麟石、王文华、莫颂陶，名誉董事二人：金钱孙、陈菊则。主办会务王督明。

——1917年7月31日

广　　告

敝堂于民国二年阴历七月活契置买松江王兰雪书记名下平湖县南巷坊房圩八十九号田四亩一分二厘二毫、二百二十六号田十七亩二分七厘一毫、一百七十号田二亩七分九厘九毫，共二十四亩一分九厘二毫，出于王姓副□一纸。本年阳历九月，王姓将此田立契绝卖。时契主王书铭将此契检存账桌，尚未交还，忽然失去。此种缘故，不言可明。日后如有抵押银钱，据事切勿受其愚弄，以免口实。特此广告。平湖县新埭镇俞香山堂寿记启。

——1917年9月21日

苏浙交界之螟虫为灾

平湖入秋以来，天气酷热，甚于夏令，四乡晚稻因此发生白虫，秀而不实。经此虫蚀之后，色成灰白之稻穗，触目皆是。计其成色，最甚者伤害约十之六七，次者半数，至少亦居十三四。至受伤害之稻，其茎节处皆有焦点，折之甚脆，中有淡黄色之小虫，或仅一虫或二三虫不等。近数日来，各区农民负载败稻来署告饥者，每日约有千余人。袁知事除派员抚慰外，并允将饥荒情状详请省署核办。平邑全境告饥，亦数十年来仅有之现象也。

——1917年9月26日

强盗再犯之严重惩办（地方通信·松江）

有平湖人陈全和者，于前清宣统三年因抢劫枫泾某姓逮案。光复后，经前审厅判处徒刑一年。迨期满释放，又于去年五月初十在枫泾六图徐汝龙家抢劫，致被驻扎平湖之浙江水警获解平湖县转解松江归案审办。则承审员提讯时，因该犯不认，令用重刑，始将伙劫情形供出不讳。唯该案盗犯已获七名，业已执行死刑者为王宪生、赵二和两名。在监病毙者为王四和一名。其余三名已判一等徒刑。今所获陈全和一名，情罪重大。闻须详请重惩也。

——1917年9月29日

平湖风灾（杭州快信）[1]

嘉属风虫为灾近且蔓延至平湖县境，已饬县赶速履勘，设法救护。

——1917年10月15日

关提凶手（地方通信·松江）

平湖县白沙坊农民黄吟和被潘文魁殴毙后，因凶手在逃，案悬未结。日前潘忽潜往金山县张堰镇，当被该镇徐亚伯警佐拘获。即经函致该管白沙之新仓警所，备文迎提，以便归案讯办。日昨，新仓警佐庄美潢已派警到张关提矣。

——1917年11月12日

九县联防会剿枭匪之办法

江浙各县联防枭匪办法，前经上海、吴县、嘉定、吴江、松江、青浦、嘉兴、嘉善、平湖等九县知事在上海县公署会议，拟具联防办法十八条，呈请督军、省长核示，当经督、省两署会核删改，饬发各县知事照办。兹将是项办法录下：

1　标题为编者所加。

九县会拟联防会剿办法

(一) 各县接壤区域陆警、水巡均须添加班次，严密梭巡，不分昼夜。

(一) 各县遇有陆路帮匪，以各邻县之警察联合会剿之；水上帮匪，请以水警师船协助之。

(一) 各县交界扼要地方凡有未经枪船驻扎之处，应会请督军、省长令饬水警厅酌调船只驻扎，以便防堵(如淀山湖与昆青交界，青境之关王庙口东通珠街阁，西通金商，南通泖湖，北接淀山湖，最为扼要)。

(一) 各县拟交换邻封详细地图，以资择要防布。

(一) 各县知事以及军警团防，均宜分别择定适宜地点，定期会哨，交换意见，灵通消息，并于会哨单内互相签字(会哨联单另订之)。

(一) 各县知事会哨时，应请该管辖地方之水警官长莅会。水警会哨时，亦请所辖地之县知事到场，以期联络。

(一) 各县境内凡有港汊地方往来船只，应由军警团防分段，白昼检查，夜间限定时刻，禁止行驶。

(一) 各县除在城军警、团防外，其余各地方军警、团防于剿匪一举，应由本县知事予以特权，俾于紧急时先剿后报，但不得超越剿匪范围。

(一) 各县就紧要邻境，取事实上之便利，定为会剿区域四段：青浦、松江、上海、嘉定四县为第一会剿区域，吴县、吴江、青浦为第二会剿区域，吴江、嘉兴、平湖为第三会剿区域，平湖、松江、嘉善为第四会剿区域，但匪踪横窜时，九县仍应不分所定会剿区域，一致派警请兵，会合兜剿。

(一) 各县军警、团防一闻匪警，无论本境、邻县，应即一面通知邻县，一面速往剿灭。

(一) 各县军警团防遇本境或邻县发见盗匪时，于驻扎附近之县军警、团防均可随时商请协同兜剿。

(一) 各县军警、团防闻邻境军警、团防攻击或追捕匪党，应即驰往援助，竭力进行。

(一) 各县军警、团防探知邻县地方有匪徒藏匿，得径行搜捕后知会，免致脱逃。

(一) 各县预印空白会剿匪凭照，发给所属军警团防，于不及通知径入邻境搜剿盗匪时报，由该地军警、团防等机关查验，以免误会而期协助(会剿凭照另订之)。

(一) 各县于联合剿匪后，应由盗匪发生地方县署主稿，并挈会同剿匪之邻县衔名，呈报督军、省长、道尹，并将文稿咨送备案。

（一）各县如探知有大帮枭匪逗留何处，或已逃往，务须将来踪去迹飞速通信各驻所汛地，会同兜剿，毋任远扬。

（一）各县应责令各乡董保如遇有匪类船只经过或藏匿，应即随时报告附近军警、团防，不准隐纵。

（一）《联合防剿盗匪办法》呈请督军、省长核准，令饬水警查照，并由各县知事通饬所属军警、团防等各机关遵照办理。

——1917年12月7日

平湖县劝学所长奚翔电呈前区学董周玉刚（杭州快信）

平湖县劝学所长奚翔电呈，前区学董周玉刚将新仓区教育存款利息归入自治，齐省长已饬县如数收回，仍充教育用费。

——1917年12月21日

失票声明（丁双顺）[1]

今遗失平湖同裕庄去上海同丰庄第八千七百八十号，阴历十一月十一日期汇票一纸，计银四百九十五两。除向该庄止付外，合行登报声明作废。此布。新仓丁双顺白。

——1917年12月26日

失票声明（元丰恒礼记）[2]

今失去平湖潘雪记支申元丰恒云字第六十一号汇票一纸十一月初七期规元三百两，于初五日由平湖协大信局划班带申，途中被盗劫失，望各界切勿收用，特此声明作废。上海元丰恒礼记启。

——1917年12月28日

1　标题经编者调整。
2　标题经编者调整。

1918年

遗失股单借票声明

鄙人于阴历十二月初五日由平湖来沪，在南市大达码头登岸，失去陆闰记户下平湖同济当股单一纸，计钱一万五千串，并陆怀德栈具名借票一纸，计洋五千元。如有人拾得，送至新北门内晋泰当，即当酌送酬劳。否则作为废纸。除禀县备案外，合亟登报声明。吴仰澄白。

——1918年1月22日

乡民抗租之提办（地方通信·嘉兴）

平湖四乡田禾秋间螟虫为灾，经县呈奉省署派委查勘，分别成灾轻重核减赋额，县照办在案。讵有北乡泖河十八坊农民，始则来城要求县署出示免租，继复私立农团名义，相约不准还租，违者群起与之为难。近各业主以粮从租出，纷纷呈请县署饬役催租。而县署催租公役萧某奉谕下乡催租，竟被该处乡民将该公役痛殴，并将船只捣毁。现县知事已饬警拘提为首之人惩办。

——1918年1月25日

遗 失 庄 票

今遗失平湖瑞源庄本票两纸第一百七十七号计十二月念三日期洋二百元，又一百八十号计同期洋一百元，已向该庄声明，并呈县备案作废。外望中外各宝号切勿收用，特登申、新及全浙三报布告。毛友三白。

——1918年2月3日

平湖儿科世家戈似庄

为医难，为幼科更难。幼科古称“哑科”，自非得诸祖传、富有经验，断不能溯其病源。平湖戈似庄先生为菊庄先生哲嗣，传薪六世，临症多年。且因小儿难服汤剂，兼备各种秘传丸散。今来游沪渎，同人等知其学有渊源，见症明确，足为儿童造福。况沪上中西医业各擅觉长，独于幼科，专家尚为缺乏。将劝其暂驻文旌，出所学以问世。现寓新闸桥西新康里第一弄。介绍：朱桂卿、姚慕莲、顾馨一、苏筠尚、陆伯鸿、殷子安、葛嗣威［蔚］、张石君、徐鹤笙、陈菊山、林依中、包寿伯同启。

——1918 年 2 月 19 日

悬赏侦缉许子文

该伙名念恩年，三十余岁，海宁诸桥人，向在平湖本号计宝盛米店习业，年来嘱管银钱账目。讵去岁顿昧天良，竟暗被侵吞存项各款，计戚仲记一千元、戚季记五百元、俞寿记五百元，并陆续盗用店内存洋一千三百七十六元、客帐［账］一百六十元，共计洋三千五百余元，至今潜逃无踪。除禀县通缉外，如有人知其着落，拘获到店者，谢洋一百元。储款以待，决不食言。平湖计宝盛米店通告。

——1918 年 3 月 21 日

刑事化为民事

周云龙指控保险掮客平湖人沈介祉以代荐至南京路先施公司承包屋顶花园点心生意为由，骗取运动费洋四百五十元，迭经公共公廨讯供，判沈押候会商核办在案。昨日，复由捕房将沈解廨，原告律师到堂请究，经王襄谳商之美博副领事，以本案刑事不能成立，判被告交四百五十元，人洋并保。着原告别行具禀，归民事讯追。见证沈龙生交案之银洋三十元，准交原告律师先行具领。

——1918 年 3 月 22 日

朱菊人启事

浙江平湖县林家埭清溪坊辱字圩小桥东堍祖基一块、门面五间、第二进七间、第三进七间，鄙人与馥臣各分一半，东归鄙人，西归馥臣。第四进七间全归鄙人名下。因先父少岩公自置，向佩卿叔祖处归来，当时各有执业据为凭。倘有契卖情事,界划不容紊乱,使得各归管业。恐未周知,特此布告,伏希公鉴。

——1918年3月29日

县教育会改选职员(地方通信·嘉兴)

平湖县教育会各职员任期已满,于日前召集全体会员改选,共到会员百人左右,当即决定用双记名投票法选举,以昭慎重。嗣以各会员意见纷歧,将投票柜封在县署内。双方电省核办。当由教育厅复电,依选举法开票。遂于前日在明伦堂当众开票,选正、副长各一人,评议员十六人。其姓名如下:正会长戈咸熙,副会长钱厚贻,评议员沈砺、张国善、徐浚、张传琨、徐善泷、张福同、王敖仁、柯成□、汪蓉第、徐正衡、沈湄同、王积澍、朱曾善、冯衡、方邦彦。

——1918年4月18日

设立图书馆之近闻(地方通信·嘉兴)

平湖县公立通俗图书馆现已组织完备,前日由县知事将拟定办事规则及各项清册章程等件,呈送教育厅转呈省长察核。兹已奉到指令,略谓该馆开办费既据查与原案相符,应准照支事项清册等件,并准备案。

——1918年4月25日

委任劝学所长(杭州快信)

教育厅呈请委任奚翔充平湖县劝学所长。齐省长查核资格尚符,已照准,加给委状。

——1918年5月29日

放坝之争执(地方通信·杭州)

浙西水利议事会据平湖公民电,农田苦旱,生计攸关,不得已开放各坝,暂济枯苗等语。又据陈主任报告,汪德口工程正在进行,绅农反对拆毁土坝,河水流入,疏掘为难等语。当由潘会长、李副会长依照本会细则召集常驻会员,定于今日集议。总期农田、河工双方兼顾,并拟请本县会员前往竭诚劝导。

——1918年8月11日

平湖香店学徒迷路

平湖协成兴香店学徒毕永生,十五岁。近因时被店主虐待,私自逃出,乘舟来沪,在南市十六铺迷路,由第五守望岗警陈廷元查见,带至第一区警察署,诘据供称平湖人。赵署长饬留候,召其属人认领。

——1918年8月18日

组织区教育会(地方通信·嘉兴)

平湖县新仓、衙前两区教育尚形发达,现经该两区学务委员沈树桐联合该两区教育界组织教育会,以促学务之进行。业于前日组织成立,选定新仓区正会长张文潮、副会长于城;衙前区正会长徐步、副会长周礼,均已呈报官厅备案。

——1918年9月11日

缉获大帮私盐(地方通信·嘉兴)

嘉属缉私分部所部巡船于日前在平湖县属解泾港地方缉获盐船三艘,呈缴上官在案。讵前昨又在嘉善西塘镇东祥符荡地方遇见大帮私贩,经过双方开战约二小时,匪渐不支,当场击毙两名,捕获盐船二十三艘、私贩多名。业将捕获详由,连同盐船、私贩一并解送省署核办。

——1918年11月5日

海盐金德昌声明

上年闰二月十八夜,德昌家遭回禄,住屋焚如。今查悉,平湖县公署所给金德昌户名平字第五百七十三号屯田二十七亩缴价收据一纸亦被毁失,除登全浙公报,并请平邑公署补给外,特此声明。

——1918年11月23日

互争涨滩之处理(地方通信·松江)

金山县江浙交界之扶王埭地方有新涨海滩数万亩,前因金山、平湖两县沿海渔民互相争夺,涉讼到官,旋于本年五六月间,两县会委徐亚伯、沈耀铭、詹风山等前往该处,协同绅保,切实查勘,勘得该滩系属金山县管辖。讵平湖县沈委员饰词偏复,以致两县各详省长,请示解决。兹经苏、浙两省长各委任用县知事林某、孔某于昨日会同金山县知事詹亮畴、平湖县知事朱孚保重行复勘,勘得新涨海滩确在金山县管辖区内,但此事相争已久,终宜和平解决。遂议定将该滩作为两省公有之地,以免争执。所有完粮问题,即候呈奉两省长指令办理,以昭公允。

——1918年12月2日

1919年

前浙江平湖县知事张志纯先生鉴

执事平湖任内亏欠交款三千八百余元，叠奉财政厅长委派南诗守提，未解。现又奉令催，遵即赴沪驰抵贵寓，知已迁徙，无从谋面。兹特声告，务希将所欠交款赶紧扫数解缴，否则案悬已久，一经呈复，必须照例惩处，恐难再邀宽典。幸勿自误。委员郑南诗启。

——1919年1月11日

劝学所长被控（地方通信·嘉兴）

平湖县劝学所所长奚翔经学界朱某、史某等胪列糜款溺职、不孚众望等情，先后呈控教育厅究办。伍厅长阅呈后，以所控各节是否属实，已于日前令饬平湖县知事逐款调查呈复。

——1919年3月5日

请看煮豆燃萁弱肉强食

启者：予浙江平湖县人，先父兄弟三人，长即先父世焘，二胞叔世钟，三胞叔世辅。三胞叔世辅早已出继于第四房为后。二胞叔世钟无后，在生曾立世辅叔次子叙勋为嗣，未婚去世。彼时予未诞生，此外无可继之人，而二胞叔继承遂亦搁置不提。不幸二胞叔于去年四月间逝世，然予既为世钟胞侄，例应兼祧，无庸疑议。讵料从堂兄虞常平素虎而冠者，乡邻侧目，不顾统系，狼吞继产，硬将其次子善培擅继为未婚叙勋之嗣子。叙勋既未娶妻而亡，何能统系，况天下岂有无母之子乎。予因统系攸关，不得不具状起诉。曾经县公署判决，其判决主文曰：钱世钟无子，应以学渊兼祧，并准钱善培入继钱叙勋，即为钱世钟嗣孙等词。但予既为应继，何能遵断不服上诉，虞常深畏法律难容，特央亲族和解。予念本是同根，何忍涉讼，又因终鲜兄弟，虑遭暗算，隐忍曲从前判，藉以息事。然虞常以伦序不合，强行擅继，目无法纪等情，早经揭载浙江各报，浙中父老咸知其非。兹因二胞叔世钟于日前安葬开吊，予将并继出名之谢帖交至丧事账房，虞常反悔前判，意敢用武，将予毒打。遍体鳞伤，生命危在旦夕。似此蛮横无理，实属无法无天，难以理喻。只得将事之底蕴公布于众，以求旁观者之辨别是非，主持公道而已。明理君子，幸垂鉴焉。平湖钱学渊谨白。

——1919年5月31日

乍浦之国民大会（地方通信·嘉兴）

此次抵制日货，各处响应，平湖县属业已先后开会，大声疾呼。兹乍浦镇亦于五月二十八日一时在大王庙开国民大会，由教育会、商会、农会联合举行，到会者学生四百余人，男女来宾七百余人，秩序极佳。演说者二十五人，措词均极沉痛。某君谓抵制日货乃为国民自己切身利害计，不如是，则金钱外溢，国民之生计日艰，贫困日甚，势必国势益衰，若不急图挽救，永远一致抵制，必致国亡身死，后悔无及矣云云。末乃三呼“中华万岁”而散。

——1919年6月1日

平湖女高小学之游艺会

平湖县城区当湖女子高等小学创办以来，已届五稔。本月十三日，举行第二次毕业式及游艺会。虽天气炎热，而来宾竟达五六百人之多。下午一时开会，校长徐善泷报告后，学生按照各科游艺，所演各节并臻优美新颖。其中，尤以某生之演说青岛历史尤为痛切。参观者咸叹为女生中得未曾有云。

——1919年7月17日

新埭陆亥卿启事

予孙亦绳自幼失怙，零丁孤苦，教养成年，乃血气未定，易入迷途。查由本乡人金东河于阴历六月廿九日诱载来沪，专与一般无职业之同乡等朋比串合，作狎邪游，流连忘返。予年老矣，追踪至此，竟藏匿不见。几费诪张，始获寻回，令人痛恨。惟亦绳所欠银钱债务，均由予在申偿还清楚。如有另外串造借贷笔据及冒名签字等种种花样，予一概不能承认。即或发现，惟诉诸法庭为最后之解决。除禀平湖县存案外，并登《申报》时事声明。

——1919年8月11日

平湖机织袜厂同业公议紧要广告不用日货

启者：敝业向抱提倡国货，辅助平民生计为宗旨，故所用机器等件，悉向沪南振兴、求兴、马家兴等厂定造。即其余各种原料，亦未尝不乐用国货。间有华产所无及欧美货为战事停顿，适或不得已而勉购日货，以资利用。现因各界实力抵制，全国风从，所有敝业需用各种原料，早有大实业家毅力提倡，专意仿造，所出各种纱线，实驾乎日货之上。故敝对今日公同表决，嗣后对于日货，当视同蛇蝎，永不购运。近已订定，均由上海达丰、鸿章两染织厂向鸿裕、厚生、大生、德大等华商纱厂购办，俾随国民之后，稍尽一份子天职也。

光华、当湖、华兴、振华、勤业、启新、立大、美华、久和瑞记、利华同启。

——1919年6月18日

袜厂被沪商倒欠

禾城织袜厂出品，多销售于沪、苏等处。前月，有上海某商号来嘉收买丝光袜四千余打，装沪销售。言明每打价格一元二角五分，合值五千四百余元。订阴历九月终付款，各厂遂于前日派人赴申收账。讵该商号已经倒闭，收账员均懊丧而返。闻华兴、沈天裕、同济等厂均有账款，就中尤以平湖之某袜厂受损最巨。

——1919年11月22日

1920年

遗　　失

今遗失平湖志成庄支申衡通庄振华抬头票一纸，第二千三百五十二号，本月二十期，规元六百两正，已向该二庄声明作废，望各宝庄号切勿收用。特此登申、新二报布告。中国第一毛绒线厂启。

——1920年1月3日

小轮撞损载货航船

由沪来往平湖等处之曲维生航船装载北货、白糖、桐油及杂货等，于昨日开往平湖交卸。至晚间七时许，驶至沪西杜家行，正月光未升之际，有某公司小轮迎面而来，不放汽笛相近，曲船退让不及，被小轮船头撞在曲船腰部。曲船呼救，船已进水。该轮立将曲船拖至浅滩，有船伙一人被撞时落水无踪。闻曲船之货向内地公司保有水险银三千五百两。昨日，曲乘该轮来沪报告，内地公司请其向小轮交涉追偿损失。昨小轮舵工周仰山及曲维生等在公司中，双方理论行船水道路线，争论多时，尚未解决。闻拟呈诉官厅公判云。

——1920年1月10日

张四姐巧摆黄河阵

平湖新埭有张四姐者，徐娘虽老，风韵犹存，与乔浜徐某结不解缘。去岁，徐某之父以子年逾而立，中馈犹虚，乃托某妪为媒，入赘于庄姓为婿。近被张四姐闻悉，忿火中烧，情愿割爱，屡遣青鸟，使招致徐。乃前日始来其家，入晚，忽为乃父侦知，偕媳庄氏等同来楼下大兴问罪之师。张四姐无法抵制，急极智生，忽呼将法宝拿来。忽闻扑通一声，混元金斗从楼而下，致徐父等秽物满头，狼狈而遁。观者亦大半均受甘露法水，大呼晦气不止。

——1920年4月2日

募款修筑汉塘

嘉兴至平湖之汉塘一带塘路坍损，桥梁折断，行人甚为危险。现由平湖慈善团发起雇工，逐段修筑，以利交通。惟以经费不敷尚巨，刻正分函各公益机关，辗转劝募，俾工程得以早竣云。

——1920年4月3日

平湖学校成绩展览会（地方通信·嘉兴）

平湖县劝学所前奉该县饬令办理学校成绩展览会。现该所已假明伦堂为会址，于本月八日起开幕，展览三天，陈设成绩颇多。业由该所通告各界前往参观矣。

——1920年4月10日

新茧登场前之蚕讯（节录）

平湖县之新埭镇亦建有茧行、灶屋四家。本年一般收余茧者皆观望不敢出手。是以仅租出二家，其余未定。

——1920年5月10日

各埠茧市之报告[节录]

平湖本届春茧已于初十日开秤，茧身甚佳。该地共有大行如兴昌、昌纶、东昌、西昌等四家，自开秤日起至昨日（三十一）止，已收得鲜茧四千余担，扯价六十四元。

——1920年6月1日

平湖同乡会选举纪（四日）[1]

平湖旅沪同乡会前日（四号）在闸北嘉郡会馆内开第八届选举大会，投票者

1 标题经编者调整。

一百余人，当众选出最多票数为张石君、葛词蔚、徐鹤笙、张达卿、胡戊鹄、陆汇泉、马骧良、王叔明、陆志青、张理卿、陈晋轩，次多数为徐岷源、甘如瑛。闻俟两礼拜后推举正、副会长及复选评议各职员云。

——1920年7月6日

抢米风潮之扩大（地方通信·松江）[节录]

金山抢米风潮日趋险恶。此事初起于浙之平湖新埭，蔓延于苏之金山。现金山全县各市乡除洙泾市区一隅外，余如干巷、吕巷、廊下、兴塔、新镇、佘来庙以及东西各乡，莫不千百成群，抢掠迨遍，而廊下为祸尤烈。当抢至廊下时，先抢开设糟坊之朱姓家，商团即开枪一次，击毙乡民一人。乡民愈聚愈众，因商团为糟坊发起之故，将糟坊捣毁一空，更迁怒警局，复咬伤巡长一名，殴伤巡士三名，将警局放火烧毁。昨日，冯知事得报，除电省请兵，并请示办法外，一面派承审员带同检验吏等，前往检验。嗣悉死者家属不愿多事，由糟坊出一千金，以一半抚恤死者，一半津贴警局。现市公所总董蔡德纯拟于二十九日起实行□捐，下月十一日开始平粜。深恐缓不济急也。兹将冯知事接到省电后所出六言韵示录下：近日乡民抢米，纷纷结队成群。须知聚众抢劫，罪与强盗相同。业经电请省令，当场格杀勿论。凡尔无知乡愚，慎勿自蹈杀身。

——1920年7月15日

平湖抢米后请兵消息（汇纪关于抢米之消息）

平湖旅沪同乡会近接平湖商家函报，谓本月初旬忽发生抢米风潮。该处乡民藉口米价昂贵，每石售十五六元，为从来所未有，显有奸商囤积居奇，希得善价，以致民间恐慌万状，求食无济，终日难谋一饱。乃聚集男女老幼数千人，手持箩筐、米袋，蜂拥至各米铺、米行，将所存之米抢劫一空。各店商立即闭门罢市，并飞报商会，请该县拨派警察解散，毫无效果，后即转请营兵到场弹压。若辈仍聚集不散，营兵开枪示威，以致击毙乡民五人，伤者数十人，始各纷纷散去。各该米业调查，共被抢去米一千余石。既而该县知事亲自出向各店商劝导，始各开市，照常营业。该县绅董恐此风一开，后来颇多危险，特据情陈明该县知事，飞电浙省督军、省长请示办理，并请拨派营兵到来实施弹压，以弭后患云云。旅沪各同乡闻此消息，亦电请浙省卢督军饬属妥为保护，以维商业而保公安云。

——1920年7月19日

平湖同乡会选举纪（十八日）[1]

平湖旅沪同乡会于昨日（十八）在闸北嘉郡会馆开第八届复选大会，到者颇众。由当选董事推举正、副会长，及初选合格者互举评议各职员。兹将人名录下：正会长徐鹤笙，副会长马骥良、陆汇泉，董事八人：张石君、葛嗣蔚、张达卿、陆志青、张理卿、陈晋轩、徐岷源、甘如瑛，名誉董事三人：金籛孙、陆纪先、胡茂鹄，评议员十六人：王文华、徐美士、蒋巳春、许奇松、方小轩、顾子明、薛镜人、徐眉轩、葛书征、杨子英、李荣钦、蔡伯华、潘子余、张锦福、陆琴舫、王再鹤，备补评议员四人：李鸿钦、胡莼香、殷介孙、王酉卿，庶务王叔明。

——1920年7月20日

请勘虫伤棉花（地方通信·嘉兴）

平湖乍浦、新仓、牙前[2]诸区乡间多种植棉花，历年收成尚称中稔。今岁棉花于结铃时遽遭飓风，致棉叶忽受虫灾，花铃未绽，因都脱落。农民无法补救，无不忧形于色。此种灾象以独山坊等处为最重，他日收成势必无望。现就地人民已将受灾状况呈报官厅，请求派员履勘，设法救济矣。

——1920年9月26日

小学联合运动会（地方通信·平湖）

平湖于十月十六、七、八日开联合全邑小学运动会三天。首日为国民，次日为女校，第三日为高小。会场设于公众运动场，由劝学所布置，秩序颇见整齐。来宾每日有六七千人，极一时之盛。各校所演节目均极纯熟，而尤以登瀛国民之潭腿、工力拳，当湖女校之混合操、短棒操，观海高小之书操，精神活泼，较为出

1　标题经编者调整。
2　“牙前”即“衙前”，下同。

色云。

——1920年10月22日

饼船夜行遇暴

蚬子帮项裕卿船于本月十一夜由平湖装载菜饼一百四十捆，张帆驶行。前晚，至得胜滝北四五里浦面，突来盗匪小□桨划船四艘，匪徒十余人，拦路驶来，喝令停止，声称搜查违禁品。项见来势非善，只得任其所为。计劫去菜饼三十余，嗣见有来船，遂散去。昨项已投报水上警察及各官厅请缉矣。

——1920年10月27日

小麦船中途遇暴

前日，有凌金生船由平湖承载小麦一百三十七担开行来沪，道经龙华湾，突来盗船两艘，匪徒百余人，均操山东口音，手持刀械拦住，喝令停驶，即一拥跃登凌船，勒令指出藏洋。凌不实告，遂被用绳扎缚。复经盗党用刀恐吓，凌妻见面大骇，乃将所有现洋三十四元交出，复被盗捋去手臂银镯一付、金戒两只，连衣服等约值一百余元，始开船向南而去。昨日，凌船到沪后，以该处为上海县境，即开呈失单，投报水陆军警，饬缉赃盗矣。

——1920年11月27日

演剧筹款修桥

平湖旅沪某绅因该邑桥工需款尚巨，特商之寒云主人及票友春觉生、钱一粟等，定于阴历二十三夜假座大舞台演剧筹款，剧目业已排定：寒云主人与苏荔棠昆曲《问病》、钱一粟京剧《鸿鸾禧》、春觉生京剧《取成都》、寒云主人与王余生昆曲《回营》云。

——1920年11月30日

检举调查溺职（地方通信·嘉兴）

平湖第三届省会初选选民人数业由各调查员分别查竣造册呈报，共有选民九万八千余人，较上届约增十分之七八，然遗漏者仍所难免。现公民徐嘉麟、朱衣等，以四顾官田外永凝诸坊，遗漏选民甚多，业于前日呈控到县，请求派员复查，以重选政。

——1920 年 12 月 15 日

平湖旅沪同学会欢送会预志

平湖旅沪同学会系平湖旅沪实业教育学生各界所组成，成立行将半载，会员已达八十余人。该会总干事为吴忆初，会计为金恂侯，均系同济大学医科生。二君将于二十八号连袂赴德国游学。该会会员定二十六号（星期日）假四川路中国青年会食堂开欢送会，并补选干事、会计。想届时必有一番热闹也。

——1920 年 12 月 24 日

1921年

遗失收据

阳历九年十一月十八日，将五年公价票向平湖县公署掉换第一百五十四号印，收计洋六十元。现因遗失，除函请平湖县署挂失作废外。特此登报声明。平湖张仁和栈启。

——1921年1月14日

江浙会勘老鸦嘴界地（地方通信·松江）

金山老鸦嘴自被浙省夺归平湖县管辖后，力争此案之金山詹象九知事因而撤任，现苏议会复经咨请省长转咨浙省长，重行派委会勘。一月二十七日，江、浙两委毕、景两君已会同金山、平湖两知事，重往老鸦嘴复勘，以凭划界。

——1921年2月2日

改良植桑（中国新实业汇志·三）[节录]

浙江平湖地滨太湖，产丝最盛。近有人组一新公司，种植桑树，出售桑秧，并新发明一种接树方法。桑、橘相接，叶大且茂。此公司每年售于蚕户之桑秧约计六十万株云。

——1921年2月13日

米贵影响（地方通信·嘉兴）

平湖去岁因米商私运漏海，致米价飞涨，演成抢米风潮。幸军警维持得力，不致酿成巨祸。现米价又涨至八元左右，一般游民造作种种谣言，耸人听闻。因之各米商咸有戒心。官厅已出示禁止，一面饬警缉拿造谣之人，解案惩处，以定人心。

——1921年2月17日

老鸦嘴捕鱼海界争执(杭州快信)

平湖县属胡、沈两族前因争执老鸦嘴捕鱼海界,与苏省金山县发生管辖问题。上年即经省长咨行苏省派委会勘,现尚未据复测。昨又经该邑绅商电呈催结。

——1921年2月20日

浙江平湖光华袜厂驻沪发行所广告

本厂开设浙江平湖西门大街,历已十有余年。自织青岛、洋房、飞马、双马、月牙、美女等牌纯丝、丝光、纱线男女大小粗细各袜。原料完全国货,色样比众新巧,畅销各省,久著信用。曾经农商部注册,准免半税在案。兹为顾客便利起见,特在上海法大马路北吉祥街(设立驻沪发行所),谨择定阴历五月廿三日正式悬牌开幕。此后各省及本埠新老主顾,请就近径向本厂驻沪发行所批购可也。价盘格外从廉,倘蒙惠顾,无不欢迎。恐未周知,特此露布。

——1921年6月25日

平湖添设医院(地方通信·嘉兴)

平湖医院之已成立者,仅同仁等院。现有人发起在该邑西门内创立德心医院,刻已筹备就绪,业于前日成立矣。

——1921年8月18日

麦船途中遇暴

自卖船户蔡亭林由平湖装载小麦一百四十五石,开驶来申。前晚,驶经得胜港,突遇盗匪分乘荡桨划子小船四艘,计有盗匪八九人。两艘把住港口,以防他船经过。盗党各执铁棍、单刀,禁吓声张,助令蔡交出身畔纳税洋二十五元,及将蔡妻手金戒两只,蔡妻与盗抗争,致被用刀背砍伤头额等处。船伙刘阿美亦被各盗痛打,幸受伤尚轻。事后蔡船至卡,腰囊已空,捐资无着,遂于昨晨赶至上海,向货主贷洋纳捐,并报告水陆警厅,请为缉究。

——1921年9月25日

平湖旅沪同乡乞赈电

平湖旅沪同乡会电浙省长文云:杭州,省长沈钧鉴:平邑入秋以来两月之间,飓风霪雨迭见三次,低洼田地积水不退,棉铃稻秆始被摧残,继遭淹没,什九伤损,秋收大为减色。况值连年灾歉,乡间十室九空,民力已嗟竭蹶。本年风雨水灾之重,为三十年来所未有。目下米价翔贵,有增无已。往岁抢米风潮蔓延极广,殷鉴不远,殊切隐忧。应请钧长迅筹急赈,并令依例停征,派员履勘,将银米分别蠲缓,以苏民困。迫切待命。平湖旅沪同乡会会长徐应芳等二百余人同叩。佳。

——1921年10月11日

游巡警诱拐两女已送地检厅讯究

平湖女子赵秀珍,又名二宝,年十七岁。又同年女子赵佩娥,又名德奎。于本月十五日乘火车到松江,遇见淞沪警察游巡一队队士陈锡武。见该两女年幼可欺,伪称巨商,设计将二女诱拐来沪,借住法界福兴小客栈奸宿数宵。后赁屋于九亩地地方。前日两女相约同赴大世界游玩而归,中途不识路径,乃向法界华捕询问。该捕见其神色有异,带入捕房。俄而陈得悉前情,立投捕房求保。捕头即发电话询问警厅,陈锡武确是巡警,乃将陈与两女押送警厅,昨日转解地检厅讯究。

——1921年10月27日

声明(华胜螺扣工厂)[1]

启者:本厂同志张竹林、葛锦庭、赵丽生、王培甫、王永寿五君于庚申年十一月间在平湖县合资开设华胜螺扣工厂,当设事务所于上海九亩地富润里,公举张、王二君为董事,葛君为会计,赵君为书记。所有本厂进出银钱货款等,向归葛、赵二君负责。现因张君等无意斯业,特于十月初八日邀集各董在本事务所公众议决,

1 标题经编者调整。

自愿退股。其股款当日如数缴割清楚，所有本厂图章、簿据、股单以及从前章程，自退股日为始，一概无效。倘以前出有银钱票据，或担保等情，悉凭葛、赵二君自问，概与本厂无涉。至以后进出银钱等情，本厂已另立图章为凭，恐未周知，特登申、新两报声明。平湖华胜螺扣工厂启事。

——1921年11月16日

平湖棉花市况

平湖东乡一带均为产棉之区，今岁因风雨成灾，早棉结铃颇小，收成异常歉薄。所幸晚棉尚称中稔，故市价亦略见松动。兹将最近市价录下：东路棉花每担售洋十四元二三角，顶白花衣每担售洋四十元，二白花衣每担售洋二十八九元，黄花衣每担售洋二十二元左右。

——1921年11月28日

平湖县灾歉成色（地方通信·嘉兴）

平湖县今秋风雨成灾，田禾歉收，迭经地方团体电呈到省。当由省委钱、陈两员前往查勘，现钱、陈等已会县赴乡履勘，勘得实灾在二分以上，业已回省呈复矣。

——1921年12月6日

杭州快信［节录］

乍浦雅山坟墓古迹甚多，现有徐某蒙准县署开采石料，并未呈报实业厅备案，被人电省控告云。厅长昨已下令禁止。

平湖商民李如隆请认包办纱线捐，财厅已饬统捐局会同商会核复。

——1921年12月19日

1922年

新埭区发生盗案(地方通信·嘉兴)

平湖新埭区西北乡郭家桥农民姚友生家尚小康,久为盗匪所垂涎。前晚夜半时,有盗匪二十余人,明火执械,破扉而入。友生因不及逃避,被盗捆住。旋即闯入内室,翻箱倒箧,任意劫掠。后又将友生殴伤多处。越一小时,始呼啸而逸。翌晨,姚友生即开单报告就近警所,转报到县,请求履勘严缉。

——1922年1月12日

平湖袜业公所紧要启事[1]

窃敝业自去冬原料步涨,成本骤增,时因节近年关,不得不忍痛一时,各货仍照原盘。现届新春,而原料价格仍有增无减,两相比较,则不敷成本甚巨。为特邀集同业,公同筹议。决定于即日起,将各种袜价分别酌加,俾得保全血本,祈各宝号垂鉴,乃荷。瑞丰、兴业、久和、振华、当湖、协记、立大和、日新昌、启新、中华、长源、怡和、日光、仇东、谢鑫记同启。

——1922年2月8日

严禁米石漏海(地方通信·嘉兴)

平湖赵知事以入春以来民食渐见昂贵,□□彻底调查,知有一般奸商借普陀斋米为名,装运米石,由乍浦私运漏海。若不禁阻,民食堪处。特于日前令饬水陆军警严行查禁,一面示谕周知矣。

——1922年2月13日

1　标题为编者所加。

平湖开设布厂（地方通信·嘉兴）

平湖商民王厚甫、邹书甫等数人近日筹集资本二万五千元开设布厂，定名通益，厂址即在东门河滩。布机暂开六十只，俟营业发达，再行扩充。现定招收女工一百五十名、男工二十名，以备日夜工织。纺纱机已于日前开工，布机则定本月下旬开织。

——1922 年 3 月 9 日

平湖县县立东武高等小学校廿周纪念会筹备处启事

启者：本校自壬寅开办以来，已届廿周，此定于暑假时举行纪念会。凡曾任教职员及曾毕业或肄业者，请将姓名、号、籍贯、住址、通讯处、近况于五月前函达本校，俾得汇造纪念册，以志不忘。一俟开会有期，再当函请莅会，共襄盛举。此启。

——1922 年 3 月 10 日

平湖新开裕茂盛南货号启事

谨启者：兹因东裕茂南货号无意营业，凭中将号内及作场内货物、生财并历年底账支出礼券等项，悉数盘归小号管业。所有盘项价洋，当日交楚。如该店与钱庄往来、太古公司纠葛，并存项、会项以及代人担保等事，三面言明，弃主自行理直，与小号无干。恐未周知，特登申、新两报声明。

——1922 年 3 月 15 日

平湖将办平粜

平湖米价已在九元以外，转瞬即将十元。贫民生活维艰，每生仰屋兴嗟之感。吕知事有鉴于此，特于日前召集士绅集议举办平粜。当经决定办米七千石，预定亏耗约一万三千元。该县由积谷、农米、附税等项下拨充，并由各绅筹助。现已由县呈省核夺，一俟令准，即行举办。

——1922 年 3 月 27 日

新菜子又有续到（本埠新闻）

浙江平湖一带新菜子第一批已于前日装到，计数有四百余石，由公正大行收进后，即售与日商。某洋行买去头盘，最高开五两三钱。昨日，又有续到，由铃木洋行买去。闻本年天时调匀，菜子身骨干燥。洋庄去路必盛旺也。

——1922年5月25日

新菜饼东洋庄活动（本埠新闻）

浙江平湖、嘉兴等处新菜饼已有运申。此项菜饼向销洋庄，因上年菜子不旺，故菜饼存底亦稀。前日，有东洋庄开始办去新菜饼一千担，价开一两五钱，比陈货涨一钱之外。而存底陈货缺少，故颇有奇货可居之势。

——1922年6月2日

新菜饼洋庄活动（本埠新闻）

浙江嘉兴、湖州、嘉善、平湖等处新菜饼业已来沪，东、西洋庄陆续购办。近两日，日商三井、铃木等洋行因东洋需要甚亟，且有船在沪日内开驶，故在市大批收买。昨日，平湖新菜饼价每担开一两五钱，因到货颇旺之故，故开价照前盘小去二钱左右。闻本年嘉兴货身最佳，其出数为平湖最多云。

——1922年6月14日

平湖旅沪同乡会通告（1922年7月）[1]

敬启者：本会于闰五月初八日复选职员及推举会长，并开十周纪念大会，定午刻叙餐，午后二时摄影。务希诸同乡及各会员是日上午拨冗准到，藉联乡谊。除发券外，恐未周知，特再布闻。

——1922年7月1日

1 标题经编者调整。

农会会长改选（地方通信·嘉兴）

平湖县农会正、副会长及各部职员任期已满，该会特于前日召集全体会员遵章改选。投票结果，钱惟衡为正会长，张国善为副会长，其评议等部职员亦于当日推定。刻已开具职员履历，呈报官厅备案。

——1922年8月10日

乍浦设闸有期（地方通信·嘉兴）

平湖乍浦设闸案，曾由地方士绅建议官厅。经沈省长赴乍亲自察看，并派测量员到乍测绘。嗣又经少数士民立说反对，故兴工因此延期。现省署已认为有急需设立之必要，故已筹备妥洽，决于日内派员莅乍，举行兴工典礼。

——1922年9月20日

平湖新棉上市（地方通信·嘉兴）

平湖东乡一带所种棉花，今秋迭遭风雨，颇受损害，因此结铃颇小，且多不实。刻下新棉已经收采，统扯不过五成余，市上亦已见样，各埠纱厂已派员来平采办。惟以来货不多，价较往年涨起二成余。最近市价，上白花每担价开十八元，次白花十三元七八角。据业此者云，日内尚须看涨。

——1922年9月27日

平湖禁烟（杭州快信）[1]

平湖烟禁废弛历有余年，均由劣绅包庇，公然设立烟土公司，收入甚巨。现任吕知事破除情面，厉行禁捕，一面将各劣绅盘踞把持教育自治各职务全行呈请撤换。

——1922年10月1日

1　标题为编者所加。

函请省教育会取缔假名学校

本埠工商友谊会昨致江苏省教育会函云：江苏省教育会诸位先生台鉴：敬启者，敝会近得浙江平湖会友杨进德君来函内云：曾见报载有上海闸北新民学校函授部招生广告，彼因在平湖为商店学徒，志愿求学，遂即报名并纳费二元。该校当即回函云，学额已满。彼即函致该校，要求将报名费发还。不料日久未见回复，故请敝会前往调查。据报该处并无此种学校，知系假名骗钱。如此黑幕，非但教育前途蒙其荼毒，且我工商界有志求学者，颇多窒碍。素仰贵会为苏省教育界领袖，对于此张种假名骗钱之学校，应请严格取缔，以杜后患。则我工商界青年子弟受惠良多云云。

——1922 年 10 月 19 日

平湖县派员来拘土案证（本埠新闻）

浙省平湖县叶某因在原籍私设售卖烟土机关，暗藏大批烟土，为该县查悉，饬警往拿。叶潜逃来沪，匿居公共租界五马路某旅馆内。现由平湖县公署派委史学修来沪查缉，并呈请淞沪护军使署转致租界总巡捕房派探壳罗香会同史委员及军署稽查雷应春偕往指缉，将叶拘获，暂押捕房。一面已由史委员昨回平湖，报请该县知事，再行备文咨请公共公廨设法引渡归案法办。

——1922 年 11 月 27 日

平湖旅沪同乡会通告（1922 年 12 月）[1]

兹有徐则鸣者，冒刻本会木戳，在外擅发函件，其中事实姑不具论。查本会遇有公件，非经会长及董事通过，不得缮发。况会员中并无其人，业经本会除切实查究外，特先登报声明。以免各界受愚。此布。

——1922 年 12 月 27 日

1 标题经编者调整。

1923年

乍浦地产禁售洋人(杭州快信)[1]

平湖知事曹有成以县属乍浦各山关系军事,且属名胜古迹,附近地产向禁售卖洋人。现每向官产处场知事领照转售,致生纠葛。昨电军、民两长,请令交涉员、盐运使、官产处一体重申禁令,严加取缔。

——1923年1月27日

菜子被浪激湿之交涉(本埠新闻)

南市正源杂粮号前日售与日商某洋行平湖菜子六百包,订定在平湖交货,雇定金巧生船装载来申。正源号派友何桂林会同日商派去押儎之顾奎林,至平湖将菜子六百包,检交日商,即装金巧生船开申。顾在船押儎,不料驶至闵行浦面,天降大雨,潮浪又急,金船中之菜子被潮浪激入,均受湿水。金见而恐肇不测,当即收港停泊避险。至昨日风浪平静,开驶至申,将货交卸。讵日商以货已湿水,不肯收受。将货退回正源。而正源以当平湖交货时,货身干洁,且经押儎之顾桂林验看收货,自应由伊负责。倘有船户遭不测情事,与号无涉。按吾业公所规章,即向收取货款日商拒却。双方正在交涉,闻菜子湿水不能应用,损失三四千金。不知如何解决云。

——1923年3月12日

平湖开浚黄姑塘(地方通信·嘉兴)

平湖黄姑河前因淤塞不堪,经官绅发起开浚。去冬已将界河口至曹港一段浚竣。曹港至杨家库及史家桥一段,前日亦由工程主任杨锡鳌督同工人分段筑坝开

---

1 标题为编者所加。

浚。业已通告来往船只绕道他驶矣。

——1923年3月15日

茧行招租

嘉兴县东门外有昌裕昌记茧行一所，又平湖县城外有东昌大、西昌大茧行两所，房屋宽敞，器件俱全，三处庄口统租或分租均可。如欲租者，请至上海英大马路鸿仁里刘崇德账房或杭州湖滨平海路觉庐账房接洽可也。刘崇德账房启。

——1923年3月25日

平湖东门大街大火（地方通信·嘉兴）

平湖东门大街昌泰达记烛号于二十日上午三时许不戒于火，比经贴邻瑞生鞋帽庄主觉察，起而喊救。该烛号伙友闻警惊起，见火星四射，屋已透顶，无可援救，只得各自逃生。邻近各号伙友相率灌救，并鸣锣报警。因时正四更，人多熟睡。迨救火联合会各员及各义龙齐集，势已燎原，不可向迩，隔河小街各商号亦已殃及。幸各义龙竭力施救，直至清晨六时许，火势渐衰。计大街商号损失最巨者为义昌成绸缎庄，连房屋等约有四万元之谱。次则起火之昌泰，被延烧之成茂衣庄、瑞生鞋帽庄、徐同和铜锡号、许怡康洋广货号、泰昌茶叶号、同胜庄邮政局、钟万昌棕榄绳店、罗姓山纸店，均尽付一炬。西首之小磁碗店、竹器店，东首之龙生翔洋布号，亦大受损失。小街则以鼎盛和桐油磁器号为最巨，店内货物及二三两埭栈内桐油、麻皮等货，不下三万元。次则增记钱庄、周万顺铜锡号、沈合兴腐干作、高茂顺山纸店、德顺祥鞋帽号、黄永泰棕箽店、王姓剃刀店、沈姓竹器店均被烧毁。义顺锠烟纸锡箔庄因风火墙较高，得以保全。西首之飞花店、汪震懋花炮店亦均损失不少。统计大小街房屋约烧去四十五六间，合之各商号货物，据说有二十余万元之巨，亦巨灾也。

——1923年3月26日

华胜螺扣有限公司启事

本厂于庚申年冬在平湖县股开螺扣厂，向归上海永丰洋货号包销。兹因该号于辛酉年秋收歇，将所订合同取销。兼之连年受市价暴跌，以致乏人承销，亏耗甚巨，资本折尽，负债迭迭。曾于去年七月、九月迭开全体股东会议，多数决计停办。由查账员调查清楚，报告账目及存货总数，结核在案。复于十二月廿三日开全体股东会议，由多数股东表决，解散结束，将底货、生财抵偿存项债户，分派清讫，尚不敷百余元。恳商债权，情让作罢。于廿七日开末次会议，经多数表决，仍照前议办理，以将股单缴销作废。曾经屡次通告，尚有未曾缴销之本厂股单。倘日后发现，一概作为无效。恐未周知，特登申、新两报声明。平湖华胜厂启。

——1923年3月31日

成衣匠之形迹可疑（本埠新闻）

昨日傍晚，平湖快小轮抵埠，各客纷纷起岸。有成衣匠潘长生携取棉被两条及线毯、毡毯等，又绸皮袍一件，在彼行走。形状慌张，为岗警查见，以其可疑，诘问来历，言语支吾。当即拘解一区警署，经王署长预审一过，饬将人赃申解警厅司法科讯究。

——1923年4月12日

乍浦游记（上）

董巽观

友人伊隐樵、陈迪侯二君招作乍浦之游，以大东汽船行，自嘉兴至乍浦，水程计九十有四里，船身阔且吃水浅，恍疑在汉口、宜昌道中。船由乍六时驶禾在十二时左右，一时复由嘉驶回乍浦，出嘉兴之东栅经十八里桥，相传为吴越战场，波平如镜。因受轮翼鼓动，小起波迭，但亦一瞥不久耳。

船过新丰，市镇临河，乡童少于见闻，咸相噪逐舟子大呼：新方到矣。往者虎厂云：沪上倚虹楼多呼为奇虹楼，其亦积重难返欤。由新丰至平湖，计程二十七里。船将至东河时，公园之茅亭丛树与古刹之红墙、孤塔为平湖之点缀耳。汽轮稍停，余乃忆及某报曾有一联征对，上联曰：无锡锡山山无锡，应征者曰：平湖湖水水平湖。以水对山，以平湖而对无锡，绝对也。已而，船又鼓其余勇，破浪而行。

船过虹霓，九峰在望矣，船愈近而山愈低。又行半小时许，城堞在望矣。丁君告予曰：乍浦在未开商埠之前，与江苏之浏河同为江浙要口，如南货之木材、糖、靛青、炭、碗(闽产)等,皆由乍浦进口。由乍运至嘉兴之东栅口,再分运杭、嘉、湖、苏、松。浏河进口者皆北货也。故乍浦陈山之下为洋货场,如今日上海之洋栈然,但平房耳。保险、建筑之设备虽不及上海之万一,而未曾有意外也。语未竟,船已近西门,夕阳影中,身入画图矣。汽笛放而船又近南门,河滩之房屋整齐而新洁,石路平坦,树影浓郁。余心念,若是者不愧为模范之村矣。船泊而予等登岸,竟大失所望。盖房屋之欹斜、厕所之错杂,与河滩虽一弄之隔,而几如京中之大栅栏也。

——1923年4月25日

乍浦游记(下)

巽 观

乍浦之商业既因受五口通商之影响,在今日只有木商尚足支持危局,其次则炭耳。市肆以南门外至海塘为最,与上海之西门大街相似。西门内街市与村市等,南门内只有一衣肆、一特别放盘大赠品之牙科医生耳。其余如印刷、书籍、报纸、鞋袜,皆须至平湖购之。茶肆有曰大观楼者,陈山等风景一览无余。茶客皆衣冠楚楚,并备沪、杭各报。予曾询之派报处,谓乍浦有报若干。派报者曰,以《申报》为最多,《平湖报》乃地方报,乍浦属于平湖县,故购平湖者多。乍浦之教育有国民小学三,高等二,以人口不满一万之地方,而论教育上的比较,固十分完美。启明校在南门内,地址即前之观海书院也。校中风景之佳,予所目睹之高小国民当以此为第一。历年视学员考语列于应接室中。全校精神极佳。观海高小成绩亦列上等,其余虽未目睹,谅亦不致十分腐败耳。当明时,倭寇数数犯沿海各地,戚继光乃筑炮台于乍浦。台址以石砌成,雄壮之气尚在。但明时之倭寇,一炮台可以防之。今日之强邻,则非吾人心中各筑一无形之炮台不可。睹前贤之遗迹,益悲今日之时局矣。

乍浦共有九峰,陈山、瓦山其最著者也,蔡岐港亦为一名胜。三月初一之香汛极闹。是日,天又雨,泥路几成小沟。遂不克一游。

遇甬人张君,素识者也。张君云:"由乍浦至镇海约二百六十里,如遇顺风,二小时耳。"予曰:"其快甚于特别快车之速率。"

纪余游乍十日,雨八而晴二。四月二十号,雨尚未止,故决计乘船返禾。船以晨六时开,抵禾则十时半,同船者云,前次所未有也。

——1923年4月25日

平湖袜业[1]

织袜为最易着手之工业，年来尤见发达，袜机厂亦相率增多，惟欲得一般工厂欢迎者盖鲜，南车站沪军营五六一振兴厂之牡丹牌袜机，早为浙之平湖、嘉兴等处所欢迎，平湖有袜厂六十余家，均为牡丹牌袜机，该厂严杜仿冒商标起见，业已呈请农商部注册，已邀批准矣，又西门中华路，利新厂之嘉禾三星牌袜机，出品亦佳，销路亦广，且该厂主任冯君，极为热心，凡欲设立袜厂者，冯君能详为指导，因冯君历任各厂工程师，个中利弊，洞悉无遗，刻该厂袜机，日夜开工，尚不敷应销云。

——1923年5月9日

拐卖孤儿寡妇之破获（本埠新闻）

平湖妇人胡陈氏，年二十八岁，因夫故无依，携同九岁儿子胡金花来沪，佣于八仙桥某姓家中。该处有闽匪卢寿金，唆使其妻设法将胡陈氏母子勾引出外。昨由卢偕其同党鄂人左春林，将该氏母子诱上南洋轮船，拟带往他埠贩卖。事为救济会侦探陈少廷在轮所见，以其形迹可疑，向之盘诘，言语支吾。明知拐带，乃一并拘送上海地方检察厅讯究。

——1923年5月24日

补选县会议长（地方通信·嘉兴）

平湖县议会议长徐嘉麟因案辞职，故该会特于日昨补选议长，共到议员十人。互选结果，葛昌枢得六票，当选为议长。刻由会备文咨请官厅备查，并分报各机关查照矣。

——1923年6月20日

织袜机器（介绍国货）

织袜为最易着手之工业，年来尤见发达，袜机厂亦相率增多，惟欲得一般工厂

1　标题为编者所加。

之欢迎者盖鲜。南车站沪军营五六一振兴厂之牡丹牌袜机，早为浙之平湖、嘉兴等处所欢迎。平湖有袜厂六十余家，均为牡丹牌袜机。该厂严杜仿冒商标起见，业已呈请农商部注册，已邀批准矣。

——1923年6月30日

平湖同乡会初选纪（本埠新闻）

平湖旅沪同乡会星期日（即七月一号）在闸北嘉郡会馆内开第十一届选举大会，各会员亲自投票者一百余人，当众选出董事十一人，姓名如下：张石君、徐鹤笙、葛嗣蔚、马骥良、张达卿、徐岷源、陈晋轩、蔡伯华、陆汇泉、徐美士、张理卿。闻该会于两礼拜后再行推举正副会长及评议各职员云。

——1923年7月3日

平湖旅沪同乡会新当选之职员（本埠新闻）

前日（八日）星期[日]，平湖同乡会复选。因天雨，改在二马路大庆里开会，选出各职员名单如下：（正会长）张石君、（副会长）徐鹤笙、马骥良（董事）葛嗣蔚、张达卿、徐岷源、陈晋轩、蔡伯华、陆汇泉、徐美士、张理卿（名誉董）、金籛孙、陆纪先、胡戊鹄、（评议员）徐右芳、陆志青、胡莼香、徐眉轩、薛镜人、蒋巳春、葛书征、王文华、顾子明、甘如瑛、李鸿钦、陆琴舫、葛荫梧、陆冠群、章锦福、薛善臣、（候补评议员）丁仙根、李荣钦、方筱轩、黄子仁、（驻办员）王叔明。

——1923年7月10日

昌明电灯公司讼案（杭州快信）[1]

平湖昌明电灯公司缠讼经年，尚未开办。现已集股本二万八千元，由县呈请□案，限本年终将各种设备一律完竣。

——1923年10月3日

1　标题为编者所加。

平湖袜业加盘声明

敬启者：现在纱线原料逐步飞涨，致敝业出品照原价不敷成本甚巨，原万纱价稍平，故忍痛维持，未曾加价。讵知仍逐涨不已，近一月间，已增加约有二分钿之左。敝业不得已，爰集同集公议，于夏历十月初一起，将各种纱线出品统加一分钿（即十分之一），藉资维持血本。他日如原料再有涨跌，当再集议增减。务希各客家鉴原，是幸。

——1923年11月6日

户口登记办理困难（地方通信·平湖）

平邑自奉通令办理户口登记后，即经组织分事务所划区进行，惟地方风气未开。能知户口登记为庶政进行之根本者，为数有限。施行细则第四、第五两条所载通告各该段住民推定甲牌长办法，一时未能实行。故为时虽久，仅能将甲长姓名等项清折，办理完毕。县知事深恐长此因循，必致贻误要公，特拟协警办理□请襄助等各办法，电呈省署。昨得复文，略谓办法尚无不合。惟不得另支公费，则又觉困难矣。

——1923年11月8日

慈善会改选记（地方通信·平湖）

平湖慈善会创办以来，八载于兹。平日经办慈善事业，颇有成效。现因正、副会长陆星章、戚叔英期满，于日昨举行改选。各会员陆续到会，投票有二百七十二人之多。下午三时开票，共计正、副票各二百七十二纸。徐声甫以一百五十六正票当选正会长，戚季康以一百六十八副票当选副会长。

——1923年11月16日

太和典赔款拟加三厘（地方通信·平湖）

平湖太和典，前因□楼焚毁，仅以四成五扣利赔偿，致于前月开赔时，被好事者捣毁。现时已多日，该典未将开赔日期宣示。典户代表以时入冬令，各贫户无衣御寒，电请省吏重定成色，速令该典开赔。典业公会方面亦拟援照龙游某典成例，于四成五外，另加三厘，合为四成八扣利赔偿。目下已呈请县知事转达省吏核示矣。

——1923年11月16日

出版界好消息（地方通信·平湖）

平湖刊物以日刊为最多，有《平湖日报》《民声报》《新民报》《鹉湖公报》（该报前因事停版，现已定十一日继续出版矣）四种。余若旬刊、周刊、月刊，则不下数十余种。现□乍浦互助、文艺研究两社拟合出一大规模之杂志，定名《湫波》，月出一册，定阳历元旦出版云。

——1923年11月16日

乍浦山地交涉近讯［1923年］（地方通信·平湖）[1]

乍浦海口沿岸共有九山，并沙田六里，形势险要。前清驻有都统，扼守海防，炮台□址依然尚存，且为名胜古迹之区，载明志乘，今乃被乍浦人陆续售于天主堂者已达十分之七。屡经乍绅徐清扬等呈请收回，卢督办、张省长允即酌定办法，由卖主向天主堂交还原价，悉数赎回。其历年经营之教堂、修道院，暂予租借。惟因房屋面积广狭不同，应酌定租借范围，分为三等：（一）十二亩，（二）八亩，（三）五亩。原于收回领土之中寓兼顾邦交之意，又因租借地亩须照国际通例划定界址、订立契约，规定年限十五年。先与法领商妥派员来乍办理，惟闻近日教堂方面又生异议，拒绝钉界。故平湖公团拟与浙省公团联合督促官厅收回，官厅方面亦已训令警务处饬属知照。在本案未解决以前，各处山地仍严禁擅自工作，并训令交涉员王丰镐、平湖县知事调验契据，宣示交涉真相，并与法国领事磋商根本解决矣。

——1923年11月18日

1　标题经编者调整。

平湖夏幼田启事

启者：小儿菊生，酷赌喜博，屡诫不听。不得已曾于前年秋邀同亲族将遗产划分，并将前空债项代其还清。经亲族等三面决定，并立笔据。嗣后再有用空债项，归其自了，不涉鄙人之事。讵近时菊生又不知悛改，常外出不归。恐在外有押债赊欠等事，鄙人概不代还，已登平湖各报声明在前。近闻菊生旅居在沪，恐沪上人未及周知，特再布告。

——1923年11月18日

集议太和典赔款无结果（地方通信·平湖）

平湖县知事曹有成鉴于太和典赔款久延未决，各质户贫寒堪怜，爰特函邀各法团领袖在署集议办法。昨日下午一时起，各领袖陆续到署，计有朱知白（太和典代表）、方旭初（水警署）、汤庭荣（商会）、方锡璋（保卫团）、葛昌枢（县议长）、汪曙云（公民）、杨锡鳌（乍浦自治委员）等七人。二时开议，曹有成主席，汪曙云发言，谓大理院判例，典当无心失慎，照当票十足赔偿。太和当未能轶出典当范围，自须十足赔偿。朱代表则须依典业公会议决，仅能四成五扣利赔偿。嗣后除葛议长外，互有发言。末由曹有成主张，依照典业公会办法四成半扣利赔偿，另请朱代表商请典主加赔五厘合为五成扣利。众佥谓吾辈非典户代表，未敢决定。贵知事以此项办法为可行，则不妨行之，遂无结果而散。

——1923年11月22日

平湖县议会将开临时会（地方通信·嘉兴）

平湖县议会自今秋续开二次临时会后，迄逾二月。兹以本届议案尚多，定于本月十日起二十五日止续开第三次临时会半月，决议各案，以利行政。昨由曹有成知事通告召集矣。

——1923年12月9日

平湖选出县商会长(地方通信·嘉兴)

平湖县商会日前改选会董,二十四人业已完全产出。昨日,又召集各会董互选正、副会长,结果陆芹生得二十正票当选正会长,方锡璋得二十一副票当选副会长。按陆君系邑中富商,方君系米业巨子,商界均称为得人云。

——1923年12月10日

山地租借交涉中之杂闻(地方通信·平湖)

乍浦山地、沙田租借一案,前在督署谈判,无甚结果。后至上海商酌,亦无成效。月初,平地公民会议议决,由各公团遴选代表赴省请愿,非达收回领土、保全主权之目的不止。日前,各公团推定代表晋省,进谒军、民两长。适因卢、张均有他事,委派长官接见各代表。道及来意,答复非常圆满,遂兴辞而出。卢督办对于是案,亦颇注意,拟邀请沪绅姚慕莲、陆伯鸿、法教士及平湖公团代表等于本月二十日再集督署会商办法,藉便早日结束,以孚民望。

——1923年12月19日

米市随银根跌价(地方通信·平湖)

平湖各钱庄因阳历年底银行结账,复值江浙风潮,以致银根紧急,近日各商号之向与庄家往来者,均遭拒绝,而米业为周转不灵,价额大跌,幸硖市销路尚好,故糙粳售价约有七元二角。然较诸上月最高价额,已跌一元余矣。

——1923年12月26日

暴徒监禁(地方通信·平湖)

十二年六月,平湖暴徒沈阿培前犯徐埭打死徐宝和命案,及庙桥追赶干七和落河生死案,均被兔脱在逃未获。日前,潜至沈荡地方,持刀将姚宝兴戳伤,被该处乡民捆解到县,经承审员严行鞫讯,始供认不讳,当即堂谕收押候判。昨(二十六)日,特提该犯到案,当庭宣判。该犯犯一个杀人罪,判处一等有期徒刑十年。一个追人落河致死罪，判处二等有期徒刑五年，罚金八十元。一个致人轻微伤罪，判处五等有期徒刑六个月。各刑合并，判处监禁十二年六个月，罚金八十元云。

——1923年12月28日

集议开浚市河(地方通信·平湖)

平湖县市河久未开浚，河底日浅，不特水流污浊，且也干涸堪虞。邑人有见于此，特于昨(二十六)日下午二时，借座救火联合会开会集议办法。到有计宾文等三十余人，公决疏浚地点自东城门口起梯云桥止，分为四段。第一段至孟家桥，第二段至汉水桥，第三段至三登桥，第四段至梯云桥。经费由自治会拨助四百元，余归各商业董事向商家分别捐募。办事处暂借救火会，并推定计宾文为正主任，徐声甫副任兼会计，监督由各段邻近推举。

——1923年12月28日

本年浙江省棉产情形(节录)

子　昂

钱塘道以平湖、海宁二县产额为盛，杭县次之。

一、平湖县产地在乍浦、新仓、衙前等区，棉田亦因连年收大歉，改植稻作，较去年减少十分之一，计十四万亩。本季先受霉雨之害，复遭风灾，于开絮时久旱不雨，棉铃难开，每亩平均收子棉五十斤，综计产净棉二万余担。棉农喜于田内杂种豆类植物，本年播种后受雨害，棉苗生育不良，缺科甚多。于田内加植大豆，藉以补救，致碍及棉之发育，此亦减收之一因也。

——1923年12月30日

1924年

水警调防西塘(地方通信·平湖)

水警厅以时局不靖,谣言纷起。西塘地属边境,深恐土匪蠢动,为害地方,特令二区区长俞兆同调队驻扎,以资镇慑。俞区长奉令后,即令所属十四署各抽巡船十艘□驻□地,藉便调道,故驻平第九署署长方旭初已着十五号等巡船五艘于四日清晨开拔,余俟必要时再行调往。

——1924年1月5日

集议中学事宜无结果(地方通信·平湖)

平湖县知事曹有成为举办初中事宜,筹得基金二千元,特于昨日(三日)邀请士绅及教育当局讨论是项问题。是日,延至下午三时,到会者仅参事汤元伯、汪镜人、徐步,自治委员计补善、干城,图书馆长崔鸿裁等六人。所有各议员及教育当局均未出席,不能集议,遂无结果而散。闻曹知事所筹之款系太和典所捐助云。

——1924年1月5日

保卫团注重防务(地方通信·平湖)

平湖东门外人民保卫团团总方锡璋以目下时局万变,匪患遍野,加以驻平水警一部分调赴西塘,警备军亦已调回原防,保卫团有保境卫民之责,自因早日扩充防务,以资镇慑,故特于昨晚(六日)召集全体团员、排长,同赴西门保卫团会商防务。结果:(一)扩充巡逻地点,不分东西界限;(二)每夜分四班巡逻,上半夜一班下半夜三班;(三)每星期会哨一次。

——1924年1月9日

佛学研究会今日成立（地方通信·平湖）

平湖缙绅朱梦曙等数人以佛学之有益世道人心颇非浅鲜，邑人士之研究是道者甚众，惜多各自修善［缮］，向无联络，致难收效，因有佛学研究会之组织。昨日（六日），与张卓身、陆礼宾、孙颂和、高登孚等作一度会议，公决会址借报本禅寺，定于今日（八日）开成立大会，筹商进行事宜。

——1924年1月9日

教育局通告行政会议（地方通信·平湖）

平湖县教育局昨日通函各学校、各教育机关云：径启者：兹准浙江教育行政研究会函开，敝会现定于民国十三年二月十七日在省城平海路教育会开第七次大会，用特专函奉达，并祈通知贵县各小学校教职员、教育行政人员、社会教育各机关一体知悉，届期莅会，各抒谠论。如有议案，并请于二月十日以前寄至省城教育厅本会事务所，以便先期印配，无任盼祷。除届期开会再行登报外，等由准此，合即备函通知执事，届期莅会，并于二月十日以前寄交议案，是所感盼。

——1924年1月12日

昌明电灯公司放光在即（地方通信·平湖）

平湖电灯公司与商办石油电灯厂开办手续未合部章部分，一律停止，招商承办。即由石油电灯厂一部份股董重行依章组织昌明电灯公司，呈准农商部开办后，业已积极进行，竖杆挂线，将次告竣，大约一月月底即可放光。原有电灯公司亦已预备结束，一俟该公司正式开灯，即须遵令停办。

——1924年1月14日

主人被工役殴毙（地方通信·平湖）

平湖县公署昨（十二）晚据大堰乡坊役报告，该处顾沈氏之螟蛉子顾三观因与继母争闹，被仆役沈阿照等殴打毙命，获解凶徒沈阿照一名，请求检验讯究等情。

后即将沈阿照暂行管押，今晨（十三）已饬吏前往检验尸身矣。

——1924年1月14日

侦查委员莅平即返（地方通信·平湖）

平湖县知事曹有成被公民徐庚等呈控省署，请求调换。前经张省长行令钱塘道尹派委查复，昨（十二）日，钱塘道特委吴元鼎（号瀛生，江苏仪征人）来平侦查。吴委员抵埠后，寓同安旅舍。次日，进署与曹知事略谈片刻，即由曹知事设席款待。午后，离平返省复命矣。

——1924年1月14日

大堰坊命案再志（地方通信·平湖）

平湖大堰乡顾沈氏之螟蛉子阿二被仆役沈阿照等用刀戳毙，由坊役获解凶徒到县请求究讯等情，已致本报。十三日，县署承审员带同书记、检验吏等下乡检验，该尸身腹部四肢均有刀伤数处，委系生前被人戳伤致命。当即填明尸格，发封棺殓。据在押沈阿照供系顾沈氏内侄阿顺所为（按该处乡人传说，亦谓顾沈氏时有虐待二观情事。是日二观与顾沈氏少有争论，顾沈（氏）遂起谋害之心，与内侄［或谓姨甥］阿顺用刀戳毙，弃尸门外云云），承审员已饬法警小顺宝等下乡立拘到案质讯。惟该犯与顾沈氏出事后即远扬他处，未知能否弋获也。

——1924年1月16日

召集会议公债未成（地方通信·平湖）

平湖县知事曹有成奉浙省财政厅令，略谓：目下库款支绌，需用浩繁，特呈准省长发行第三次定期省公债一百五十万，着向就地绅富广为劝募。务希文到一个月内，筹足债银三万元，解库应用。曹知事以筹集为难，深恐延误，致干重咎，特于十八日下午一时邀请各机关领袖在署会议，襄助进行。是日下午，延至三时，仅有参事汤元伯，自治委员杨文侯、计寿石，商会长陆芹生四人到场。未能开议，遂即散去。闻有人建议请知事定期设席，遍宴邑中绅富，以便席间提议云。

——1924年1月20日

委员查案纷纷来平（地方通信·平湖）

平湖县知事曹有成经公民徐庚在省控其违法殃民，省派委员查复知案，嗣因徐庚等以该委草草具复，殊嫌率略，特电省要求复查。张省长即饬张道尹另选能员赴平详查，钱塘道即派原委吴元鼎重行详细查复。十九日，该委抵平，即进署便饭，与知事密谈甚久。两夜均寓同安旅舍，二十、二十一两日，访拜各机关领袖。大约二十二左右，又将返道。再徐庚原呈所控，尚有关于教育部分数款，省令教厅另委嘉兴县李知事查复。李知事乃派嘉兴县视学沈衍增来平，逐款调查。沈君于十九抵平，进署晤杨科长，后即往教育局等访查一切。今日已公毕返禾矣。又县议会议决停办贫民习艺所一案，前经道尹派委金兆鹏查复在案。二十日道署又委员宝龄莅平调查。该黄君寓天宝旅舍，一俟公毕，即须返省云。

——1924年1月22日

二次集议省公债（地方通信·平湖）

县知事曹有成为筹募省公债三万元事，于本月二十九日二次召集邑中绅富在署会议。先期发函相邀，计有二百四十余封，邑中名绅富商均在被邀之列。讵是日到会者仅有钱秉钧、计寿石、胡菊龄、干恺君等数人，且都随到随去，致未开议。闻曹知事拟将该公债款三万元分作五股，每股洋六千元，城区派二股，乍浦区、新仓区、新埭区各派一股，请各区自治委员担任劝募。未识能否收效也。

——1924年1月31日

教育界近事（地方通信·平湖）

平湖县教育局局长刘渭广君因反对者众，托故辞职，经教厅允准，着县另保，核示在案。现曹知事已另保王撰春君，呈省请委矣。又教育款产，去岁由县知事函催教育局于本月十号以前悉数移交参事会接管，现因刘局长去任在即，结束费时，故尚未依限移交云。

——1924年2月12日

癸亥商况之调查（地方通信·平湖）

癸亥年帐[账]情甚好，商店大都见盈。兹将调查所得，略志如下：钱业获利，各家约在万元以上，少亦四五千金，为各业巨擘。米业因成本太重，未见利益。年底盘货，存余均颇充实。木板业、皮货业均见盈。绸布业恒泰祥余八千元，余均平稳。织袜厂均有起色。花、油两业盈余不少。竹行森昌号因吃倒帐[账]，致拖欠庄款七千余元无法应付，经理远扬。南货隆太顺召顶，任月锠暂停，余如金银、酱园、磁器、广货、药材各业，均属平稳，现已休业期满，照常开市矣。

——1924年2月12日

葛稺[稚]威办尊古讲舍（地方通信·平湖）

平湖葛稺[稚]威君为商量旧学、保存国粹之故，慨捐私资创办尊古讲舍，月课诗古文辞，课限四题，期限十日，额限二十名，聘请鸳湖宿儒王甲荣命题，选录首列者赠金六元，余亦次第有润，业已呈报官厅立案。闻第一期奖金由曹有成知事捐廉，系仿前清观风例云。

——1924年2月15日

函催劝募公债（地方通信·平湖）

平湖县知事曹有成为劝募浙省第三次定期借款三万元事，一再邀请士绅集议无效，乃由曹知事派定数目，于本年一月三十日函请各区自治委员及各机关领袖担任劝募在案。现距该借款截止之期为日无多，应募无人。曹知事深恐迁延误事，特再于昨（十四）日函催各委员积极进行，务须于本月二十日前将认劝债票种类开具清单，连同借款一并送县，以便填发收据云。

——1924年2月17日

更委盐场知事（地方通信·平湖）

平湖县海沙场胡知事奉令调署舟山场，遗缺更委陈继篯署理。陈君字彭年，嘉善人，已于前日下午乘轮抵平，寓同安旅舍一宵。次早，即赴海沙场署接印视事矣。

——1924年2月17日

孤贫儿院正式成立（地方通信·平湖）

平湖慈善公会创设平湖孤贫儿院业已部署妥洽，院址在宫后底丝业公所，招收孤贫儿童亦已有十余人。现经董事会议决，于本月十九日正式成立。是日下午二时，特备茶点，邀请各机关人员及新闻界前往观礼，颇极一时之盛。

——1924年2月21日

大堰乡命案误捕凶犯（地方通信·平湖）

平湖大堰乡顾沈氏指使内侄沈阿顺、长工沈阿照、许二和尚戳毙义子顾二观，由坊役获住沈阿照一名，解县请究。经县讯明属实，严缉余凶。嗣由尸弟顾阿咬投诉，并请严惩余凶，以伸兄冤。乃由县署通令各军警机关协缉各凶犯，务获到庭严惩。昨日，驻虎啸警备队在该乡地方误顾阿咬为凶犯，将伊捉住，直解至虎啸桥地方。经人证明其确系原告，始得释放。

——1924年2月21日

布告标卖城墙砖石（地方通信·平湖）

平湖县东西城墙前经议定拆去，以利交通。由城自治委员查明，估定东城垣砖石值银一千一百九十八元九角二分，内除拆工五百四十三元七角四分七厘，投标最低限度六百五十五元一角七分三厘。西城垣砖石估银一千一百五十元四角八分，内除拆工银四百七十三元九分四厘，投标最低限度六百七十七元三角八分六厘。造册呈报督办、省长核准，并奉财政厅令，准将拆存基地酌留公用各在案。兹定于本月二十四日起三月四日止为投标期间，三月五日上午十时在二堂当众开标。昨日（二十四）县公署已布告招人投标矣。

——1924年2月27日

平湖县会常会有期(地方通信)

平湖县公署依照县自治法第二十七条之规定,特于十五日咨照县议会通函召集各议员,于四月一日起,举行常会六十天。各机关得悉后,已赶草各项议案,以备交议矣。

——1924年3月11日

浙西乍浦交涉案近讯

浙西乍浦交涉案,卢督办因省防及主权关系,令王交涉员与法人妥为办理,尚未解决。昨由张省长训令平湖县知事云,据公民许祖谦、任凤冈、陈惟俭等江代电称:平湖乍浦山地案蒙饬员交涉,争保国土,甚为公感。惟近闻外人竟要求无期租借订入草约,"无期"二字万难承认。即现拟约中所称收回之地嗣后不得转卖于第三者,此层不甚明了,实为妨碍主权,亦难承认。又六里沙爿所占之二百余亩,与教堂现建房屋毫无关系,且此处本为崇明人所垦种,贫民生计所关匪小,收回后断不能由一人出面承租。不特有嫌垄断,别生枝节,或重演暗中转让外人之弊,且多数生计尤宜顾全。际此交之忧,拒涉订约,岂容再种祸根。为此,电请钧座始终爱护国土,绝背理非分之请,不特一隅蒙福,实于全国有光等情。据此,查此案前据该县知事亲自赴沪与法教士接洽,尚无端绪。据电前情,仰该知事体察情形,妥为办理,仍将办理情形随时具报。此令。

——1924年3月12日

顾沈氏投案请惩(地方通信·平湖)

平湖大堰乡坊役徐友胜,报告顾沈氏唆使仆役沈阿照、许二和尚、内侄沈阿顺戳毙义子顾二观一案,县署饬警拘捕,迄未获案。兹悉顾沈氏在嘉兴某姓佣工,得悉法警孙云泉等屡次到乡,恐孙男、孙媳年轻受惊,特于十九日回平,倩人缮状,自行投案请惩。

——1924年3月21日

县农会派员采购烟筋(地方通信·平湖)

平湖县农会会长钱秉钧,近得农人报告,谓除螟方法中,以烟筋为最优,因特筹集经费,收买大宗烟筋,以便平价转售农民,藉除螟害。惟平湖非烟筋出产地,故须派人分赴石门、桐乡等处采购。

——1924 年 3 月 21 日

发现无名路毙男尸(地方通信·平湖)

二十日据华村坊坊役张八和报称,该坊金刚汇桥地方发现无名男尸一名,年约三十余岁。该人于数日前来村,操外路口音,日在村内行走,晚宿厝墓之旁。与以饮食,不食不言,状类疯颠等情。承审员据报后,乃于二十一日派吏往乡检验,发封收殓。

——1924 年 3 月 23 日

救火会之两议案(地方通信·平湖)

平湖救火联合会于二十一日下午二时举行常会,其到干事十八人,公决二案。一为城厢内外桥梁改建平桥案;一为购置北寺内梧竹房基地二亩七分奇,契价六百五十元,即日交卸案。

——1924 年 3 月 23 日

质问袜业减给工资(地方通信·平湖)

平湖袜业公会今岁第一次常会公决减给工资,计一百四十针、一百二十二针、一百二十针中人袜机工,每打较去年减削六厘。一百四十针、一百三十二针、一百二十针、一百十针中人袜,及大号、二号、三号纱线条长袜,每打踏工较去年减削二厘。现由该业徐少云提出质问,并闻工人方面亦拟呈诉警署,请求维持生计云。

——1924 年 3 月 23 日

平湖教育局长昨已接事(各省教育界杂讯)

平湖县教育局长刘渭广因事辞职,厅委王撰春代理等情,已致本报。兹悉王君已筹办妥贴,于昨(二十四)日正式接事矣。

——1924年3月25日

县会决定准其开会(地方通信·平湖)

二十五日县议会开谈话会,共到议员八人,公决遵照法定开会日期,准于四月一日行开会式。业已通知各议员及县参事会,及呈报监督官署备案矣。

——1924年3月27日

募公债又发公函(地方通信·平湖)

平湖县知事曹有成奉令劝募省公债后,已迭次邀议,并三次函恳巨商富绅、机关要人劝募在案。二十五日,曹知事为省方催款紧迫,特再函请劝募人查照前情,早将劝募经过情形并已募之款,一并函复到县云。

——1924年3月27日

县议会之开会式(地方通信·平湖)

平湖县议会于四月一日行常会开会式,计到议员葛昌枢、吴娱真、王缵绪、倪玉、陆允中、朱明、陆惟鉴、钱均等八人。曹有成知事因外出未返,由教育科杨奇代表至会。其他机关亦有派员莅会,参与盛典。下午一时,振铃开会,向国旗行三鞠躬礼毕,即由议长葛昌枢致开会词,略谓:我邑上年通常会,官厅既来准期召集,而预算又因事延搁,以致六十日会期,蹉跎以尽。至今思之,犹有余憾。今第三次通常会又开始矣,官厅依据法令,准期召集,不可谓非尊重民意之表现。惟通常会原则,既在预算,我同人自应奋励精神,惟公共经济通盘筹划,以冀收支之适合,尤望县参会将预算□□□,毋蹈去年之覆辙,此则我同人区区微忱,所望县参事会之共体此意也。次杨奇代致祝词,议长答谢如仪。末由议员钱均、倪玉演说毕,遂散会。

——1924 年 4 月 3 日

新埭乡发生盗劫案(地方通信·平湖)

离平湖新埭乡一里左右之火义浜地方,三十一日上午一时,有盗匪十余人,手持枪械,面涂花脸,至陆姓破门而入,大肆搜劫,旋肆呼啸而散。该家主因彼等携有枪械,未敢与抗,故因失银钱、衣饰不少。业已开具失单,报请严缉矣。

——1924 年 4 月 3 日

禁阻民房转售外人(地方通信·平湖)

驻乍浦警察所警佐王润泉昨(二日)据平湖县公署电称,顷有乍绅来署面述,乍南外乡民人陈首愚,私将房屋凭中转售法人,改建教堂,不日成交。据此,着即彻查禁□等情。立即饬警协同该乡地保陆初良,驰往彻查。旋得去警等复称,据守愚之弟询此事,去年确有平湖教堂教徒顾某、杨司务等,为中议价,旋因不合,并未成交,目下亦不重提。王警佐当据情具复县署。闻曹知事以条约所较,外人不得在内地购置产业,虽经布告周知在案,惟乡愚无知,恐伪有私自变卖情事。因拟传集各乡地保晓谕,如有上项事情发生,迅即报告。倘有得贿隐瞒,察出严惩云。

——1924 年 4 月 5 日

平湖县教育会开评议会(各省教育界杂讯)

平湖县教育会前奉县转省令,选举省自治会议复选员,并造名册(即会录)二份,在十日内送县转省等因。该会长徐正衡以目下会员资格尚未审查完竣,无从造报,特于六日开谈话会,磋商办法。讵是日到者寥寥,未能开议。因于七日又通函各评议员,定于今日(九日)再行开会筹议云。

——1924 年 4 月 9 日

平湖县教育局董开会纪(各省教育界杂讯)

平湖县教育局董事,自选定后,即经王局长通知各董事,于十日内答复应选,并将应选书汇送县署备案。兹因县议会常会将开,关于董事会审核预算事项,颇为紧要,因于十日午后二时,召集董事,开谈话会。计到朱曾善、陈学麟、俞尤、计咏芝、沈琴怡、张凤阶等六人,公决推朱曾善、陈学麟为董事会会议规程起草员,限三日内脱稿。十四日下午,再行集会讨论。通过后呈县转报备案,并请王局长函催县立各校,速送预算,以便交会审核,藉免一再迁延,致误县会开会日期,未能公决施行云。

——1924年4月12日

十日县会议流会(地方通信·平湖)

平湖县会依照法定时间,于四月一日[举]行第三届通常会开会式,二日开议,旋因各议员[因]赴乡扫墓,纷纷请假,遂由谈话会公决,休会一星期,自三日起至九日止,十日继续开议。是日延至下午二时半,仅有议员倪玉、朱立、葛昌枢、朱明、王缵绪、陆惟鉴等六人到会,未足法定人数,不能开议,遂流会。

——1924年4月12日

更委自治委员(地方通信·平湖)

平湖县公署据城区自治委员计补善(寿石)呈请辞职,坚留不获,当即照准。十一日已另委计在清(咏芝)接任矣。

——1924年4月13日

县议会开会记[1924年](地方通信·平湖)[1]

平湖县议会第三次常常会于四月十一日举行,计有议员任昉、朱立、陆允中、

1 标题经编者调整。

葛昌枢、朱明、王缵绪、陆惟鉴等七人到会。下午一时开议，倪议员玉提议划一赎田洋价案，原提案人未到，遂延会。朱议员明提议市乡各机关附设露天阅报处案，初读通过，付审查。陆议员惟鉴提议修葺公园案，初读通过，付审查。十二日议事日程为倪议员玉提议划一赎田洋价案（延前会）、县参事会交议参事会职员减薪案、县参事会交议第六校请追加经费案。

——1924年4月13日

击毙失妇之检验（地方通信·平湖）

平湖县公署十三日据新仓乡警察所解来张张氏一名，呈称关圩坊张和尚妻张张氏，十一日晚，在屋后播种蔬菜，和尚出言谩骂，因与口角，和尚乘醉以毛竹一击乃妻，即被张张氏夺住还击，适中太阳穴，立时毙命，由坊役顾全和获解警所等情。即将张张氏审明发押，十四日清晨，即偕同检验吏等，乘舟驶往检验。

——1924年4月15日

县会开议之第五日（地方通信·平湖）

平湖县议会于十四日下午一时，继续开议，议员计到朱明、倪玉、吴娱真、葛昌枢、陆允中、钱均、陆惟鉴等七人，依照议事日程开议。（一）倪议员玉提议划一赎田洋价案（延前会），议长宣读毕，由提案人申述理由，略称：从前田价契约，都用钱码，目下洋价奇长，赎取时每多争执，应请规定划一洋价，明白布告，藉免纠纷，公决付审查，即推定钱均、朱明、陆允中为审查员。（二）县参事会交议参事会职员减薪案（审查报告），议长读毕，由审查员钱均报告裁减各情，众赞成，二读通过，省略三读。（三）参事会交议十一年度岁出决算案，初读未半，已四点钟，遂散会。

——1924年4月16日

发妻击毙亲夫案之呈词（地方通信·平湖）

平湖县公署据新仓警察所解来关圩坊击毙亲夫犯张张氏一节，已经本报。兹悉十三日尸叔张新元，亦具状请验，承审员当晚开庭。据张张氏供，略谓：现年四十二岁，子媳俱有，夫妻一向和睦，是晚正在屋旁种菜，他命我扫地，我因菜未种毕，着他自扫，不允，遂起争吵，他将我发髻扭住，以扫帚殴打，旋被我挣脱，随手一推，他因立足不稳，跌仆倒地，太阳穴适中碎粪坑角上，以致毙命。张新元所述略同。承审员当将张张氏发押。十四日上午九时，即率同检验吏等，乘舟至尸场检验，验得张和尚太阳穴上，磕伤较深，面部浮肿，委系因伤致死。遂传同居尸属讯问，略同张张氏所说。遂谕候判返署，约三句□。

——1924年4月16日

县会开议之第六日（地方通信·平湖）

平湖县议会于十五日下午一时继续开会，仍到议员七人，首由议长宣读县参事会交议十一年度决算案毕，公决付审查，遂推定钱均等七人为审查员。次读倪议员玉提议疏浚乍浦区九曲河［港］案毕，由提案人说明理由，公决付审查。时已三点半，遂休息十五分。旋因人数不足，遂散会。

——1924年4月17日

救火会演剧筹款［1924年］（地方通信·平湖）[1]

平湖救火会本届春季大会时，汤君元伯提议，雇演京剧筹款，会员一致赞成，即推汤君雇班开演。十四日汤君已向排下定到大舞台、共舞台、新舞台各四天，自阴历四月一日起，十二日止，日夜演唱，共二十四本，计价一千四百二十元，先付定洋六百元。闻地点在北寺后公共运动场云。

——1924年4月17日

乍浦山地交涉近讯［1924年］（地方通信·平湖）[2]

平湖县属乍浦山地沙田，被人盗卖，经乍绅徐眉轩等告发，卢督办、张省长令饬王交涉使及知事曹有成严行交涉，迄今已逾一年，尚无结果。近日，曹有成

1　标题经编者调整。

2　标题经编者调整。

密商改订租借期为六十年，期满仍可续租，拟不日赴沪签字。惟王交涉使以此项年限，未符成案，年限至多以二十五年为度，期满不再续租，拟令饬曹知事慎重办理。十五日，驻乍炮兵张献图连长、乍浦警察所王润泉警佐、乍绅徐清扬、杨锡鳌等，偕同赴杭，闻与此事有关。平湖各机关方面，不满于曹之主张，拟电请省当局注意。

另一消息，浙西平湖乍浦外人租地一案，现由平湖士绅杨锡鳌、徐清扬晋省，与督办处有所接洽。闻原草约租期定六十年，六里沙爿由华人出面承购，凡已赎回地亩，不得售与第三者。此间以租期六十年，似嫌太远。凡无建筑物之处，自应全部划出，双方尚未同意，以致签约无期。顷闻外人方面，已不坚执前说，至如何让步，仍俟沪绅陆伯鸿、姚福同与就地士绅接洽，始能确定。

——1924年4月18日

县议会开会之第七日（地方通信·平湖）

平湖县议会于十六日下午一时，为审查县参事会交议十一年度岁出决算案，特开审查会，常会暂停。计到审查员朱明、陆惟鉴、倪玉、王缵绪、钱均、陆允中等六人，公推朱明为审查长，逐款审查。至内务岁出经常门，决算之凭单支据簿一百九十二号，内有文治斋刻字店发票一纸，写明刻（湖光）大字二个，计大洋二角五分；（其渊）篆字二个，计大洋七分。咸疑系《新民报》附张报眉（湖光）二字之刻费，公决备函质问。又因他项内容，亦多模糊，公决专函参事会会长，派员到会，以便咨询云。

——1924年4月18日

县议会开会之第八日（地方通信·平湖）

平湖县议会于十七日下午一时为审查十一年度岁出入决算案未毕，续开审查会，计到审查员朱立、朱明、钱均、陆允中、陆惟鉴等五人，县参事会会长曹有成派参事胡昌炘到会备询，闻各项簿据，内多疑点，逐款询问，费时不少，故散会时已钟鸣五下矣。

——1924年4月19日

驻全警备队调往埭溪(地方通信·平湖)

警备队哨长葛英甫,两次驻防平湖全公亭,颇能称职。十六日,奉上峰令调往安吉县埭溪驻扎,葛君已筹备妥帖,于十八日上午七时,将全哨开拔到城,遍向各机关及各至交辞行。有某绅等设席践行,今日(十九),即须开赴埭溪云。

——1924年4月19日

县会开会之第十一日(地方通信·平湖)

平湖县议会审查会自第十日止。十一日起,续开大会,计有议员葛昌枢、陆惟鉴、吴娱真、王缵绪、朱立、钱均、倪玉、朱明等八人到会,遂于下午一时,依照议事日程开议。(一)钱议员均提议征收电杆使用费案(延前会),议长初读毕,提案人陈述理由,公决付审查。(二)倪议员玉提议取缔乡村私塾案(延前会),议长初读毕,提案人说明亟应取缔之理由及办法,佥谓须参考教育规程,公决付审查。(三)钱议员均提议,检查县自治经费办法案(延前会),初读通过,付审查。(四)县议事会交议第六校请追加经费案(审查报告),议长二读毕,审查员陈述审查情形,应予否认,公决交文牍科,拟案否认。时已五时,第五案县参事交议,十一年度岁出入决算书案(审查报告),公决延议,遂散会。

——1924年4月23日

保卫团长被控饬查(地方通信·平湖)

平湖县公署据牙前市农会、市教育会,及该处各商家、公民徐一水等,纷纷呈称,现在西旧牙坊保卫团团长周光琳,由新仓区业牙前区自治委员干城荐请钧座委任在案,查周光琳年已六十有九,龙钟不堪,且平日行为不端,实难胜任,应请另委等情。即于二十一日令饬县警察所长据实查复核夺矣。

——1924年4月23日

县知事调署龙游县（地方通信·平湖）

平湖县知事曹有成，省令调署龙游县知事缺，递遗平湖县知事缺，委分浙任用简任职罗庆昌署理，闻罗字荇农，四川省人。

——1924年4月24日

县会开会之十二日（地方通信·平湖）

二十二日为平湖县议会开会之第十二日，计有议员朱明、倪玉、任昉、钱均、吴娱真、葛昌枢、陆惟鉴、王缵绪等八人到会。下午一时，依照议事日程开议。（一）县参事会交议十一年度岁出入决算案，审查报告（延前会），议长宣读毕，请审查长说明，钱议员均动议不须说明，朱明附，公决通过，审查报告案成立。次议长二读，先读岁入经常门，颇多疑义，公决去函查询。时已五点钟，公决本案岁出门等，及（二）倪议员玉提议疏浚乍浦九曲港案（审查报告），均延议，遂散会。

——1924年4月24日

县会第十三日流会（地方通信·平湖）

平湖县议会于二十三日召开常会，讵至下午三时，仅到议员朱明、钱均、王缵绪、陆惟鉴、葛昌枢等五人。不足法定人数，未能开会，遂流会。

——1924年4月25日

山地交涉案现又停顿（地方通信·平湖）

平湖乍浦山地、沙田交涉，经年累月，迄无结果。日前，县知事曹有成与沪人陆伯鸿、姚慕莲辈，往返密商，渐具大纲，租期定六十年，期满可续租，令饬交涉员王丰镐查照办理。王以历来交涉成案，海口租期，从无逾二十五年，期满不得续租。今租期六十年，期满可继续。是不特有背成案，等于无期。因即拟呈督办，请再交涉。当时平湖公民徐唐等，亦均闻悉，遂纷纷电请二长，议将是案责成交涉主管机关办理。卢督办遂令饬王交涉员督同平湖县知事曹有成慎重办理，并密电曹有成取消十八日签字之约。曹知事受此打击，遂将二年来交涉经过情形、费用若干，电呈二长，请求改令王交涉员直接办理。当奉张省长马电挽留，着仍勉为其难，会同陆绅伯鸿等，妥为议办，以便早日解决。目下曹知事以现已奉令调署龙游县知事，是案是否仍须继续办理，抑归新任交涉，特再电省请示矣。

——1924年4月25日

实行拔除传电杆线（地方通信·平湖）

平湖电灯公司自奉省令停歇后，所有该公司电杆、电线，依旧装置，殊多阻碍，业由县署令饬警所一律拔除。朱所长奉令后，已于二十五日起饬警督同工匠，实行拔除矣。

——1924年4月27日

县会运日流会原因（地方通信·平湖）

平湖县议会自二十三日起（即第十三日），每日不足法定人数，宣告流会。兹闻此次流会，实因各议员以目下所议决算案，尚有教育一门，未曾交到。现悉此项议案，一二日内即可交到，故预拟星期一当可开议云。

——1924年4月27日

函请取缔伪荐蚕忙（地方通信·平湖）

平湖四乡农民，大都育蚕。每逢蚕汛，辄有雇用妇女，以助蚕事，名曰“蚕忙”。工值较厚，妇女乐从之。惟时有刁狡之辈，假雇用蚕忙为名，实行侮辱女性。故一般蚁媒，每多伪称代荐蚕忙，拐卖女子情事。去岁，曾由士绅函请县署布告，饬督取缔在案。目下蚕汛已至，闻蚁媒李阿昌、姚阿玉、宋阿金等，又施故技[伎]，在昌纶茧厂之后，租定房屋一所，将乡间俏女少妇，藏匿楼上，伪称代觅蚕户，实则寻主价卖。刻下四乡士绅，业已纷纷函请警所，查照成案，严行取缔。倘所传非虚，想当道素重人道，定当严格办理也。

——1924年4月29日

新知事来平预闻（地方通信·平湖）

平湖县知事曹有成奉令调署龙游，遗缺省委罗庆昌署理等情，已致本报。兹悉罗君系逊清湖北某县知县，光复后，以简任职分发浙江，即任临海署缺，交游甚广。目下谢委后，即赴沪小作勾留，定期五月一日来平。闻同来者有各科专门人员三十余人。

——1924年4月29日

县会开议之十七日（地方通信·平湖）

平湖县县议会自本月二十三日起，连日因到会人数不足［而］流会，至二十九日（即第十七日），始到议员葛昌枢、吴娱真、王缵绪、陆允中、陆惟鉴、倪玉、朱立等七人，已足法定人数。遂于下午一时，依照议事日程开议。参事会交议十一年度岁入出决算案（二读）（延前会），至内务岁出经常门第一百九十七号，因支据内有刻（湖光）二字洋二角五分、（其渊）二字洋七分，经审查会向参事会查明，系浮报款项，公决追还收入十二年度账上。时已三点钟，遂休息十五分钟，继续开议。倪议员玉提议，疏浚乍浦九曲港案，审查报告（延前会），二读通过。参事会交议改组贫民习艺所案，公认成立，付审查。即推定倪玉、陆惟鉴、王缵绪为审查员，遂散会。已五时矣。

——1924年5月1日

四乡蚕桑最近消息（地方通信·平湖）

平湖四乡蚕户，本届下种孵化，约在阴历二十日左右一二日，目下最早者均已头眠，至迟者约在五月一日。桑叶较去岁为优，价目赊账每担三元三四角，现交二元八九角。各叶行约在五月八日左右开秤，茧行大多已租出矣。

——1924年5月1日

县署焚毁烟具烟膏（地方通信·平湖）

平湖县公署于二十八日下午在大堂前将民国十二年十月二十五日起至十三年四月二十七日止各警察所交来烟具、烟膏等件，一并烧毁，并摄影呈报云。

——1924年5月1日

县会开会之十九日（地方通信·平湖）

三十日为平湖县议会开会之第十九日，计有王缵绪、朱明、吴娱真、倪玉、葛昌枢、朱立、陆允中等议员七人到会，遂于中午一时开议。首由议长报告议事日程：（一）钱议员均提议征收电杆使用费案（审查报告），（二）朱议员明提议市乡各机关附设露天阅报处案（审查报告），（三）钱议员均提议督促考验医师案。次读第一案，略意为电杆树立于道路、桥梁之上，依县《自治法》五十条之规定，当然得征收其使用费，钱议员之提议，确有充分理由，其办法之第一、第三两项，极为妥善，惟第二项之使用费数目，似宜改为每杆按月征收大洋三分，以免商家不能负担，公决报告成立，二读通过，推定朱明、王缵绪二人为文字修正员。次读第二案，略□为阅读报纸，能知世界大势、人事变更，足增民智，有裨国家，本邑城镇乡虽各有阅报社之设，而就阅者无几，若能广设露天阅报处，则聚而观者必众，人民之知识，自必日日增，朱议员提议及此，的是切要之□，所议办法，亦甚简易，应由本会迅函参事会转函市乡各机关查照办理，公认报告成立，即推定王缵绪、倪玉为文字修正员，二读通过。第三案，因是案人未到，公决延议，遂散会。

——1924年5月2日

平湖县教育局董事开常会（各省教育界杂讯）

平湖县教育局董事会依照规则第二条之规定，于四日下午开第一次常会，公决四案。（一）教育局长请议图书馆主任请接收讲演所之溢支经费案，公决此案系图书馆支领薪公费问题，应由该主任呈县核办。（二）县教育款产应如何分别移交案，公决：（甲）指明积存流动金，及登瀛校田租，及县校观海校田租簿册等，赶速造册送交参事会管理；（乙）县款存庄基金，分别造册，一并交送董事会保管，限定教育局长，于本月末日前，办竣交出。（三）讨论办理十三年县预算之意见案，公决应俟局长将收支各款项目，分别编竣，再行列□送会审核。（四）根据规则第八条推定值会董事二人案，公决依被选名次，每月轮流。本月份会内议案卷牍及一切通知函件，由董事张福同、陈学麟二人保管，限定教育局长于本月末日前，办竣交出。

——1924年5月7日

县会开议之二十三日（地方通信·平湖）

平湖县议会于本月五日下午，续开第三届通常会，仍到议员七人，首由议长咨询，略称本会于四月一日开会，连同休会及星期等，迄今已三十五日，依县自治法规定日期，仅余五日，而教育决算及预算等，均未交议，应否延期。公决延期二十日。次读议事日程：（一）钱议员均提议督促考验医师案（延前会）；（二）倪议员玉提议疏浚乍浦九曲港案（三读）；（三）陆议员允中提议禁捕田蛙及私宰耕牛意见案。次议第一案，众意对于医师之考验，虽迭经省令警所遵行，而主持警务者，每多因循迁延，迄未实行，坐令多数庸医，骗钱害命。本会乃自治团体，为全邑人民之喉舌，未便默无一言。然欲为考验医师，与其另定方法，宁将现行之省令，督促警察所从速执行，庶患病者得以多数保全，而少枉死，公决付审查。第二案三读通过，第三案提案人不到，延议。

——1924年5月7日

新知事业已接事（地方通信·平湖）

平湖县知事，省令更委罗庆昌署理一节，已纪前报。罗知事本拟一日抵平，后因山地案等关系，在杭勾留数日，直至七日下午一时半左右，始乘嘉平轮辅车轮抵平。本邑军警长官，均在埠迎迓。旋即登舆进署，接印视事，布告邑人周知。闻随来人员，约二十余人。

——1924年5月9日

县公署更委职员（地方通信·平湖）

平湖县知事罗庆昌于七日接事后，对于更委署中职员，再三考虑，业已支配妥帖，发表如下：承审员鲍湛，司法书记夏乃超，助理曹士霖、董玉成；第一科主任江坤山，科员杨奇，书记李佑孚；第二科主任钱醴甘，科员张继善，书记郭子祥；第三科主任陈学麟，书记程汉翼；第四科主任李梦庚，书记程汉翼（兼任）；收发处主任钱荣昶，助理虞秉章；会计处主任罗云楼，帮办吕德庸、钱荣昶（兼职），庶务员陈明；验契杂税印花处主任吴大垣，助理沈峻；房警捐处主任张福林，收捐员周仰思。又条论承发吏胡培基、孟振声、蒋杂新，法警王有胜等十人。

——1924年5月12日

农教二会选出复选员（地方通信·平湖）

平湖县农会于十二日选举省自治法会议代表复选员，县署委第一科主任江坤山等至场监督，上午八时至十二时投票，下午一时开票。最多数张国善、次多数钱惟衡当选复选员，即由该会长呈报官厅。又教育会亦于十一日选出朱会善、张传琨二人为省自治代表复选员。

——1924年5月14日

织女自缢身死（地方通信·平湖）

平湖小南门外农民胡九观之媳，于去年九月间过门，人颇稳重，在本城大街某袜厂为袜工，日前解袜回来，满面愁容，旋即出外，自缢于桑树上。经路人觉察，报告家属，已气绝多时。该处乡人纷纷传说，是日该媳解袜至厂，被厂伙诬其缺纱二十两，屡辩不明，致萌短见而自尽云。

——1924年5月14日

县会开议之第三十日（地方通信·平湖）

平湖县议会于本月十三日续开常会，有议员葛昌枢、倪玉、王缵绪、陆允中、朱明、陆惟鉴、吴娱真等到会，已足法定人数，遂于下午一时开议。先议第五案，县参事会交议十一年岁出入决算案（教育部份），计岁入经常门决算数五八六一八.八四七元，预算数六三二六七.〇元，较减四六四八.一五三元，岁入临时门决算数一〇一七八.二三六元，预算数七六一七.〇元，较增二五六一.二二六元，初读通过，公决付审查，由议长指定倪玉、朱明、王缵绪、朱立、陆惟鉴、陆允中六人为审查员。次议第二案，县参事会交议改组贫民习艺所案，审查报告，略称参事曾提案，甚为允当，应由本会函请参事会拟具办法，编入十三年度预算，俾求实际，而资撙节，二读通过，省略三读，时已四点钟，宣告休息十五分钟，旋因人数不足，所有第一案陆议员允中提议禁捕田蛙及私宰耕牛意见案、第三案钱议员均提议征收电杆使用费案、第四案倪议员玉提议实行处置私塾案均延议。

——1924年5月15日

审理强抢民女案（地方通信·平湖）

平湖县承审员鲍湛，于本月十二日下午，审理前眉坊沈郁氏刑诉费方荣等抢其次女成婚一案，原告沈郁氏略称，伊夫故后，因田地乏人耕种，于民国七年二月间，雇用费方荣为常工，因觊觎其次女不得，即于七月间回家，迄未进门。上年夏间，彼托坊役来说，要求以次女许彼。伊不准，谨允照算半年工价。讵本月五日，伊长、次两女至东皇庙看戏回来，彼纠同族人费宝和等七八人抢去，强拖次女与彼交拜。嗣由伊鸣坊役前往，彼将长女交出。又经伊报告水警，由巡长放船前往，彼始交出次女。费方荣述佣工及抢女情形，略同沈郁氏，惟称曾与女有婚姻关系，且上年与女生有一女，由陈某领去。费保和供同方荣所述，承审员谕俟补传人证到案，再行核夺云。

——1924年5月15日

辅币充斥物价高涨（地方通信·平湖）

平湖在二星期内受沪、杭影响，铜元与双毫银角，日见充斥，致洋价逐渐提高。目下每银币一枚可换银角十二个，或铜元一百九十二枚，且尚在看涨。向以钱码计算之货物，亦纷纷涨价，平均向售铜元一枚者，现需一枚一文（即十一文）云。

——1924年5月16日

县会开会之三十一日（地方通信·平湖）

平湖县议会于本月十四日续开常会，计到议员朱明、任昉、王缵绪、倪玉、陆允中、葛昌枢、陆惟鉴等七人，遂于下午一时依照议事日程开议，陆议员允中提议禁捕田蛙及私宰耕牛意见案，并拟办法二条：（一）蛙为益虫，专食螟蝗等害苗虫类，曾经农商部通令禁捕在案。然日久玩生，捕者自捕，致害虫益多，田禾不丰。应请县知事先行出示，并通令各区自治委员及警佐、农会等切实查禁，违者拘县究办。（二）耕牛，农家所倚为生命而雇以助力者也。近年各处无业宵小，往往串同硝皮店或各酒肆，秋收未到，即将耕牛宰杀，或私行偷宰取革，以博一时之利，而贻农家无穷之害。应由县知事谕知各硝皮店勿买来路不明之货，并令各区自治委员及警佐、农会，切实查禁，违者重办。初读通过。钱议员均提议征收电杆使用费案、倪议员玉提议实行取缔私塾案，均三读通过成立。时议案已毕，朱议员明临时动议议员不出席办法，略称：本届常会，各议员有未出席者，应照请假规则实行。至是，任议员昉退席，不足法定人数。正拟散会，适朱议员立出席，遂开议。公决依请假规则实行，将未出席各议员，依照上年叶议员不出席不给善宿费例，照扣膳宿费云。

——1924年5月16日

菜子上市有期（地方通信·平湖）

平湖四乡油菜，今岁发育颇好，农家满望十足收成。惟本月初旬，时寒时暖，天气不定，加以阴雨连绵，收成当减色不少。上市日期，约在二十六日左右，盘子约六元五角云。

——1924年5月18日

蚕桑近闻（地方通信·平湖）

平湖本届春蚕，受天时影响，眠汛不齐，目下大都均已大眠，至迟者亦在出伙。桑叶萌芽本好，惟近日各蚕户均恐所有不足，纷纷添购，至叶价暴涨。十六日早市，最高五元五角；午、晚市，六元三四角。预料三数日后，即可平静也。

——1924年5月18日

否认省代表电请另选（地方通信·平湖）

平湖县教育会会员伊寿昌、黄祖廉等四十一人于寒日致电省长云：平湖县教育会于真日选举省自治法会议代表复选员，会员得通告者不过数十人，其余大多

数选☐，均被无故剥夺，显见有人把持，希图蒙混，寿昌等誓不承认。特此电闻，并祈饬应另选，以示郑重。（下略）

——1924年5月18日

县商会选举复选略纪（地方通信·平湖）

平湖县商会评议部于本月二十日投票选举省自治法会议代表复选员，罗知事莅场监视。上午八点钟起，各会员陆续至会，投票至十二时封箱，共到二百四十人。下午一时开票，计陆芹生、黄畏三二人得票最多，当选复选员。次多数方锡璋、程养庄候补。即由会长呈请县署转报省方云。

——1924年5月22日

县会开议之第三十七日（地方通信·平湖）

平湖县议会于二十日续开通常会，共到议员八人。首由钱议员均动议变更议事日程，先议第三案——县参事会交议十一年度岁出入决算案，三读通过。次议第一案——县参事会交议县立第一小学请追加经费案，略谓：查县立第一小学校预算不敷，请求追加经费，既准县公署核明该校经过事实，与他校情形不同，拟予追加专科教员一人、助教员一人，共薪膳银三百三十六元及办公杂费银三十五元，复经敝会赞同，理合抄同前送预算清折函请议决追加。公决付审查，指定朱明、钱均、倪玉为审查员。第二案朱议员明提议县立第一小学改办初级中学案，原提案人撤回修正，延议，时已四（点）钟，遂散会。

——1924年5月22日

警佐调省公民挽留（地方通信·平湖）

平湖县全公亭警佐单抱璞，奉令调省，遗缺警务处委汪捷（字承找，江苏淮阴人）试署，业已抵平，寓同安旅舍，预备前往接收。该处公民朱明、沈树桐、马宗彝、顾文炳等，特电警务处挽留。原电称：平湖县全公亭警佐单琳，整顿警务，不遗余力，地方爱戴，忽闻调省，群情惶骇，乞予缓调，以资熟手。

——1924年5月26日

茧行定期开秤(地方通信·平湖)

平湖蚕汛,已将终了。青叶行亦已收市,大都有盈。茧行原定二十四日开秤,嗣因乡间蚕茧,大帮未曾成熟,故展迟二日,定于二十六日开秤。开盘价格,预定上等鲜茧每担六十元,惟目下蚕茧成本甚重,此价恐艰维持,大约须再放盘云。

——1924年5月26日

县议会开议纪(地方通信·平湖)

平湖县议会于二十九日下午一时续开第三届通常会,计到议员十人,首由议长报告议事日程,(一)本会选举县参事案;(二)本会选举省自治法会议代表案;(三)倪议员玉提议划一赎田洋价案,审查报告;(四)钱议员均提议追租票费充作自治经费案;(五)钱议员均提议检查县自治经费办法案,审查报告;(六)县参事会交议筹办初级中学案。先议第一案,用记名单记投票法,选举县参事会参事,结果,俞访桐、汤鼎炘各得五票,由议长抽定俞前汤后。续选候补参事,朱明得九票,当选。钱均得一票,不足票额,续行选举。倪玉得九票,遂当选。第二案用单记名投票法,选举省自治法会议代表,开票结果,葛昌枢得七票当选,王敖仁三票候补。第三案二读通过,省略三读。第四案提案人撤回修正。第五案二读通过,省三读,推定朱明、奚翔、倪玉、钱均为甲组检查员,陆惟鉴、王缵绪、朱立、陆允中为乙组。第六案因交议太迟,不及议而散。

——1924年5月31日

平湖县议会举行闭会式(地方通信·平湖)

平湖县议会于四月一日起开第三次通常会,迄今已满六十日定期,特于三十日下午举行闭会式,是日计到议员朱明、钱均、倪玉、任昉、陆允中、陆惟鉴、葛昌枢、王缵绪等八人,水警队长方旭初、县知事代表江坤山等,均到会观礼,向国旗行三鞠躬礼毕,即由议长致闭会词,略称:通常会原以议决预决算为第一目的,此次开会之初,适值清明扫墓之期,中更蚕汛,尤不能常足法定人数,按时集会,事属难能。诘隐纠非,职固未尽,此则同人所引为深憾者也。所幸十一年度决算案,业已全部议竣，至于预算案未准参会交议，以致不克在常会期内议决。次则同人不任其咎，故于闭会之月，郑重声明之。此江代表演说，葛议长谢词。次议员奚翔、钱均、任昉、倪玉等演说，词长从略，散会时已五时矣。

——1924年6月1日

县准习艺所长辞职（地方通信·平湖）

平湖县公署前据贫民习艺所长许福埏呈称：自任贫民习艺所所长，瞬将二载，材铨任重，汲绠堪虞，而力图本所发达，以期嘉惠平民之心，则一日不敢稍懈。前举钧署转到省长训令，饬将职所原设皮件、机绳等料，竭力设法整顿推销，并查明就地相当可用原料，以便将原设织布等科酌量改组，藉符原案等因，业经福埏拟具办法，开列清折，送请钧署转呈省长在案，方冀此后如能依此计划进行，或与贫民生计，甚有裨益。不料县议会以自治经费缺乏，欲将贫民习艺所停办不遂，又议改组。闻其议决案，仅招收艺徒二十人，专习草绳、草鞋，似此情形，福埏实难再行尸位，惟有恳请辞职等情，即行指令慰留在案。旋又据该所长呈称，去志已坚，业将所务从事结束，务恳查察前呈，准予辞职，遴贤荐委，并请先行派员接替，以免贻误等情，即于九日指令照准。略称既据一再呈辞，情辞恳切，姑候遴员荐委，惟在未交替前，仍仰照常任事，所请先行派员接替，应毋庸议。

——1924年6月11日

平嘉添驶小轮（地方通信·平湖）

平湖、嘉兴间，除辅车轮每日开驶二次外，尚有乍浦大东汽轮，往返乍嘉，路经平湖，交通颇称便利。近有商人方菊人等，又组织利川轮船公司，开放汽轮，驶行平湖、新篁、嘉兴，时间略同辅车轮，业于四日开驶头班，乘客往返均满。从此嘉平交通，益臻使捷矣。

——1924年6月11日

发现一棺二尸（地方通信·平湖）

平湖小南门外永凝坊张氏南园附近，浮厝地上某姓棺木，为时已久。十日下午，有乞丐发现该棺内有二尸。其一仅存枯骨，不辨男女；其一系男尸，穿蓝布紧身，元色太西缎袦，下无小衣，跣足，筋肉尚未完全腐烂，头脱，似置入未久者。一时该处居民传说纷纭，城内人士亦都往观。群疑男尸系被人谋害后置入者，嗣由六分所巡长陆润，着该坊地保将棺盖钉上。

——1924年6月12日

自治经费实行检查（地方通信·平湖）

平湖县议会议员甲组自治经费检查员钱均、倪玉、朱明、奚翔等四人，遵照第三届常会议决案，依县自治法第六十二条之规定，于六月十日开始检查各项出纳之当否，是日会同县知事兼参事会会长罗庆昌，及参事胡昌圻等，逐款检查，颇为慎重。

——1924年6月12日

省公债先募一万五千元（地方通信·平湖）

平湖县公署前奉省署派募本省公债三万元，迭经曹前知事，邀集士绅富商，筹议办法，均无结果。良以本邑连岁荒歉，民生凋敝所致。十一日，县知事罗庆昌以省方需款孔殷，是项公债，万难延误，特再召集邑绅及各区自治委员，妥议办法。旋闻公决先募一万五千元，计城区兼大易区募六千元，新埭区兼吉联区、乍浦区兼徐带[埭]区、新仓区兼牙前区，各募三千元。

——1924年6月13日

县议会召集四次临时会（地方通信·平湖）

平湖县公署前准县议员奚翔等七人函称，十三年度县预算案，未准县参事会交议，致第三届通常会未能开议，请予依法召集第四次临时会议等情，业已咨复议会，定于本月十五日为召集之期。

——1924年6月13日

水手殴伤出栈之诉究(地方通信·平湖)

平湖县白地上河埠,十三日晨,有乍浦儎船一艘,停在该处。后有装煤船水手,拔去该儎跳板。二方因之争闹,继以动武。时儎内乘客陆万生米店学徒,前往劝阻,煤船水手,即欲殴打学徒,因有陆万生米店出栈钟四观,将该学徒劝开,使乍浦儎开驶,而煤船水手,以钟四观拖去对手,遂将伊殴打,共有七八人,致四观受有重伤,旋有水陆警到场获住凶手五人,四人带在警所,一人带往队部,当由钟妻范氏到场,诉县抬验,得左肩木器伤一处,二鼻因伤出血,胸膛木器伤一处,斜圆四寸,红肿,小腹有伤,验无□色。遂由承审员谕速往医治,一面候提凶讯核。

——1924年6月14日

县会四临开会式(地方通信·平湖)

平湖县议会准县知事咨,第四次临时会定期本月十五日行开会式,即行通函各议员知照,是日议员到者,葛昌枢、倪玉、吴娱真、王缵绪、陆惟鉴、奚翔等六人。来宾观礼者,有县知事代表江坤山、水警队长方景铭、警察所长朱鹏、县农会长钱惟衡等多人,秩序如后:(一)振铃入座。(二)向国旗行三鞠躬礼。(三)议长葛昌枢致开会词,略称:县自治团体之预算,必须在每一会计年度开始前编制议案,庶使会计年度开始后,有所依据,乃十三年度预算在本届通常会开会时,未准参会交议,今始将全案编制完毕,提出于本会,故有第四次临时会之召集,惟预算案情节繁重,苟非宽假时日,万难从容讨论,而临时会期,只有十五日,又依法不能延期,对于此最繁重之预算案,在此短促期间,能否蒇事,未敢断言。然同人职责所在,当竭尽绵力以从事也。(四)江坤山致祝词,议长致谢词,无甚重要,均从略。(五)议员奚翔演说,词长从略。(六)振铃退席,已三时矣。

——1924年6月17日

县会临时会之第二日(地方通信·平湖)

平湖县议会议于十六日下午续开第四次临时会,计有议员葛昌枢、倪玉、王缵绪、奚翔、陆惟鉴、朱明、任昉、钱均八人到会，议县参事会交议十三年度地方岁入出预算案，计岁入经常门：公益费一二五九六元，较上年增一〇〇〇元；固有公益费五九一六元，较减二〇元；固有文庙岁修丁祭款一〇一八元，较增一二元；县教育经费四五一八元，较增八二二元；准备金三二八四元。岁入临时门：农米折收款八二五一元，演剧筹集教育款二七〇〇元。上年无。岁出经常门：内务各款一六四〇九元，较增一八〇一元；财务各款四二三元，较增二元；教育各款四四二一二元，较增三四二二元。岁出临时门，内务各款一〇八二二元，教育各款四七三四元，总计除准备金应遵令另储，不计入收支总数外，其他各岁入经常临时费，共计银七五六七〇元，岁出共计银七六二四〇元，出入相抵，不敷银五七〇元。初读通过，公决付审查，由议长指定朱明、钱均、倪玉、奚翔、王缵绪为审查员，遂散会。

——1924年6月18日

县会四临之第三日（地方通信·平湖）

平湖县议会十八日下午，到议员奚翔、朱明、钱均、倪玉、陆惟鉴、陆允中、吴娱真等七人，已足法定人数，遂续开第四次临时会。议长葛昌枢假期未满，由副议长奚翔主席，议奚议员翔提议取缔开革军警办法意见案，略谓：县属驻扎水陆及缉私各警，类多来自外乡，此项长警，在差时，自有官长约束，一切可无顾虑，但其间有因案开革，或以事故离差，新补者接踵而来，开革者逗留不去，辗转相循，失职长警，愈聚愈多。若辈既已脱离羁绊，又无相当职业，麕集斯土，殊非所宜。兹拟取缔办法，凡以前因案开革长警，一律由警所查明，逐出境外，其以他故离差，在本办法施行后一个月内，得以本县殷实商铺五家以上之担保，暂时滞留境内，否则一并驱逐。嗣后，长警开差，无论斥革或他故离差，概由各机关自行押令出境，通知县知事备案，特依照县自治法第二十三条之规定，提出意见书，公同讨论，函请县知事通知县属水、陆、盐、巡各警政机关，查照取缔。奚主席宣读全案毕，退归原席，说明旨趣，另推倪议员玉主席，表决付审查，由倪主席指定朱明、钱均、吴娱真为审查员，遂散会。

——1924年6月20日

平湖旅沪同乡会通告(1924年)[1]

本届大会公决修改会章，推员起草。各会员对于会章如有意见，请于月内致函二马路二二九号本会事务所为盼。

——1924年6月22日

县会四临之第四日(地方通信·平湖)

二十日下午一时，为平湖县议会第四次临时会之第四日，出席议员朱明、钱均、奚翔、倪玉、王缵绪、吴娱真、陆惟鉴、陆允中八人，议长葛昌枢因病请假，仍由副议长奚翔主席，依照议事日程开议：(一)县参事会提交复议保存古碑案，拟将保存古碑办法，改为由参事会派员调查，凡公共场所，足资地方文献考证之碑石，如有零落颓仆，或为雨露所侵蚀者，应即就其树立原址，设法整理，妥为保护，倘原址荒废，无可庇护碑石者，应由参事会比较其工值之多寡、手续之繁简，酌定就原址建造碑亭，或将碑石移置公园。公决着文书股函复参会，依照修正办法执行。(二)县参事会交议十二年度增收县自治经费案，计教育经常门新增推收过户捐一项，列银四百元；临时门新增演剧筹款一项，列银二千七百元。佥以向来推收过户纳费，是否由公家收入，预计推收每年八千亩，从何根据；每年推收过户，究有若干，应向县署查明。演剧筹款列银二千七百元，有无把握。一经议决，将来筹款无着，或不至此数，如何弥补。应函参事会转询教育局复核，遂决并入十三年度县地方岁出入预算后审查。

——1924年6月22日

委任贫民习艺所所长(地方通信·平湖)

平湖县公署迭据贫民习艺所所长许季玉一再呈辞，情词恳切，即行指令照准，遴员接替等情，已致本报。兹悉已于二十日令委现任县议员倪玉接充矣。

——1924年6月22日

1　标题经编者调整。

电请解释佐理员任期(地方通信·平湖)

平湖县知事罗庆昌对于县参事会任用佐理员规则,尚有疑义,特电请钱塘道解释示遵,略称:《浙江省参事会佐理任用规则》第五条载县参事会佐理员任用期为二年,其办事得力者,得继续委任等因,则县参事会佐理员,自委任之日起,至满二年,即为任期满了,由参事会长另委或续委,其义果明,但该项佐理员,自委任日起,未满二年之任期,中途退职,或因事他调后,其受委任接充之佐理员,此后任期,是否系补足前任未清之年月为任期,抑系自受委任日起,算足二年为任期,该规则未有明定。事关解释法令,知事未敢擅决,合谨电请训示祗遵。

——1924年6月22日

平湖教育界消息(各省教育界杂讯)

乍浦张钧衡、张振一等,以尔来各校校长,每因植党关系,任用私人,致未受检定者,滥竽充数,合格人员,反遭摈绝,实属儿戏教育,轻视法令。特于二十日具呈县署,请令饬教育局通令各校长,一律选用合格人员,其未受检定教员,一律解职,以重教育。

——1924年6月22日

县会四临开会纪(地方通信·平湖)

平湖县议会于二十六日下午续开第四次临时会,出席议员:钱均、陆允中、倪玉、葛昌枢、朱明、王缵绪、陆惟鉴、吴娱真等八人,议长主席,(一)吴议员娱真提议,议员久不出席,请筹救济方法案,初读通过,付审查。由议长指定朱明等三人为审查员。(二)奚议员翔提议,取缔开革军警办法意见案,审查报告,认为成立,提案人请改标题为取缔开革军警逗遛本地意见案。二读通过,省略三读。(三)县参事会交议十三年度地方岁出入预算案,审查报告,略有增减,议长先将岁入部分逐款宣读,计推收过户费原列四百元,改为二百元;演剧筹款,原列二千七百元,改为一千四百元。读毕,已五时,遂散会。

——1924年6月28日

县会四临续开会议(地方通信·平湖)

平湖县议会于本月二十七日下午续开临时会,出席议员朱明、钱均、王缵绪、倪玉、葛昌枢、奚翔、陆允中、陆惟鉴八人,议长主席。(一)县参事会交议十三年度地方岁出入预算案(二读),岁出部分,逐项斟酌,略有增减,议毕,议长咨询二十八日下午,因各议员多有因事请假,可否改于二十八日上午开议,公决通过。次日(二十八)午前十时,议员葛昌枢等先后到会,共有九人,遂开议。(一)吴议员娱真提议,议员久不出席,请筹救济方法案,朱明等审查报告,略谓本会议员,如叶议员纯厚,经过第二、第三两次常会,及各次临时会,从未出席一次,似此放弃责任,诚如原案所云,碍及议事进行,亟应筹议救济方法也。明等意见,应由本会函请叶议员即日出席,但事实上如有困难,只有将叶议员纯厚除名,一面函县,依法由候补当选人递补,二读通过。本会选举浙西水利议事会会员案,结果汪蓉第(镜人,台浦)当选。

——1924年6月30日

著名盐贩被警击毙(地方通信·平湖)

平湖全公亭著名盐贩盛今虎,日前与大帮盐贩率领盐船六十余艘,驶至兴塔镇地方,遇江苏缉私巡船,双方即行开火,互相激战,盐贩盛今虎、某甲(白沙人)二人,被警当场击毙,盐船五十余艘,已被脱逃。

——1924年6月30日

候补议员依法递补(地方通信·平湖)

平湖县公署据县议会函称,该会议员叶纯厚久不出席,业已除名,请予递补候补议员到会出席等情,即于昨日(二十九)依法将候补议员鲁鸿序递补接充矣。

——1924年6月30日

县会四临开会纪闻（地方通信·平湖）

平湖县议会于本月二十九日下午续开临时会，计到议员葛昌枢、奚翔、鲁鸿序、王缵绪、陆允中、陆惟鉴、倪玉、朱明、任昉、钱均等十人。任昉不出席，仍足法定人数，遂开议。县参事会为检查员公费提交复议案，公认不成立，由文书股草函驳复。

——1924年7月1日

户口登记调查告竣（地方通信·平湖）

平湖户口登记，向分八区办理调查，城区首先告竣，共计普通户一万四千一百八十一户，目下台浦□区，亦均次第调查清楚，汇报到县。八区总数约五万六千余户，二十八万余人，较诸民国二三年之报告，约少二万余人。

——1924年7月11日

警察所厉禁债券（地方通信·平湖）

平湖县警察所对于本省不准出售之债券，查盘颇厉，屡有罚办在案。昨晚，又在财运来、源利祥两债券号，用计查获利济券多张，即带所核办。□□□心不甘服，未肯缴款，后由和事老排解，始缴款出外，地方人士，以警所近来专重债券，对于地方烟赌盗贼，反置不问，咸疑别有作用。

——1924年7月11日

平湖演剧筹集教育经费（各省教育界杂讯）

平湖县教育局董事会以十三年度教育经费支绌，议决援照救火联合会例，演剧筹款，即经列入预算，由县议会通过在案。现教育局拟雇用歌舞□，于本月二十一日起，日夜开唱京戏二十八本。即在十一日下午，邀请保卫团各机关等，筹开进行事宜，当蒙慨允帮助。遂于十二日上午，与歌舞□签订合同，准期开演。地址在北寺后公众运动场，券价预定日戏二角、三角、四角三等，夜戏三角、五角、八角三等。

——1924年7月13日

平湖组织体育联合会

平湖城区及乍浦区二体育会现拟联合新仓、新埭两处体育会，组成一平湖体育联合会，以谋进行。特于十七日下午，假座公园，开筹备会议。城区到九人，乍区到十六人。高君铁华为临时主席，议决推邹临卢、刘心源、刘凤岗、戈默林、戈廷均、高铁华、计振华、戈叔平、侯服周、张平云等十人为起草员，致函新仓、新埭两体育会，报告开会情形，并请大会时出席，定二十五日举行成立大会，通过草章，推举职员。

——1924年7月19日

乍浦交涉案办理困难（地方通信·平湖）

浙西乍浦山地交涉，自令平湖县知事曹有成办理此案后，曹订六十年租期期满仍得续租之草约。平湖人士，大为不然，纷电当道，勿予签字。时平籍省议员王敖仁、沈本等，亦以条件不合，提出议案，请重行议订。省方乃令王交涉员省三来乍重开谈判，仍无结果。旋曹知事被弹劾而去任，罗庆昌来宰平湖，即奉令与乍绅徐清扬（眉轩）、杨锡鳌（文侯）、汪蓉第（镜人）襄办此案。罗氏当经赴乍，至法人所购山地区域视察一周，而询徐、杨、汪三人山地案经过情形，遂于本月六日赴省，禀见督办、省长、范军务厅长。王交涉员，领得交涉意旨，邀同乍绅徐、杨、汪等，同赴上海，向法教士方面重行交涉。其主要部分：（一）租期定二十五年，期满不得续租。（二）非建筑教堂所须之山地、沙田，均由中国浙江省政府或平湖县署，及原卖民人备价赎回。（三）在未满期前，遇必要时，亦须归还。（四）所租借部份之四周海面，尽属于中国政府，教堂不得向渔人收费。而法人方面，以是项山地、沙田，既经中国民人售于教堂，即为教堂所有，不允由中国政府赎回。罗知事等以与中政府之意旨大相径庭，遂于日前返省复命，请示办法。而乍浦徐、杨等人，亦已相继回乍矣。

——1924年7月19日

知事召集县会（地方通信·平湖）

平湖县知事罗庆昌据县参事会函称，十三年度预算，县立二、三、四、五等县［校］经费，及修葺明伦堂等案，关系紧要，请予召集第五次临时会，以便交议等情，即于昨日咨送议会，定于本月二十一日起，开第五次临时会。闻县议会方面，已函请各议员届时出集矣。

——1924年7月21日

互助救火团成立大会纪（地方通信·平湖）

平湖城区茶亭、寿康、启元等救火队发起组织互助救火团，于本月二日假南货公所开谈话会，推举起草及筹备人员业已次第告竣，于本月二十一日借县农会为会址，举行成立大会，并推举职员。是日，共到会员四百余人。上午八时至十二时投票，下午一时开票。徐慰苍当选总理事，方菊人、邹杼孚副之，王似华、殷彦澄等十九人为评议。旋行成立会式，始奏军乐，次向国旗行礼。副理事报告宗旨，朱伯平宣读简章。比及散会，已钟鸣四时矣。

——1924年7月23日

县会五临第一、二日并纪（地方通信·平湖）

平湖县议会于本月二十一日下午一时举行第五次临时会开会式，议员到七人，县知事委陈学麟代表到会。开会秩序如下：（一）振铃入座，（二）向国旗行三鞠躬礼，（三）议长葛昌枢致开会词，（四）陈代表致祝词，（五）议长谢词，（六）副议长奚翔演说，辞繁，均从略。

二十二日上午十时，到议员八人，依照议事日程开议：（一）县参事会交议第二、三、四、五各校及修葺明伦堂临时预算案，计分岁出临时门第七款县立第二、三、四、五各校添筑修葺费二〇〇元，内务岁出临时门第一款修理明伦堂经费二一五元，初读通过，付审查。（二）陆议员惟鉴提议取缔坑厕暂行办法案，拟于东西城城墙之内各开一孔，砌筑坑厕，外蔽板门，以重卫生。初读通过，付审查。

——1924年7月23日

县会五临之第三日（地方通信·平湖）

平湖县议会于本月二十三日上午十时续开第五次临时会，议员出席者葛昌枢等七人，遂依议事日程开议。鲁议员鸿序提议普济堂荒基拟开辟模范桑园案，原案略称：外城隍坊长圩普济堂荒基（俗呼“老人堂”）面积十余亩，地势高燥，土质松脆，拟作模范桑园，以免抛弃地方。其开办费由准备金项下提支四百元，经常费三年以内由公益费项下支给，并由县参事会遴选富有蚕桑经验者一人从事指导，年酬若干元，常年工人二名，以年富力强者为合格。初读通过，付审查。

——1924年7月24日

县会五临之第四日（地方通信·平湖）

平湖县议会于七月二十四日上午十时续开第五次临时会，共到议员八人。议长主席：（一）县参事会交议修葺公园案，共列预算修葺经费一一一〇元，兴筑经费六二六五元。现有的款四千元，拟先行修葺，俟募足此数，再行兴筑。公决通过，付审查。（二）县参事会交议县教育局设置县视学案，拟于十三年度预算书教育岁出经常门薪工栏内增列，县视学薪俸银二八八元，公费栏内增列县视学公费银一二〇元。初读通过，付审查。

——1924年7月25日

县会五临之第五日（地方通信·平湖）

二十五日为平湖县议会第五次临时会之第五日，共到议员八人，已足法定人数，遂于上午十时开议。鲁议员鸿序提出整顿催租公役意见案，议长葛昌枢宣读全案，略称：前县议会为预防催租役不职起见，公决责任殷实业户，切实保证选充，交付审核，如有徇情滥保，由本会指出，请官厅斥退。咨经县公署采纳，列表施行在案。现查本会成立迄今，未准县公署查照成案，交付审核。应函县署催询公认成立，付审查，初读通过。

——1924年7月26日

乍浦山地交涉案之新条件(地方通信·平湖)

乍浦山地、沙田交涉一案交涉迄今,延未解决。现据某方消息,最近法人方面所拟之条件:(一)所购山地涉田区域永久租借。(二)遇军事上有必要时,可暂行收回,至事平日止。(三)晕顶山不建筑房屋,陈山仍造房屋一座。

——1924年7月27日

县议会五临之第六日(地方通信·平湖)

平湖县议会于本月二十六日上午十时续开临时会议,议员到葛昌枢等七人。县参事会交议县立第一小学校追加经费案,略称:该校拟请追加专科教员一人、助教员一人,共薪膳银三百六十元,又办公杂支费银三十五元。惟十二[年]度县教育费收支相抵,目下存银二百六十八元零,而各区补助费仅发至百分之八五。理合将经济状况一并陈明,以便稽查。众以经费支绌,未能追加,遂否决。

——1924年7月27日

平湖县教育界演剧筹款(各省教育界杂讯)

平湖县教育局演戏筹募教款,原定十日至本月四日,已满定期。现因筹款不敷,拟于本月九日起续雇申江第一台开演卖演。又乍浦体育会为筹集公共运动场经费,定于本月五日起借座关帝庙,雇杭州民醒社唱卖新戏。

——1924年8月4日

平湖教育局停止演戏(各省教育界杂讯)

平湖县教育局此次雇演京戏,筹募教款,因所盈不敷,拟于九日起续演数天。讵三日晚,有欲看白戏者三四百人在售票及验券处轰闹,后由保卫团出为维持。若辈即互相打架,殴伤数人。王局长恐再滋事,故已决定停止续演矣。

——1924年8月8日

知事布告禁屠祈雨(地方通信・平湖)

平湖县知事罗庆昌以本县久亢不雨,河水将干,稻禾枯萎,舟楫不行,将成大灾,特于八日布告,自九日起禁屠三天,冀得甘霖,以孚民望。

——1924年8月10日

二次溺毙女孩(地方通信・平湖)

平湖西门协盛酒店伙顾柏荣妻沈氏去岁生一女孩,顾氏夫妇抱只重生男、不重女主义,将孩揿毙,演成惨剧。本月六日,沈氏临盆,又产一女。顾氏夫妇复施故技。现其邻右张君等以顾氏一再惨毙无辜赤子,实属有干人道,拟公函县知事依法[伎]惩办。

——1924年8月10日

县议员叶粹安贩卖烟土(杭州快信・平湖)

平湖县议员叶粹安贩卖烟土,经县拿办,呈请移转管辖。高厅驳斥,不准控告,大理院仍驳回。

——1924年8月16日

公告债券还本付息期(地方通信・平湖)

平湖县公署以四年内国公债第一期抽中还本各券,其末二字为零一、零四、一四、一八、二二、二四、二七、四八、五六、六六、六九、七二、七八、八一、九八各券,还本期于十四年二月十七日截止。又四年公债第十三号息票付息期十三年十月十二日截止,又五年公债第十一号息票付息期十三年九月三十日截止,逾期概作废纸,不凭支领。特于昨日分别□□□,各号息票,须过期前向各经理付息机关支领。

——1924年8月16日

侮辱幼童判刑四年十一月（地方通信·平湖）

平湖县公署于本月二十一日续审警察吴士春鸡奸十四岁幼童戈勉琴一案，经证人张庭荣到庭证明，略称：十四日晚，勉琴由家中回店（戈系泰源顺南货店学徒），行经碗爿弄附近，突有三所警士吴士春前来拖住，强施侮辱。旋戈回店哭诉，同往三所认明士春属实。承审员察核情形属实，遂依新刑律第二百八十四条之规定，判吴士春以强暴胁迫而为猥亵之所为，处三等有期徒刑四年又十一个月。

——1924年8月24日

文艺刊物定期出版（地方通信·平湖）

平湖俞君小农迭任小报编辑，现拟刊行《文艺周报》一种，内容新旧兼收，尤欢迎无名作家之优美作品。出版期约在中秋左右，定价每份二分，全年一元，邮费在内。刻正征求稿件及定阅者。

——1924年8月24日

县区教育联会呼吁和平电（地方通信·平湖）

《申报》转苏、浙两省各团体、各报馆及地方父老昆弟钧鉴：读齐督复张、黄诸先生个电，以臧杨入浙，责浙省破坏公约，其言似是而非。查臧杨被逼于闽，穷促来归，既无侵犯苏、浙之心，亦未有欲通过浙省以图苏省之意。卢督收容之而限定其驻地，约束其部队，即所以防止其行动。按之公约第三条，实无违背。且臧杨由闽至浙，途经赣边，蔡督不能防止于先，浙省为维持地方治安计，岂不当收容于后。若必曰防止之，势将激起战端，糜烂地方，适与我民期望和平要求订立公约之旨大相悖谬。今齐督欲以此为借口，而与浙江开衅，实违两省人民之公意。务请一致呼吁，弭兹巨患，岂独两省人民之幸，抑亦全国之幸也！平湖县各区教育会联合会叩敬。

——1924年8月26日

江浙开战后之杂讯（地方通信·平湖）

（一）驻平水警第九队队长方旭初日前晋省领饷，奉上峰命令，向平湖县署就地划拨，因于昨日与罗知事磋商，当将应给饷银二千余元照数拨发。（二）本邑西五坊毗连禾、善，刻因时局不靖，纷纷组织保卫团，维持地方安宁。迭请县署备案，现赵泾、洙港、青莲等坊保卫团已蒙批准。（三）驻平缉私兵队调赴嘉兴，现已开拔。（四）半路坊李阿秋调戏妇女，攫取银洋，经警获解县署，罗知事谕发押头门示众再判。（五）罗知事访闻有等无赖，托名捉船拉夫，敲诈乡民，特布告准各乡民捆送核办。（六）乍浦电话：驻乍炮兵第六连拟于日内试炮。昨警所王润泉奉令招募新兵。

——1924年9月14日

江浙开战后之杂讯（地方通信·平湖）

（一）小学经费受时局影响，三个月未发给。（二）乍浦保卫团杨团总请炮兵连长苏占魁、乍浦警佐王润泉考选团丁，在大王庙举行，中选者四十余人。（三）新埭电话：大茅坊自杨姓遭盗劫后，已组临时保卫团。（四）此间避沪之居民已陆续返平。（五）赤金市三日内飞涨六元。（六）沪日班今日（十八）至八时始到。县署召集士绅会议。平湖县知事罗庆昌因有要公。特函各机关领袖及地方士绅于十八日下午在署会议。是日，到者寥寥，由罗知事主席先议筹措省公债票，因各富户大多在沪未回，而各钱庄又负担兑换券，一时碍难措置，遂无结果。次议司令部雇民船案，均以航船有关交通，不予封用。

——1924年9月20日

要闻汇志（地方通信·平湖）

一、此间盛传沪杭路枫泾铁桥炸毁。

二、邮局消息，嘉兴、嘉善、海盐、湖州、杭州、上海邮件二十四日由平湖转递，故该局办事人已嫌不敷。

三、善嘉等处来平者甚众，惟非富有者。

四、缉私兵士前调禾护路，现已回平。

五、二十三夜起，各团防全体巡逻放哨，比晨始止。罗知事亦亲自，彻夜不息。

六、禾讯，陈乐山军队已全体开赴龙华、松江。

——1924年9月26日

盗案两起（地方通信·平湖）

平湖县后底韦陀桥堍朱世训栈司账周某于本月二十四日雇嘉善班划船至嘉善接其眷属、母妻等三人至平。是日午刻，该船行至祥安桥（俗名“羊眼桥”，离平城约六里），突有盗匪数人拦船抢劫。该处系在乡郊，并无保卫团及警察局等设置，至呼救无应，任其抢掠。其女眷所带之耳环、戒子等饰物亦被劫去，损失总有数百金。又全公杨家库附近农民史姓亦于二十二日晨一时许惨遭盗劫。当被大小营坊保卫团得悉，立派团员往捕，获潘某一名，余盗均逸。

——1924年9月26日

浙局变动后之杂讯（地方通信·平湖）

一、今日参事会、商会、县议会、自治会购备猪羊犒赏水陆军警，以鼓士勇。

二、杨家库盗案闻系史某所控，现潘某等已向县申诉，该处商人亦为具呈辨诬。

三、善、禾、枫迁平者仍众，客栈咸患人满，然都赤贫之家，盖稍有资产者，均愿卜居租界，托庇外人。

四、驻平缉私营向县商借饷糈，知事罗庆昌个人借四百元，士绅王敖仁、汤元伯、葛昌枢、方锡章（璋）担保拨借准备金八百元。

五、嘉兴来客云，该处到有军队约一团，或谓苏军陈部，或谓闽军孟部。

——1924年9月28日

令抄缉私旗帜式样（地方通信·平湖）

平湖县公署前据新仓自治委员干城函称：据各保卫团函称，近日巡查所过，时遇形似缉私巡船，恐宵小乘机蒙混，请予转函缉私营，将巡船标识抄示，俾免误会等情。即行据情函达浙属缉私第三营询问，现准函复：查敝营枪船平日外驶，船尾既有旗帜，弁兵概备符号，一望而知，足可辨别。然自大局变动以来，所有巡船亦未尝向外开驶，准函前因，难免匪徒希图假冒，是诚不可不防。兹将巡船旗式、弁兵符号式样函送到县，□希察照。县署即分令各保卫团体一体查照矣。

——1924年9月28日

戒严声中之二布告（地方通信・平湖）

平湖县公署前奉省令告谕地方商民，照常营业，凡关于买卖米柴之商贩，尤当加意保护，以重民食等由，即于二十七日油印布告多张，分贴通衢，晓谕商民。又浙江缉私第三营兵士，现因时局不靖，调集平邑，暂驻城内西太平桥堍东岳庙内，一俟大局稍定，即当调回原防。该营营长郑虎臣氏，深恐外间不察，反致误会惊疑，特于二十七日分贴六言韵示，剀切布告：该营兵士军纪素严，出外购物均带符号。如有棍徒假冒，准予扭送来营。一经讯明属实，定以军法重惩。

——1924年10月1日

江浙战争中之杂讯（地方通信・平湖）

一、县奉电饬，雇船三十艘，运禾候用，优给工资，当雇得若干艘送嘉。

二、本县城厢团防共有七所，团员约有三连，加以水陆盐警，足供地方防卫。

三、新埭镇居民因枫泾吃紧迁平。

四、红十字分会于二十八日成立，选举职员。

——1924年10月1日

战后杂讯（地方通信・平湖）

一、甬道断，沪报两日未到。二十日，邮局拒收上海及上海以北之邮件。今（二十一）日，已设法由张堰转闵行达申，故前项邮件已照常收受。

二、此间警察所接全公警所电告，该处有平湖徐正记号收账员携款三百元被劫，望在全公航船抵埠时留意。当饬巡官汪沛霖率警往搜，获土贩五行（温台属人）浆土九斤十二两，即解县讯办。

三、慈善公会难民收留所(纸业公所)昨有闽籍夫役二十七人到所,当摄影送乍浦。资遣回籍。

——1924年10月26日

函催速输新赋(地方通信·平湖)

平湖县公署前奉财政厅训令,浙省军事将次结束,所有国家正供亟应照常完纳,源源报解。又令各属□催旧赋,经张前厅长派委专员分赴各县会同办理,现虽军事将次结束,人心尚未大定,应先令各业户将十二、十三年新赋赶速完纳,以济公用,查催旧赋委员暂行撤回等情,即经布告劝谕在案。各业户因业佃人延不输租,完赋寥寥。现罗庆昌知事以前奉令饬查催旧赋,应自八年份起,现奉厅令撤回委员,仅收新赋,已属格外体恤,特再函劝各栈,迅将该二年未完新赋于本月内投柜,扫数清完,以副报解。至十三年分上忙地丁加罚日期,前经县署呈准展期一月。现自阳历十一月一日起实行加罚,亦并函知矣。

——1924年10月26日

新知事莅平接事(地方通信·平湖)

平湖县知事罗庆昌前奉省令调省候用,另委李树慈(字子仁,河南籍)接任在案。三十日下午二时,李新知事乘轮抵平。县警察所长朱宇程率警往迓,旋即面谒罗知事,商酌移交日期。当晚,由罗知事设席款待。一日上午十时即行在署交替。闻李知事随来人员共十余人,将来署中职员当稍有更动也。

——1924年12月2日

下忙地丁昨已开征(地方通信·平湖)

平湖县公署布告,民国十三年下忙地丁,十年、十二年、十一年歉缓银两、特捐、水利经费、征收费、小学经费等项带征均于十二月一日起开始征收,着各粮户等务于正限二个月内一律清完。又布告十三年上忙地丁一再展期加罚在案,现定十二月一日起,每两遵章加罚银一角五分云。

——1924年12月2日

新知事委任职员（地方通信·平湖）

平湖县新知事李树慈顷将署内重要职员分别委定如下：（一）政务科主任房培森（湖州人），助理杨奇。（二）财政科主任陈裕（绍兴人），助理张继善、陈吉棠。（三）教育科主任陈学麟，助理金兰。（四）实业科主任陈学麟（兼），助理金兰（兼）。（五）收发主任陈镛，助理叶志超。（六）会计主任陈如钧，助理张锡瑛。（七）庶务杨人骥。（八）承审员鲍湛。

——1924年12月3日

海船遇盗（地方通信·平湖）

平湖县属乍浦全公亭等处地，滨在大海，盗匪出没，曾经前县知事罗庆昌呈请县署饬舰巡缉，当奉批准，指令外海厅长随时放舰巡逻在案。本月四日有带鱼船二艘驰抵澉浦海面，突遇海盗将船掳去，命船主备款千元取赎。该船主于五日乘船至乍，向恒丰泰记、福兴二鱼行借银往赎。刻下鱼业公所已电吁外海厅长来乍，切实派舰，随时巡察，藉净匪氛而安商旅云。

——1924年12月8日

参事更委（地方通信·平湖）

平湖县参事会参事徐步因事辞职，挽留无效。今日经新任县参事会会长李树慈批准，另委张凤阶君接任云。

——1924年12月8日

举办初中　厅批照准（地方通信·平湖）

平湖县稚川学校由葛嗣浵捐资兴，成绩颇优。现应时势之需，添办初中，特具简章，呈省备案。兹奉教育厅批称：呈件均悉，该县小学毕业生日多，设立初级中学自属急要。仰县知事转饬先行试办，并饬该校应聘用相当教员，校务设备亦须随时改进具报。至该绅慨捐巨资兴学，殊堪嘉尚。除另案奖励外，合行令仰转饬遵照。

——1924年12月10日

同兴典昨晚焚毁(地方通信·平湖)

平湖西门大街三环洞桥对过同兴典十日晚七时十五分起火,七时半各坊救火器到场灌救,水、陆警军亦均莅场弹压。九时尚未全熄,损失定不少也。

——1924年12月12日

添募警察三十名(地方通信·平湖)

平湖县警察所以本届冬防较前吃紧,拟招募临时警三十名,以便分防。特将预算等项呈省请核,业奉批准。朱宇程所长今日已将应募资格开明布告,凡年岁在三十以上、四十以下,身家清白,素无嗜好,略识之无者,均可报名应征。并定于十三日上午九时考试甄别云。

——1924年12月12日

同兴典焚毁之善后(地方通信·平湖)

平湖同兴典焚毁一节,屡志本报。十八日,该典典主邢树滋君派代表姚仲达(吴兴人)至平,与官厅及地方人士接洽,筹商赔偿问题。闻典主意思,拟照太和典办法,以票面对成赔偿。而地方人士则以该典焚毁时期与太和有别,请典主顾全贫民生计,遵守法律,依据大理院判例,从速十足赔偿。

——1924年12月20日

水警厅长莅平赴禾(地方通信·平湖)

水警厅长徐则恂于十六日莅平阅操,晚寓其亲家陆芹生家。十七日晚,县知事李树慈等设宴款待。十八日,赴嘉兴检阅。

——1924年12月20日

临时警察分设三所（地方通信·平湖）

平湖县警察所所长朱宇程于冬防期内添设临时警察三十名，藉资调遣一节，已纪前报。现已招募足额，即日起分设三所，认真服务。

——1924年12月20日

庭讯同兴典纵火控案（地方通信·平湖）

平湖县公署迭据公民法团呈控西门同兴典此次被焚有纵火形迹，特于十九日下午票传该典经理姜艺斋、副经理朱莘庵到案，由承审员鲍湛讯问。据供起火原因，言语支吾。当经堂谕暂行交保，出外调查起火真情，限七日内具呈，说明书送县商会转致察核。

——1924年12月21日

筹募省公债（地方通信·平湖）

平湖县知事李树慈顷奉财政厅令，刻下省方需款孔殷，所有第四次临时公债速行汇解，以资考成等情，以本县所认公债三万元曾经罗前知事分请商会、农会、议会、教育会及地方绅富各区自治委员担任劝募在案，兹特于十九日再行分函各该人员，请予认真劝募，以便报解，并定今（二十一）日下午一时在署妥商积极办法。

——1924年12月21日

征求典伙纵火案证据（地方通信·平湖）

平湖同兴典伙纵火一案，经公民公团等纷纷控告各情，迭志本报。二十五日，律师殷国骥君发出□告，征求该典火毁意见，略称：此次同兴典同日两告火警，一般舆论咸以该典放火灭迹、谋吞质物为词。本邑士绅亦各纷电上峰，环请依法办理，本律师有保障民权之责，对于该典纵火嫌疑，难容缄默。惟本律师以事关重大，不得不审慎将事。稍有疏忽，非特无济于事，抑且致招物议。□希明诸君□抒伟论，或有该典事前事后足资考证实据，详细赐教，俾便汇编成稿状，请高检厅令饬平湖县公署依法办理（下略）。

——1924年12月27日

1925年

孙陈战祸中之杂讯(地方通信·平湖)

(一)二十八日晚,县公署接嘉兴电令封船,即密饬警察所派警,于二十九日清晨封船,共得四十余艘,即行解禾。现河中船只逃避殆尽。

(二)二十八日,县知事李树慈拨洋二万四千元解省。二十九日起,本县银根奇紧,钱庄无现款。

(三)嘉兴第二中学、女子师范提前放假,每人发旅费三元。本县旅禾学生已于二十八、九等日回平。

(四)嘉善枫泾避难来平者日众,总计在万人以上。警所保卫团等为慎重防务起见,以彻夜放哨。

——1925年1月3日

根究同兴典纵火案(地方通信·平湖)

平湖同兴典纵火一案迭经公民电控当道,经省令平湖县公署慎重办理具报在案。李知事除传该经理姜艺斋等究讯外,并令县警所长朱宇程饬三所巡官萧亭分向各关系查询实情,以便根究。

——1925年1月3日

兜拿拒捕匪徒(地方通信·平湖)

平湖县警察所长朱宇程顷奉县知事令开,略称:据新仓保卫团总指挥电告,距衙前五里许之芦湾庙,近有匪徒四老班等架棚开赌,遂于八日会同警所往捉。被若辈持械拒捕,团警败退。旋若辈又将新庙张益仁之弟架去,索价三千元图赎,请即派警往赎等情。朱所长即偕稽查长汪霖率同警士前往,会同该处团警兜拿矣。

——1925年1月5日

军队分驻平乍(地方通信·平湖)

平湖县公署据陆军第一混成旅旅长彭国[德]铨来电,该军奉令调拨兵士一营二连分驻乍浦、平湖,即由县知事分请邑绅办理招待。大约该项军队今晚(二十七日)或明日到乍云。

——1925年1月29日

水陆警士冲突(地方通信·平湖)

平湖水陆警士二十七日上午因事误会,在县警所稍有冲突,并不开火,然附近商店已受惊非浅矣。

——1925年1月29日

第一混旅长虞日过平消息(地方通信·平湖)

平湖县公署据陆军第一混成旅来电,该旅旅长彭德铨率同旅本部第一团第一、三两营步兵,虞日由台州抵乍浦水道过平湖至嘉兴驻防,即饬警厅封船多艘运乍备用云。

——1925年2月8日

同兴典纵火案近讯(地方通信·平湖)

平湖同兴典纵火一案,迭经公民法团呈控,省令县署查讯在案。惟时延数月,尚未解决。公民胡振新等深恐久延不决,贫民受损殊深,特电省方,恳请饬县遵令查讯,迅予法办,并令该典从速依法赔偿,以惠贫民。

——1925年2月8日

第六混成旅移驻盐平近讯(地方通信·平湖)

平湖县知事李树慈前据陆军第六混成旅参谋于慰农称,该军奉孙督办令退出苏境，分驻平湖、海盐，当即派警随同于参谋勘定驻军地点在案。刻下该军截止今日(十三)下午未曾到平，原因传说不一。惟县农会、教育会等今日奉孙督办快邮灰电，略谓：该军分驻平、盐，系属暂局，且其军纪素严，决不扰及人民。请代劝告人民勿恐。

——1925年2月15日

教堂购买乍浦山地之交涉(地方通信·平湖)

天主教堂历年在浙西乍浦沿海购买山地、沙田、海滩，经地方公民于上年控告后，浙方军民长官以地属中国领土，又有军用、名胜关系，迭饬特派浙江交涉员署理平湖县知事与教堂严重交涉，议由浙省官厅酌给该堂慈善费银一万元，将山地等悉数收回，永为省有产业。其陈山、内蒲山等处，因该堂建有房屋，酌予分区租借，订期收回。曾由交涉员拟具合同租约两稿，送呈军、民两署。旋与该堂磋议，粗有头绪。适因战事发生，未曾正式会商签订合同租约。现杭州天主堂主教查悉，有人向平湖县公署将该项山地等报户升粮，以该地并非无主民荒，何得任人重报税亩，另生枝节。特函特派交涉员，恳请转咨军、民两长，迅令平湖县知事妥速布告乡愚。该处山地等未经解决以前，不得丝毫报户升粮，当由交涉员据情呈请，由孙督办、夏省长核准，会令平湖县知事。凡该处山地等无论未经解决或将来解决后，均不得任人报户升粮，致滋纠纷。县知事李树慈奉令后，已遵令办理，拟文申复矣。

——1925年2月21日

驻军近讯(地方通信·平湖)

平湖灵学会第五义务学校，第一混成旅军队借作营房后，即由该会函请彭旅长迁让，现经彭旅长面允他迁，以重教育。十三日，该会特派朱玉书君携带猪、酒，前往犒军。彭旅长眷属，业已抵平，寓汤家浜公馆内，驻军一混旅二团三营兵士十二日赴乍会操。

——1925年3月15日

同兴案消息(地方通信·平湖)

平湖西门同兴典失火一案，前经沈森等提出俞寿康之母为证人，地方公民法团亦相继电控省方，令饬钱塘道派员查复在案。现公民胡振新等又电省，请求迅饬平湖县知事立提同兴典经理姜义（艺）斋、朱辛（莘）庵等到案律办云。

——1925年3月15日

捕获拒捕案犯（地方通信·平湖）

平湖县公署据新仓警察分所长沈爽阶报称该乡半路坊北埭白衣观音庙近有张美云、巧云姊妹，妖言惑众，设台治病。当即饬警往捕，竟遭张金元、张阿大、张小悌、沈金熙等鸣锣拒捕等情，当由县知事令饬平湖县警所长朱宇程酌派长警前往会捕。十六日，朱所长即派警前往。会同新仓警察分所警长六十名，由坊役沈富荣引导前往兜捕。该处张金元、张四金又鸣锣拒捕，旋因众寡不敌，佛娘、巧云、美云，管庙人彭潘氏、彭阿顺，拒捕犯张四金、张金元均被捕获，于十七日解县究办矣。

——1925年3月19日

屠宰税切实整顿（地方通信·平湖）

平湖屠宰税一项，向由该业包认，每年约四千余金。现省方为整顿税务起见，令饬县知事切实整顿。自四月份起，每头征收正税四角八分，总计全年约一万四千余金。城区屠宰业二十六家以捐税徒增数倍，营业益形艰难，将联合阖邑同业共谋抵制。

——1925年3月20日

县会应否延长之请示（地方通信·平湖）

平湖县知事查悉本县县议会至本月底止已满法定期间，而新议会选举尚未开始，应否将原有议会延长若干期间，抑或暂行中断，特电省请示办法。现省方亦以案关重大，转部请示矣。

——1925年3月20日

袜业公会改选会长

平湖袜业公会会长高琴泉、副[会]长张伯成已满法定任期，遵章于昨日召集会员改选，结果正会长(为)宏农厂主杨子秋当选，副会长为当湖厂主朱玉书。

——1925年3月22日

军械运闽(地方通信·平湖)

孙督办前准福建周荫人请将周部存杭军械提回，由杭用民船运乍过塘，装超武轮运闽，令饬平湖县知事届时代雇夫役在案。二十二日，该项军械到乍。由乍浦警察分所长王润泉、水警分队长金春波前往照料。经省委督署蒋参谋验明，过塘装超武兵轮，于二十三日起碇运闽。

——1925年3月24日

交通近讯(地方通信·平湖)

平湖庆记轮船局沪平夜班前因航线危险，改驶日班。现下时局敉平，航线安静，已定夏历三月一日起恢复原状。

——1925年3月24日

庭讯女巫拒捕案纪(地方通信·平湖)

平湖县公署二十三日下午四时审理新仓半路坊女巫拒捕案，彭阿顺供称：年三十九岁，业茶担。二月二十六日，该处白衣观音庙有邻人胡(张)美云、巧云(即女巫)姊妹，设堂治病，遂与妻前往泡茶。其妻闲时则代客点烛，香钱无份。三月十六日半夜，有警察往捉伊夫妻，往取茶炉，被捕，臂部受伤，拒捕不知情。张四金供：五十三岁，近在该庙帮忙吃饭，不取工资。是夜在家，闻声恐系失火，遂外出鸣锣，余不知情。张金元供：五十五岁，余同四金。胡(张)美云供：三十岁，夫住广陈，姓吴。伊外出已九年，先在杭州修行。民八，至上海华金镇造龙华庵主持，今岁以胞弟结婚，始回。上月与妹巧云同遭佛爷附身，遂在该庙设堂治病。香金由乃弟鸿生经管。是晚，在床被捕，身受殴伤，拒捕并不指使。巧云供：二十八岁，未字，向在该庙修行。余同美云。并称，被捕时，有时二观等戳伊左腿，以致受伤。彭潘氏供：三十九岁，情形同阿顺。陆张氏供：五十二岁，是日往该庙为子求偶，半路遭捕，并被殴伤。当由问官饬吏验明彭阿顺左臂破口伤一、胡美云腰部微伤、巧云左腿破口伤一、陆张氏木器伤数处，遂谕还押退庭。时六点十分。

——1925年3月25日

县议会召集经常会（地方通信·平湖）

平湖县知事李树慈奉准省令，在新自治法未曾产生以前，原有议会继续有效。特依县自治法规定，于四月二十一日召集县议会经常会，并依该法须于半个月前函请召集之规定，于四月五日函请县议会议长葛昌枢依法召集矣。

——1925年4月7日

植树节举行典礼（地方通信·平湖）

平湖县知事李树慈于本年植树节偕同实业科长陈学麟、县农会钱秉钧、市农会冯孝丰、县议会葛昌枢、自治委员计在清、宣讲员吴清如、士绅薛鹤寿、张鸿钧、警察所长朱宇程、水警队长谢祖康等，至公园植树场所举行植树典礼。各人手植树苗毕，摄影而散。

——1925年4月7日

垦荒局召卖地亩（地方通信·平湖）

平湖县知事李树兹据乍浦垦荒局长张荣邦报称，前经会同布告，垦户限期输纳税课，逾限召卖在案。现已逾限多日，而芦沥盐场、全公坊、大小营坊、白沙坊等处，垦户抗不缴输等情，即于昨日会同盐场知事伍崇及该局长布告，所有该各坊已熟未熟地亩一律召卖价分五等：（一）十元，（二）八元，（三）七元，（四）六元，（五）五元云。

——1925年4月7日

彭旅长兼任卫戍司令(地方通信·平湖)

平湖第一混成旅旅长彭德铨现奉孙督办令委为卫戍司令。

——1925年4月10日

乍浦设立海塘工程(地方通信·平湖)

平湖乍浦海塘向归盐平塘工局管辖。惟该局设在海盐,与乍塘相距稍远,照顾不易。现该局长陈华以据情呈准上峰,在乍设立第四区工程处,委朱铭为局长,以便随时修葺。

——1925年4月10日

编查保卫团枪械(地方通信·平湖)

平湖县知事李树慈遵奉省令,于八日派员会同警所分向城厢各保卫团体验查枪械,依法熔盖火印,编列号码。闻日内将赴各乡保卫团检查。

——1925年4月10日

禁运劣角(地方通信·平湖)

平湖县公署奉督办省长训令,据杭总商会呈称:迭据平湖、富阳、桐庐、建德、龙游、硖石、衢县各商会先后函电,均以现今市上福建癸亥、甲子及广东新十一年双毫辅币非常充斥,成色低微,半为赝银,若任其流通,将来不可收拾等情,特分饬各关监督及水陆警一体查禁私运,以清来源。

——1925年4月19日

发现时症(地方通信·平湖)

平湖乍浦独山等处近因天气寒暖不匀,发现时症。此症类似脑膜炎,症象头痛口噤,一二日即死。

——1925年4月19日

苦儿院开幕纪（地方通信·平湖）

平湖平灵苦儿院于十九日下午一钟行成立会式，县知事代表教育科长陈学麟第一混成旅代表陶参谋长、水警署长、警察所长、各法团代表及沪、平、杭各报访员，均莅会观礼。秩序择要如后：（一）主席报告经过情形，（二）欢迎来宾歌，（三）官长陈学麟、陶参谋训词，（四）来宾冯冰如等演说，（五）院长谢词及各种游艺。

——1925年4月21日

县会今日开会（地方通信·平湖）

平湖县议会于本月二十一日下午一时举行第四届常会开会。闻此次重要议案为十四年度本县预算案。

——1925年4月21日

发行盐平塘工债券之电阻（地方通信·平湖）

平湖县议会等四法团查悉，现任盐平塘工局局长陈华拟发行盐平塘工债券一种，草具简章，呈省请核，当于感日电阻，原电云："杭州督办省长钧鉴：彩票之害，甚于赌博，萧绍塘工奖券足为殷鉴。现在盐平塘工主其事者踵请发行奖券，不计弊病，敛财是务。伏恳钧座立予驳斥，地方幸甚。平湖县议会、县商会、县农会、县教育会叩感"。

——1925年4月29日

县议会续开常会［1925年4月29日］（地方通信·平湖）[1]

平湖县议会于本月二十七日续开常会，计到议员葛昌枢等八人，遂于一时开议。倪议员玉提议设置教育机关，监视交代委员案。议长初读毕，提案人说明理

1　标题经编者调整。

由，计具办法四条：（一）教育机关监视交代委员即由教育局长兼充，不支薪水及公费。（二）教育机关主任、各校校长交替移交时，监视员应会同详检造册报告县署及议会。（三）主任校长如有措匿等情，速行揭报县署，勒追赔偿，并施以应得处分。（四）监视员有徇情时，经人举发，照应行政处分惩戒之。初读通过，付审查。由议长指定朱明、王缵绪、吴娱真为审查员。

——1925年4月29日

县议会续开常会［1925年5月2日］（地方通信·平湖）[1]

平湖县议会于四月三十日下午一时续开十四年通常会，计到议员吴娱真、王缵绪、倪玉、葛昌枢、朱明、陆允中、任昉、鲁鸿序、陆惟鉴等九人。陆议员惟鉴提议拆除东西两外城圈，应催令克日执行案（延前会）。议长初读毕，提案人起立说明，略称：该外城圈坍坏日甚，前经提议拆除，交付大会三读通过。呈奉省署核准，令县遵办在案。嗣以客岁秋月，江浙战起，遂未施工。现地方平靖，治安无妨，正宜及时拆除，以利交通。应由本会函县，转令经办人员克日执行。议长付表决，多数赞同，遂通过。

——1925年5月2日

五月四日追悼中山（地方通信·平湖）

平湖各法团筹备追悼中山大会等情，已志前报。现筹备处已决定于五月四日在南城内第一小学校内举行，闻加入者已达二十余团体。

——1925年5月2日

劳工纪念日情形（地方通信·平湖）

平湖印刷工人于五月一日劳工纪念节休业一天，其他各业均照常营业，并无其他举动。

——1925年5月2日

1　标题经编者调整。

孙中山追悼大会纪（地方通信·平湖）

平湖各团体定于五月四日在南门内第一小学追悼中山先生一节，已致本报。是日签到者有县议会、县商会、县农会、县教育会、教育局、通俗图书馆、通俗讲演所、自治会、城教育会、城农会、民声报社、平湖日报社、体育会、慈善公会、救火联合会、灵学会、袜业公会、稑程公会、东西城保卫团，乍浦区商会、教育会、农会、自治会、保卫团，新仓区自治会、教育会、农会，牙前区教育会、农会，新埭区教育会，国民党平湖县党部，乍浦、新仓、新埭区党部及全邑各公、私立男、女学校约六十余团体。上午九时，团体代表及个人公祭礼节，择要如下：（一）城区一初学生唱国歌，（二）主席张子石致开会词，（三）伊隐樵报告孙公历史，（四）丁眉荪宣读遗嘱，（五）与祭者行一鞠躬礼，（六）静默三分钟，（七）各团体读祭文，（八）城区一初唱哀歌，（九）与祭者行三鞠躬礼，（十）伊隐樵、冯冰如等演说。下午一时，各校男女学生次第致祭。又全城商店、公团、学校均下半旗，藉伸哀悼。

——1925 年 5 月 6 日

同兴典又将开赔消息（地方通信·平湖）

平湖同兴典焚毁质物一案前定旧历本月初一日开赔，嗣经本县公团电阻，省令俟诉讼终结再行开赔在案。今日（四日）下午，闻李知事接到省电，略谓多数质户既欲早日赔偿，应即照原定赔偿成数（五成除利），择日开赔。

——1925 年 5 月 6 日

庭讯刑诉同兴火案（地方通信·平湖）

平湖县公署于十五日下午四时集讯，唐文治等同兴典火毁质物案计有原告唐文治、罗文梓，被告姜艺斋、朱辛庵到案。唐、罗供称，该典未能将失火理由与真相明白宣示，不无纵火嫌疑，应请彻究。姜、朱否认纵火，谓系失慎是实。次原告请求将被告姜、朱暂押候传，被告邢聚仁再讯。问官不准，谕被告交保，原告退候并案判决。闻预定十六日讯，时[善]澄等诉该典案，十八日高天民等，十九日周鼎等，二十日汪振涛等云。

——1925 年 5 月 17 日

县议会开会纪(地方通信·平湖)

平湖县议会于本月十六日下午续开常会。议员七人到,会议县参事会交议十二年度决算案审查报告。至岁入临时门,已五点钟,遂散会。

——1925年5月17日

庭讯同兴典案纪(地方通信·平湖)

平湖县公署于十五日审理公民唐文治等诉同兴典案,已志昨报。十六日,又审公民时善澄等诉该典案,计到原告时善澄、朱雨生,被告姜艺斋、朱辛庵,旁听较昨尤多,约六百人。原告供称,该典起火后未发锣告警。待各龙闻讯赶到,闭门不开。经众叫喊始开,火灭不准各龙守望。逾二时,又着,致四埭包物尽付一炬。查典当房屋四围及每埭中间均有烽火高墙严防火患,即有失火,何致延烧如此?又俞寿康母于焚毁前往赎所质金镯,已无原物。越三日,赔旧金戒三只,小洋六角。此种情形甚为可疑云云。问官谓:理由甚足,惟证据缺乏。原告称:公民只能告发,检察职权操诸官厅,应请搜查。被告供:在二埭楼上(姜供三埭楼下)起火,先发锣,后开门,二次共烧四埭。中间未隔高墙,实出失火,可表天日。询以证据,言语支吾,谓伊等二人均于事前离典,由沈某代管。官谕被告交保,补传沈某讯问,遂退庭。

——1925年5月18日

同兴典案庭讯纪(地方通信·平湖)

平湖县公署于十八日午后四时审理高天民等诉同兴典案,原告高天民、曹延龄,被告姜艺斋、朱辛(莘)庵均到。原告由高天民代表发言,辩论终结后,原告请求:(一)姜、朱二被告供当时均未在典,由沈润之负责,请补传。(二)县知事既未莅场勘察,请即往验。(三)将姜、朱二被告管押,候传到典东邢聚仁再讯。问官均准。被告姜、朱因病请保,问官遂谕准。由十家殷实商店具保,遂退庭。

——1925年5月20日

庭讯同兴案续讯(地方通信·平湖)

平湖县公署于十九日下午审理同兴典案,原告周鼎、莫琴山,被告姜艺斋均到。原告声称,质户因请求该典依大理院判例典当自行失火照票面十足赔偿,属民事范围,只提民诉,何故今开刑庭?问官谓该案重大,你确提民诉,但刑事部分不妨辩论。原告称,状内只提民事,刑事未便辩论,请询被告是失火抑是邻家延烧。倘是失火,依法赔偿。姜称自己失火。问官谕俟开民庭再行正式辩论。

——1925 年 5 月 21 日

同兴案又起一波(地方通信·平湖)

平湖县公署于二十日下午审理汪振涛、侯宝山等诉同兴典案,原、被告所供各节略同。十八日本报所载时善澄诉该典案所供,嗣问官翻复诘究,被告未能将非纵火理由明白声述。嗣原告请将被告管押,问官不准。旁听者人多口杂,纷起责难,秩序稍乱,庭上木栏亦被倾倒。问官遂饬警捕人,秩序益乱。被捕三人经人交涉即释。现闻有公民钱式斋等电省请究。原电略称:同兴纵火案个日庭讯,承审员王锦泉袒护被告,当庭喝令警察拘殴旁听,群情愤激,请迅撤惩。又公民徐庚、张觉灯等亦有电控,内容略同。

——1925 年 5 月 22 日

春茧开秤(地方通信·平湖)

平湖四乡早蚕已多作茧,本月二十七日起东西城外各茧厂一律开秤。顶上鲜货每担七十二元,次六十七八元。此次桑叶价廉,蚕身甚好,故各蚕户大都均可获利。

——1925 年 5 月 29 日

同兴赔款展期截止(地方通信·平湖)

平湖县知事李树慈前据同兴典经理呈请,前奉省令于四月十六日起开赔质款。至闰四月初六日截止，现所赔款项仅至半数(约五万元)。请自闰四月初七日起展期十日，藉免向隅等情。除准予展期外，并于今日布告各质户速往领赔矣。

——1925年5月29日

航轮杂闻(地方通信·平湖)

平湖、嘉兴间之小轮二艘，现均减价竞争，房舱每客仅一角，较前减少二倍。惟开行时间迟早不定，旅客甚感不便。

又平湖、上海间之夜班轮船，因拖带茧厂银洋，改在日间行驶，藉免危险。

——1925年5月31日

十四年上忙银将开征(地方通信·平湖)

平湖县知事李树慈二十九日布告十四年份上忙地丁行将开征，现经督同办事人员准备，册串齐全，所有带征各项亦已分别核定。定于六月十一日设柜开征，每两折收二元八角六分四厘。

——1925年5月31日

军队调乍(地方通信·平湖)

松江谢部军队两连将于五日至乍浦，暂驻地址在泉漳会馆、育婴堂二处。

——1925年6月6日

协议除螟(地方通信·平湖)

平湖县知事李树慈函邀县农会钱秉钧、商会陆芹生、教育会徐鉴平、议会葛斗辰等于五日上午十时在署与浙江昆虫局派来技术员林仁远会商捕螟事宜。

——1925年6月6日

平湖各法团电（国内要闻·浙江各界电）

平湖各法团电北京段执政沈外长、南京卢宣抚使、郑省长、上海蔡督办、曾次长、许交涉员钧鉴：五卅惨案，全国同愤。本日上午，学界万人游行、讲演。下午起，全城商店一致休业，群情激昂，为此电恳钧座据理抗争，严重交涉，坚持到底，勿稍让步，以保国权。浙江平湖县地方自治协进会、城区教育会、城区自治办公处叩。蒸。

——1925 年 6 月 12 日

平湖县议会电（国内要闻·浙江各界电）

平湖县议会电上海申报馆转各团体钧鉴：五卅惨案，枪杀多命。英捕蔑视人道，英领意图袒护。同人等痛国权之陵替，誓为同胞后援，万望各界一致团结，共起力争，雪此奇辱。平湖县议会。文。

——1925 年 6 月 14 日

平湖新埭国民大会代电（国内要闻·浙江各界电）

平湖新埭国民大会代电申报馆转蔡、曾两专使钧鉴：五卅惨剧，举世所无，灭种亡国，嚆矢于此。敝镇同人爰于寒日下午罢业半天，并在公共运动场开国民大会。会毕，随作大规模之游行。群情激昂，咸主恳请两公以惩凶、抚恤、偿失、道歉、收回租界、撤销领事裁判权为交涉目的。想两公特使，南来办理此案，谅必不肯任意退让，以失民望。平湖县新埭援助五卅惨案国民大会三千余人叩。删。

——1925 年 6 月 17 日

平湖县商会代电（浙江各界电）[1]

上海申报馆转各省区各华侨总商会、各县县商会、各团体鉴：沪案惨酷，有生

1　标题为编者所加。

同愤，巨万工人罢业，亟应募款救济。敝会自寒日起全体同人组织募捐委员会，积极劝募。一俟募有成数，即行汇沪总商会转交各工团，以济眉急，万望各界一致进行，俾得坚持到底，雪此奇耻。平湖县商会。删。

——1925年6月17日

县会将开临时会（地方通信·平湖）

平湖县十四年度预算案现经县参事会编就送交县议会决议遵行，适逢县议会常会期满，未及开议。现经议员函请县知事召集临时会，经县核准，咨请议长召集，于七月七日开会。

——1925年6月26日

平湖县警察所长朱某违法殃民（杭州快信·平湖）[1]

平湖县警察所长朱某违法殃民。经省议员提出质问后，现又有该县士绅来省，列款控告。夏省长昨令警务处逐一彻查，呈候核办。

——1925年7月8日

江浙各界对于沪案之援助（平湖）

平湖县商会筹募上海罢工救济捐款，共得洋五百余元，十三日由汤元伯君至沪交款。又五卅宣传团于十三日起排演新剧二天，售券分四角、二角，所得剧资，悉充救沪工开支，由该团自理。

——1925年7月14日

县署催征地丁银（地方通信·平湖）

平湖县知事李树慈分函各租栈，称十四年度正忙地丁开征一月，投完无几，致报解短绌，妨碍军民各政之发展。希嘱司账人等，将十四年度应完地丁，暨历年积

1　标题为编者所加。

欠陈粮，迅速清完，免妨考成。如仍借故延欠，定予派役催征。又因十三年度地丁抵补金等尚欠五万余元。特饬各坊役从严催征，限七月底交清八成。

——1925年7月17日

同兴火案之侦查（地方通信·平湖）

平湖同兴（典）焚毁质物一案由省公署派委张端俟来平调查。除吊阅案宗外，并向商会索阅炉余物件，仅得存寄各钱庄表册一纸。后又遍谒公正士绅，咨询一切，以便据实复命。又有公民唐文治致函张氏，详述各种事实。现张氏以侦查事毕，业已返省矣。

——1925年7月17日

嘉属外交会之组织（地方通信·平湖）

平湖县五卅外交后援会等团体据嘉兴外交后援会派来代表顾作之、郁闰生等二人接洽组织嘉属外交后援会事宜，表示同意，并愿极早实现。闻该会一俟其他各县赞同后，即须着手筹备。

——1925年7月30日

平湖日报馆被封原因（地方通信·平湖）

《平湖日报》上月二十六、七等日登载中国共产党青年团宣言，县知事李树慈认为宣传共产主义有违省令，遂于八月一日下午片请该馆主笔询问，旋密令警所长朱宇程饬警封闭。二日，该报遂停版。现该馆经理人已向县当局声明，该文系转载《向导周报》，并已设法请予启封。

——1925年8月3日

县农会改选会长（地方通信·平湖）

平湖县农会遵照农商部新颁规程改组，于八月一日选举会长。下午开票，结果钱惟衡得一百十一票，当选正会长；张国善一百零七票，副之。业已备文呈县备案矣。

——1925年8月3日

平湖日报馆被封后消息(地方通信·平湖)

平湖日报馆于二日被封等情,已志昨报。兹悉此次县署系奉军、民长官训令,饬传该报主笔人等审核,故二日下午又传该报主笔徐尚彼、印刷林一梅、发行江忠孝到案讯问,结果江忠孝取保,徐、林二人暂押,俟传到关系人李某、徐某再核,可谓代人受罪矣。

——1925年8月4日

各界电留县警所长(地方通信·平湖)

平湖县警察所长朱鹏奉令与萧山县警察所长杨禄纯对调,此间各界纷纷电省挽留。

——1925年8月4日

掳人毁屋之查勘(地方通信·平湖)

平湖县公署据新仓警察所报称,驻平缉私营新稽查夏乐仙,前在牙前区截获盐船九艘,结怨私贩。突于七日夜间至旧东七坊夏宅,掳取九岁、十二岁小孩二人,并将其工人王阿八房屋烧毁等情。已饬警察所长朱宇程前往查勘具报。

——1925年8月11日

监警擦枪击毙乡民(地方通信·平湖)

平湖西城南弄陆梅石□坊河埠,向派驻平缉私巡船。十日上午,有顾裕□巡船巡士因放哨回来,在船内擦枪,误触机关,子弹飞出,击中河埠上洗物乡人腰部,立时倒地毙命。该巡士亦即上岸向北逃去,旋由县署前往检验。该乡人系陆梅石新雇修船工人,方于昨日上工。

——1925年8月11日

孙督办今日来平(地方通信·平湖)

平湖县公署奉浙江督办公署电谕,孙传芳督办决于十六日来平检阅驻平新编暂编陆军第六混成旅军队(即前第一混成旅改编)等情,已整备迎接,并借张择君房屋为行辕。闻孙氏来平小作勾留,即须返省。

——1925年8月16日

霍乱流行之可畏(地方通信·平湖)

平湖近日霍乱流行,患者朝发夕死,危险殊甚,且蔓延甚速,患者日增。昨日城厢一部约有三十余人,而新仓区疫疠尤甚,有某氏一家三口同时毙命。民间甚为恐慌。现有慈善家拟组时疫医院,以资救济。

——1925年8月16日

布告选举国民代表(地方通信·平湖)

平湖县知事李树慈奉办选举国民会议代表复选员后,即请人员调查选民等情,已纪前报。现悉是项选民清册已早蒇事,经李知事核定,仍分八区投票。由各区自治委员主任定于本月二十九日一律举行,并行周告阖邑选民知悉。

——1925年8月18日

商店拒用福建双毫(地方通信·平湖)

平湖商市近日福建官局双毫渐见增多,而嘉兴商店又有拒用该毫之举,遂于今日起,不论大小商肆,一律拒用,以免损失。

——1925年8月18日

浙孙平乍阅军纪(地方通信·平湖)

浙江督办孙传芳氏于十八日深晚由嘉兴乘轮至平湖阅军,驻平暂编陆军第六混成旅旅长彭德铨、平湖县知事李树慈及邑绅葛嗣威[蔚]、张佩仁、钱秉钧等均到西码头欢迎。孙氏在船传见彭、李二人后即登陆,分见各绅,旋仍回船住宿。十九日清晨,孙氏至南门外大校场检阅第六旅二团一三两营及炮连机关枪连全体士兵,并行训话。至十二时,回至行辕(借西门张石君宅),邀宴诸绅。本城大小商店一律悬旗欢迎。下午二时许,即乘轮赴乍浦检阅。由乍绅徐眉轩、杨文侯及驻乍军警接待。今日已是毕离乍。并闻孙氏在平闻悉平湖霍乱盛行,恻然悯之,特颁洋五百元,饬彭旅长购办治疫药品以惠贫病。现定于二十间日起在南寺内军医院施诊,每日下午二时至五时为施诊时间。如系危险病症,随到随诊。

——1925年8月22日

组织时疫医院(地方通信·平湖)

平湖慈善公会同人现在南城外虹桥堍组织时疫医院,邀请德国医学博士金恂侯、吴忆初二君来平主持,专治疫症,不取分文。今日开诊,金、吴二君系本邑人士,现在上海行道。

——1925年8月22日

孙督办传课讲舍(地方通信·平湖)

平湖葛嗣蔚君有志保存国粹,创设尊古议舍,每月课经、史、诗、文各艺,迭经财、教两厅长传课发卷。兹悉孙督办亦定于古历七月十六日传课,先期报名者颇多。

——1925年8月23日

警察所长之更调(地方通信·平湖)

平湖县警察所长朱宇程奉令与萧山警察所长杨禄纯对调。杨字仿时,吴兴县人,业于二十一晚间到平。定于二十五日上午交替。

——1925年8月23日

疫疠仍盛(地方通信·平湖)

平湖疫疠近日患者仍众,三元桥堍时疫医院自二十一日开办迄今,往治达一百五十余人。该院原聘医生已不敷应用,已添请德医王冈深、单秩之、陈作民三君到院诊治,其他各医院及军医处等医治该疫亦甚拥挤,平均每日患疫者须四十人左右。又有慈善家置备痧药、十点水等济世。

——1925年8月28日

乍浦创设电灯厂(地方通信·平湖)

乍绅徐眉轩曾于乍浦为沿海口岸,商业尚佳,特联合各业集资一万元创办电灯公司。业已推举徐眉轩、杨文侯二人为筹备主任,开始收股进行。闻该厂须购三十四匹马力电机二部,方足所用。

——1925年8月28日

平湖光华袜厂驻沪发行所迁移声明

敝厂自民国十年设立发行所于上海法租界吉祥街,专做批发,迄今五载。仰蒙本外各埠商号赐顾,营业日形扩张。近年以来,门庄零售尤络绎不绝,因此原址房屋不敷应用。爰于夏历七月初八日迁移于新北门外法租界天主堂街口西首,坐北朝南,新造高大楼房批发门市分部营业。如荷光顾,价当格外优待,以答雅意。平湖光华袜厂谨启。

——1925年8月29日

国选志闻(地方通信·平湖)

平湖城区新仓、新埭、衙前、吉联、乍浦、徐埭、大易八区于二十九日同时在各该区自治办公处选举国民会议代表复选员。城区于当晚将票柜封送县署,俾于三十一日汇齐各区开票。乍浦等六区均于三十日运送到县。新仓区因选举时被投票人金某等认为舞弊捣毁,故未选出。县知事李树慈已因此事电省,请示应否重选。故三十一日能否开票，尚未决定。

——1925年8月31日

新埭新设邮局（地方通信·平湖）

平湖新埭区邮件向由双泰号代办。现下邮件发达，经浙江管理局派员考察，核准设立三等邮局一所。业委钱之万为局长至新布置矣。

——1925年8月31日

国选开票毁（地方通信·平湖）

平湖县知事兼初选监督李树慈前奉省令新仓区票匭捣毁应行重选后，即电该区办理人员于三日重选送县，并行布告。四日，将各区票匭同时在□内大堂开票。讵新仓区三日重选，仍被捣毁。李兼监督无奈。遂于四日上午八时监同各区办事人员将已选七区依法开票。讵城区方在唱名，旁观公民认为舞弊，始则质问，继行捣毁。所有选票尽被撕破。

——1925年9月5日

虎疫蔓延又盛（地方通信·平湖）

平湖自虎疫蔓延后，居民防卫倍严，故至八月下旬，疫势渐杀。讵近日防卫稍懈，疫疠又盛。南水门一带被疫最重，三数日内死亡十人，患者不计。其他各处患者亦增，间有死亡。三元桥时疫医院往治者益众。该院除商请邑人吴忆初博士回平主持外，并行送打防疫血清针，冀杀疫势。又乍浦区虎疫亦盛，已有该处医士合组时疫医院。

——1925年9月8日

新米现已上市（地方通信·平湖）

平湖农民所植温州种早稻（名挨露白）现已上市，各行开价八元。又芦尖早稻约在秋分朝，亦可尝新矣。

——1925年9月8日

全公警所被捣毁(地方通信·平湖)

平湖县警察所据全公分所长沈守愚报称,十日上午,突有沿海垦荒居民三千人至所,将警所房屋拆毁,枪械打坏,文件、杂物一并焚毁,邻住毛姓房屋亦遭拆去,警士李王一名受伤,余均逃逸等情,当饬顾督田前往调查属实。将沈分所长带所候查,所有全公防务十一日已委候差员苏颂德带警一棚前往。

——1925年9月12日

全公警所被毁后消息(地方通信·平湖)

平湖县全公附近沿海居民捣毁全公警所一案,曾纪本报。兹有省方派来兵舰一艘,内有水警叶督察长、保安队部队长率同水警及保安队百名,拟往全公镇慑。本县商会、议会、农会、教育会、协进会等闻悉,深恐海民误会,益滋事端,此事愈难解决,特于十五日联名电省,请求此案移归本县知事审慎办理。

——1925年9月17日

一师营底过境(地方通信·平湖)

平湖县警察所二十五日晚,据乍浦电话第一师营底三百余名及子弹杂件由超武舰运乍等情,当即代派民船四十只,于二十六日将该营底运往嘉兴,转赴杭州。

——1925年9月27日

新埭区设立三等邮局(地方通信·平湖)

平湖新埭区前经杭州管理局查明该局邮件发达,应设立三等邮局一所,业经委任平湖邮局助理王芝臣君为该局局长,定十月一日开幕。平局遗缺另委袁君接充矣。

——1925年9月28日

保卫队调回杭城(地方通信·平湖)

夏省长前因全公海民捣毁警所,特派保卫队六十名驻全。现经本籍省议员沈琴怡、王敖仁等晋省请撤,夏省长俯顺舆情,电令陆瑞祺队长率队返杭,业于二十六日开拔矣。

——1925年9月28日

特税稽征被控彻查(地方通信·平湖)

平湖卷烟特税稽征斯干殴打恒裕义栈司一案,前经商会卷烟公会电省请惩,现奉特税萧总局长复称,已饬嘉兴第二分局查明再核。

——1925年9月28日

知事更调消息(地方通信·平湖)

平湖县知事李树慈,任期将满。兹据某方传出消息,李知事将与嘉兴知事对调。证诸李知事,于日前晋省迄未返署,此说成致实现。

——1925年10月2日

洋价增涨无已(地方通信·平湖)

平湖钱市因轻质铜元充斥,洋价迭涨,现至每元二千四百文,较前增加五百余文。一般以钱计值之小贩,莫不大受影响。

——1925年10月2日

沙田将由垦户赎回(地方通信·平湖)

平湖全公沿海沙田前由垦荒分局价卖于三余社,致该处垦户因三余社前往收租迭生风潮,最后□发生捣毁全公警所之巨案。嗣经省议员沈琴怡等竭力调停,始获和平办理。现闻沈琴怡等与该社商酌,拟将该项依原价由垦户取赎,以图根本解决。

——1925年10月5日

晚稻受灾较重(地方通信·平湖)

平湖晚稻始受螟虫剥蚀,后遭风雨侵损,致田禾或成白穗,或竟枯槁,较早稻受灾益甚,秋收大受损失。其被灾区域,以大易区为最。前由该区议员吴娱真等电省呈诉,请委履勘,冀苏民困。

——1925年10月8日

乍浦山地交涉近闻(地方通信·平湖)

乍浦山地法人所建教堂因交涉未曾结束,省令县公署转知该教堂停止工作在案。昨日,乍浦王警佐特向该教堂马教士劝阻。马称:系修缮房屋,并非建筑。未能遵令停止。闻乍浦商教各公团以该案关系国家领土,电请军、民二长严格办理。

——1925年10月13日

捣警案之解决办法(地方通信·平湖)

全公亭沙地居民因三余社收租问题,闹成捣毁警局风潮,省方准予和平办理。后本县士绅急筹善后办法,现闻决定二条:(一)由原垦户依三余社向垦荒局买价赎回。(二)限定收租价格,每亩依平湖县租价比例办理(按平县田价每亩五十元者,约收租四元五角,该项沙田田价每亩五六元)。刻正征求沙民同意。

——1925年10月13日

卫戍司令之布告(地方通信·平湖)

平湖陆军第六混成旅长彭德铨氏今日为雇用轮船夫役事发出布告,略称:案奉督办真电开,本督办定在吴兴附近举行秋操,校阅各部军队。本旅须抽调三分之二部队前往加入。兹定于十三日始开拔,所有应用船只、夫役,均请平湖县署及水警队分别征雇。凡尔商民各宜照常营业,勿滋误会。

——1925年10月14日

水路交通完全恢复(地方通信・平湖)

平湖往来各埠之汽轮,先后被军队封雇,交通因而停顿。嗣后,闵南公司之平墟日班、新闵南与闵兴先行复业。于是,上海与平湖水路首告恢复。现下行走平湖、嘉兴之嘉禾轮,乍平嘉之乍浦轮,新仓、平湖之长顺轮,先后释回,均于二十四日宣告复班,均走原定航线。上海夜班亦于是日开班,各商号装带货件甚多。

——1925年10月26日

戒严后之情形(地方通信・平湖)

平湖乍浦防守司令石铎昨日布告戒严,并抄录孙总司令所颁《戒严条例》八条。原文曾见本报,不备录。本县自戒严后,夜间须有口号方能通行。又石司令曾于日昨赴乍涓视察防务,即晚回。平城内之苦力小贩,前因拉夫逃避,现已先后回城复业。商市亦渐闹热,米业进货甚旺,外埠顾客到平者甚多。

——1925年10月26日

林家埭盗劫纪闻(地方通信・平湖)

平湖俞咏裳住离林家埭镇二里许之青溪桥。三日夜半,有盗匪持械入内抢劫,俞等乘机逃避,未被殴辱。俞母为盗所获,殴伤甚重。该处无警察及自卫团体,经林家埭居民闻得枪声电告平湖水警署派水巡四艘星夜赶往,盗已他去。闻损失甚大。

——1925年11月5日

军队赴乍防守(地方通信・平湖)

平乍守备司令石铎三日派一日到平之石部一团三营步兵步行赴乍浦等海口驻防。

——1925年11月5日

晚稻灾情（地方通信·平湖）

平湖晚禾今岁既受螟灾，又遭亢旱，灾歉甚重，统计收获仅及去岁七成。而西乡大易区被灾更甚，飞蝗遍野，田禾尽槁，农民心血尽付东流，预计收获每亩平均不过五斗。现由财政厅钱塘道派委仲凤、刘缉熙到平，会同李知事下乡勘灾。

——1925年11月10日

沪轮复班行驶（地方通信·平湖）

平湖、上海日间交换班新闵南、湖江二轮，二十七日因沪上封船停班，现于九日起复班。

——1925年11月10日

续志奉舰炮击乍浦事

泰安舰着弹沉没

［嘉兴通信］渤海舰队袭击乍浦一事，详情已致本报。兹悉超武舰尤恐敌方或有隐留，乃出巡洋面一周。泰安舰因搁于沙涂，致机房着弹，遂致沉没。舰长陈祥发乃暂设司令部于海塘台州公所，并以两机炮安置于海神庙。平乍司令石铎闻讯后，即于当晚由平湖来乍布防一切。至省垣方面，刘参谋长、孟司令据告后，除连夜先派两舰赶往助防外，昨又抽派驻杭二师炮兵一连，携带七生的陆战炮两门，由杭专车送禾，搭船转运乍浦。现将两炮一置于葫芦城下，一置于靖安炮台口，均对准蔡岐。又昨晚嘉兴留守司令部接到省方电令，嘱雇民船十余艘，预备省防军队开往乍浦。另悉，石司令已电调驻绍陆军一师一团姚团长饬令一营一、二两连赴乍布防。现该两连兵士已于十三日午刻到嘉，雇定民船多艘开赴乍防。

［平湖通信］平湖乍浦自十日发生奉舰袭击炮舰后，人心惶惶，颇为震动。现已渐趋镇静，恢复原状。防务方面甚为严密。乍浦静安炮台新增七生的五陆战炮二门、第二师炮兵一排，陈山等海口要隘，由第一师一团一营三四两连分派驻守海口，派第一舰队超武、泰安、新宝顺等防守。每晚封锁海口，不准商船往来。平乍守备司令石铎、水警二区长方旭初均仍驻节乍浦。前此敌舰所开炮弹有一枚落在

西巷，二枚落在西来庵前，一枚在三里桥附近，均由警所收去保存。十二日开到之军队系一团一营二连，现驻平湖报本寺。又十二日司令部有机关炮二尊、陆战炮二尊、子弹二十箱运赴乍浦。

——1925年11月14日

军事要讯汇志（地方通信·平湖）

（一）十三日下午二时，有军队三百名、炮二尊由嘉兴分装五船，用小轮拖往乍浦增防。（二）十三日晚九时，戒严司令石铎由乍浦回平湖司令部。乍浦秩序已复，前次迁避平湖者均已回去。（三）乍浦陆地防务闻由方旭初维持，海面有第一舰队驻防。（四）邮政电报长途电话均检查甚严，夜间十二时后不准行人。（五）乍浦海现有超武、海静、新宝顺、应瑞、通济五舰驻防。

——1925年11月15日

水陆布防周密（地方通信·平湖）

昨日无军队开到。连日到者有陆军六连、炮兵一连，分驻平、乍，纪律甚好，地方颇为安静。乍浦海面设有谍报员二十名，驾驶鱼艇，随时梭巡。各舰晚间均放探海灯，光线甚远。

——1925年11月17日

知事迁调（地方通信·平湖）

平湖县知事李树慈调任吴兴，遗缺委新昌知事张鹏充任。张未到任前，委任用知事周铁英代理。周字菊生，曾任兰溪等县缺。

——1925年11月17日

乍浦沿海防务加严（地方通信·平湖）

平湖乍浦向为浙西门户，自奉舰在乍袭击后，省方甚为注意。现因渤海舰队又有装载奉军二千南下在吴淞白龙港等处扰乱消息，故乍浦沿海防务刻又加严。

海口共泊超武、海静、新宝顺三舰，并有应瑞、海筹、永续等在洋面游弋。该各舰旗号现由外海厅转令各舰知照，以免入口时发生误会。步兵六连、炮兵一连担任沿海防务，水警第二区各巡船除在金山卫、金丝娘桥、全公亭等要隘驻扎，以□消息外，余均在乍浦协助防务。全县警察则任地方守卫，以防宵小，并悉司令部派有暗探严查。奉探，所有外人均已禁止入境游览，以免发生误会。

——1925年11月18日

商会定期改选（地方通信·平湖）

平湖县商会现定十一月二十三日改选会董，再由各会董互选会长，业由该会书记处通告各商家，准期莅会选举矣。

——1925年11月20日

航轮停驶与改线（地方通信·平湖）

平湖大达轮船公司向走平嘉线之新济暂停，由该公司原定乍嘉线之大东轮代驶，大东原线由达利煤轮行驶。又乍浦汽轮暂停，改雇飞凤轮行驶矣。

——1925年11月20日

军事杂讯（地方通信·平湖）

平湖第六混成旅留守处消息，该旅军队将由前线调回苏州一带驻防。又第一舰队司令兼超武舰长李汉寂电省报告洋面安谧，戒备甚严云。

——1925年11月20日

防务仍甚完密（地方通信·平湖）

平乍守备司令石铎以目下战事虽渐结束，时局尚未大定，沿海防务未便松懈，致被敌乘。故仍饬各属严守汛地，以昭慎重。并闻全县各保卫团将提前举办冬防，以助军警。惟是否为有系统之组织，则未决定。

——1925年11月24日

新埭落乡盗劫(地方通信·平湖)

平湖新埭区落乡小曲湾地方周义和家昨晚被盗匪入内抢劫,业由事主报告县署,请求勘缉。

——1925年11月24日

新委县署职员(地方通信·平湖)

平湖代理知事周铁英现委罗士筠为承审,蒋维新书记;警察所长杨禄纯兼禁烟主任;吴大垣为验契主任,屈缉朋助理;张福林为房捐主任,周仰思助理;翁仰吾为会计主任;张剑西为庶务主任;又委胡耽史为政务科长,李庆任书记;张继善为财政科长,郭子祥、鲍午云为书记;陈学麟为教育科长兼实业科长,程汉翌为教育书记;徐清帆为实业书记。已分别发给委状,着即就职矣。

——1925年11月26日

商会改选近闻(地方通信·平湖)

平湖县商会本届已照章改选所有会董,二十四人均已产生,计徐眉轩、高晓兰、程莲伯、计宾文、陆公我、俞鸿声、沈沛然、沈宾来、方锡章(璋)、罗良才、王绍裘、钟复斋、陆镜心、孙慎卿、张梅波、李子厚、徐子华、李朋友、曹竞存、沈志刚、张哲夫、孙宾云、戈兵夫、张少卿等人,闻日内更须由各会董互选会长。

——1925年11月26日

水警获盗纪闻(地方通信·平湖)

平湖戒严司令部于二十五日午刻准水警署获解盗匪四名,已交军法科讯问。

——1925年11月26日

平湖陆绒三启事

余幼子松孙，名昌焘，不务正业，在外专事游荡。渠名下产业挥霍已尽，为登申、新两报声明，请诸亲友等注意。倘松孙在外有借贷等事，由伊自理，余概不承认。此启。

——1925年11月30日

商会改选会长（地方通信·平湖）

平湖县商会改选会董、会长一节已志上月。本报嗣因本届所选会董又新旧分别，致二派竞争会长，未能投票，遂行延搁。现经超然派调解，已定于本月十三日投票。

——1925年12月12日

二机关迁回原址（地方通信·平湖）

平湖县商会向设景贤堂，县教育局向设学内。后被第六混成旅借用，商会遂迁自治办公处，教育局迁入县西朱宅。现该旅移驻镇江一带，所有房屋亦均让出，二机关亦将雇匠略事修葺，迁回原址。

——1925年12月12日

商会长已产出（地方通信·平湖）

平湖县商会今日（十三）上午选出会长，结果方锡璋当选正会长，王绍裘副之。

——1925年12月14日

冒警案近闻（地方通信·平湖）

平湖牙前夏莱［兰］仙私集党会，冒警封船，强奸女子，经司令部捕获究讯在案。现闻夏供有同党一名在全亭开设米铺，名左佬五。当行饬警前往拿获讯究。

——1925年12月14日

浙闽苏皖赣联军海军第一舰队司令李公汉宸之战胜德政纪念

平湖县及乍浦前因十一月十号奉方派来镇海、威海等敌舰四艘，内载一混成旅，拟袭乍浦，扰乱浙西。幸赖舰队司令李公绍峰率舰猛战数时，将镇海敌舰烟筒盘坏，并击伤威海舰战士数十余人。敌势不支，始率舰逃避。乍浦、平湖等处绅商以及地方人民幸赖李司令战胜，尚免浙西地方人民涂炭，无恩可报，特赠旗匾颂扬德政，以志永远纪念。一大匾文曰“东南屏蔽”，上款书绍峰舰队司令战绩。又门旗一对，文曰“当湖保障”，上款亦书绍峰舰队司令战绩。又长匾对一幅，上联文曰“击楫尚余豪士气”，下联曰：“冲波足摄敌军心”，上款书绍峰舰队司令战胜纪念。又胜字大旗一方，上款亦写“绍峰舰队司令战胜德政　平乍士绅葛嗣溁、葛昌枢、计兆麟、张福同、张之善、薛振基、薛振网、张福厚、葛嗣洛、陆文焕、戚声宏、陆希绩并平湖钱业公所平湖士绅敬志”。

——1925年12月17日

知事莅平消息（地方通信·平湖）

平湖县知事张鹏前因新昌署缺未曾交代，由省委周铁英代理在案。张知事现已交代完毕，不日来平，约于阳历元旦即须接事，其一部份人员刻已到平。

——1925年12月27日

朱团长赴乍浦（地方通信·平湖）

［乍浦电话］第一旅第一团朱团长于二十五日莅乍视察防务，下午即离乍浦。

——1925年12月27日

平湖袜伙之加薪运动

平湖袜业伙友每月薪资均在十元以下。现该业伙友因不敷开支甚巨，以提出加薪要求。未识厂主能许可否也。

——1925年12月30日

1926年

县署职员之增加(地方通信·平湖)

平湖县公署职员现经新知事张鹏分别委任如下:(司法)承审郑景侨,文牍杨仲清,书记录事黄中等四人。(第一科)张鼎勋,助理徐棨端、于任士、郑言然,书记张世□等四人。(第二科)范湖,助理张继善、张雨耕、郑庆寰、王启勋,书记周望湖等三名。(第三科)陈学麟,助理孙鸿钧,书记程汉翼。(第四科)俞鉴涵,助理俞峻明,书记程汉翼,验契吴大垣等,房捐张福林等,收发张心煜等,会计黄应河等。禁烟张鼎勋等。较前增加一倍。

——1926年1月3日

盗案饬限严缉(地方通信·平湖)

平湖县知事张鹏据北扶行坊保卫团总陶星甫报被盗劫,即行会同水警队长谢祖康、警厅长杨禄纯莅乡查勘,并行谕饬水陆警严缉外,限该区保卫团总会同坊役于一星期内务须查获。

——1926年1月6日

浙军调驻乍浦(地方通信·平湖)

浙军第一师一团一营向驻杭州,现奉陈师长令,调驻乍浦。昨日该营一部及第一连官兵约一百九十余人过平赴乍。

——1926年1月7日

匪犯执行枪决(地方通信·平湖)

平湖衙前人夏兰仙,迭有不法行为。近复冒警封船索诈,并强奸贩珠宝船内十八岁女子,及纠党持械行劫等不法情事,经探报告平乍司令部,当饬内河水警会同司令部士兵前往衖前查拿。夏兰仙复放枪拒捕，经军警奋勇，始将夏兰仙及同党王兰玉、周阿大等擒获，及枪械、匪船等解送司令部研讯明确，并经被害人张文华、周祥生证实，除王兰玉、周阿大二名情轻另判外，夏兰仙依盗匪法第四条第一项判处死刑，于五日下午二时半在南门外刑场枪决，以申法纪。

——1926年1月7日

乍防要讯（地方通信·平湖）

乍浦沿海防地长及三十余里。前由第二区拨水巡船六十艘分驻各口，嗣回内地冬防，已陆续遣回若干。兹有第七队水警巡船于七日开回原防，现留守乍防者仅十七艘，已经石司令电请省长暂缓调回原防。又乍浦现驻陆军三连，均系浙军一师一团第一营步兵，故该营营部已由杭移设乍浦。

——1926年1月9日

口角酿成命案（地方通信·平湖）

平湖韩庙乡贾佬四十五日晚与时大官争吵口角，旋与佣工冯阿寿以刀将时戳伤腹部，旋即毙命。业由该处将贾、冯两人解送县署讯办。

——1926年1月17日

水警获盗解禾（地方通信·平湖）

平湖水警署前派分队长解到盗犯陈乐吾等四名，讯明犯案地点系在嘉兴，当经备文移送嘉兴县署究办。

——1926年1月17日

贾伯明案庭讯纪（地方通信·平湖）

平湖韩家庙贾伯明（即佬四）于十五日戳伤徐小悌（即时小大）一案，十六日下午县公署闻庭讯问。贾伯明供，原籍海宁，现住本县韩家庙，小悌之妹新宝，是伊螟蛉女。是晚小悌与沈阿八、冯阿悌三人至伊家中争吵，旋以刀自行戳伤，我佣工冯阿寿将刀夺去，致手上亦伤。伊妹及母徐冯氏（与贾姘识），均亲看见。又讯徐冯氏，所供亦同。问官判将贾伯明钉镣收押。按贾伯明与徐小悌因赎田纠葛，日前曾装伤诬控小悌殴打不遂，因于是晚诱小悌至家，希图戳毙。后被邻人觉察报告，保卫团前往，将贾获住送县。小悌计伤小腹二刀、腿部一刀，势甚危险。经县验明后，已送往茅拔医院医治。

——1926 年 1 月 18 日

贴用印花依照夏历（地方通信·平湖）

平湖县商会以本县商家贴用印花，每沿阴历计算。例如，簿册折子每年应贴二分，则甲子、乙丑衔接者，只贴四分，不以阳历计算。现因省派检查印花委员行将到平，特将此项习惯面呈县知事查照，另行通函各商家依照办理，免遭处罚。

——1926 年 1 月 20 日

乍浦电灯放光（地方通信·平湖）

乍浦电灯厂现已将南门外南北河滩等处电灯先行放光，以便商家。所有北城、西城一带因装置不及，须迟至明春。

——1926 年 1 月 22 日

业余社将赴平湖筹款

海宁路南林里业余剧社创立迄今，成绩卓著，服务社会不遗余力。明春拟推广教育，于闸北办立义务学校。前日由该社职员议决于明年正月初一至初五赴平湖演剧筹款，兹已推定筹备员茅乐民君、奚明史君为正、副主任，王剑蝶、王贯三为剧务主任。近日已排练新剧，筹备一切，颇形忙碌云。

——1926 年 1 月 23 日

警所组织评讲所（地方通信·平湖）

平湖县警察所组织人事评讲所现已成立，定二月一日开幕。宗旨在排解人事,使人民免诉讼之累。故受理事件以未经涉讼为限,用口述,不用书面。

——1926年1月25日

知事因公下乡(地方通信·平湖)

平湖县知事张鹏连日至新埭、乍浦一带考察民情,拜谒士绅,乘便申述省方催赋之急,劝令各业户及早输赋,俾便报解。

——1926年1月25日

平沪轮局将开早班

本埠南市平湖轮局平沪快轮规定每日上午七时自平来沪,下午一时自沪回平。开驶以来,旅客称便。兹闻该局以上午由沪开平之船尚付缺如,已向合兴厂续订快轮二艘,专备搭客拖货之用,并拟暂租快轮一艘,先行试航,以便行旅。

——1926年1月26日

刀伤案邻人代诉(地方通信·平湖)

平湖韩家庄贾伯明刀伤徐小大观一案,由徐叔桂昌具诉请究。经县将贾伯明讯明发押在案。兹有贾伯明邻人多名投案,代为声诉,谓徐小大观与孙(沈)八佬进门吹灭洋灯,自己戳伤图诈,颇类贾伯明初审所供。

——1926年1月28日

法警搜查枪械(地方通信·平湖)

平湖县公署昨饬法警至黄姑塘保卫团总队内搜查枪械,无获而返。闻此事系苏省当局据左老五供有枪械三支存在该团总之子杨士昌家,电知浙江督办。由督署密告县知事查抄。

——1926年1月28日

第二区正式解严（地方通信·平湖）

浙江平湖乍浦前经孙总司令划为戒严第二区，委第一旅旅长石铎为戒严司令官。现浙江卢总司令以军事已行结束，应即解严，以定人心，特于马日电请孙联帅核准，分令各区解严。第二区石司令奉令后，已定一月三十一日宣布解严。除将结束情形具报外，并行布告阖邑人民知悉。

——1926 年 2 月 1 日

陆军他调再志（地方通信·平湖）

平湖乍浦驻军他调一节，曾志昨报。兹悉第一旅旅长石铎于二十七日晚奉令调徐，即行告知乍浦驻军，当由一营营长率领驻乍步兵三连于二十九日开平同往。石旅长则于二十八日进省，今日（三十日）回平，约于一日开拔。此间公团已定三十一日饯行。绅商各界因石旅军纪严明，保护地方有力，特制旗匾赠送，藉志德政。

——1926 年 2 月 1 日

抵补金地丁之加罚（地方通信·平湖）

平湖十四年度抵补金地丁加罚日期，迭经展缓。现已决定于二月一日起同时加罚，计地丁一两加罚七分五厘，抵补金加罚一角五分。

——1926 年 2 月 1 日

捣毁警所案犯捕获（地方通信·平湖）

平湖全公亭警察所前被该处沿海沙地居民因租田纠葛纠众捣毁等情，曾志本报。兹有省派侦探到平协同陆警到乡缉捕，将要犯柯四和尚一名捕获解平，于一日午刻解赴杭州究办。

——1926 年 2 月 3 日

平乍航轮近讯(地方通信·平湖)

平湖乍浦之乍嘉、大达二汽轮竞争营业等情,曾志前报。兹悉已经人和解,更改开行时刻。乍嘉轮每日上午四时开平,接转回沪轮。大达轮每日六时开平,接闵南沪轮,俾免竞争。

——1926年2月3日

盗案破获三起(地方通信·平湖)

平湖县警察所据新仓区警佐面称,新仓区张保荣、顾兆麟,牙前区周和尚等盗案,盗犯兹由江苏水警第一区部下驻闵行水警捕获戴、吴等四名,拟请县署备文,请予提解来平讯办。

——1926年2月7日

乍浦防务近讯(地方通信·平湖)

平湖乍浦海口前由第一师派兵驻守,兹该项驻军已调赴徐州,另派卢部一营到乍驻守。在卢部未到以前,暂由水、陆警维持。

——1926年2月7日

新正交通消息(地方通信·平湖)

平湖与各端口航轮、航船均于去腊停驶。现闻嘉兴航船于旧历新正初三日复班,上海航线于初四复班,新埭、新仓等处航船则于初四、五日复班。

——1926年2月16日

乙丑商业概况(地方通信·平湖)

平湖乙丑年各商家营业,米、钱二业最优,各家获利不少。袜厂为本邑实业中坚,去岁销路畅旺,获利尤丰。绸业、南货、烟纸各业生意平平,盈亏不一。今岁除某等三数家已有停业消息外，其余均维现状。

——1926年2月16日

县会开会（地方通信·平湖）

平湖县议会现定三月一日即夏历正月十七日起聚行临时会，集议要案。

——1926年2月18日

盗匪解究（地方通信·平湖）

平湖县新仓区顾兆麟、衙前区周和尚等家连遭盗劫，由县知事莅勘明确，分行水、陆警一体严缉在案。嗣据新仓警佐沈爽阶报告，该案盗犯四名现由江苏水警驻闵行队部捕获，请予提解。现已提解来平讯办。

——1926年2月18日

警所严禁赌博（地方通信·平湖）

平湖县警所长杨仿时因旧历新年本县赌风特甚，特行出示申禁外，并饬各所巡长严行查禁，故连日时有赌案破获。昨晚（十九）七点钟，巡长查悉北门吴姓栈房有人开设赌场，在内押宝，输赢甚巨，特往捕捉头家。赌徒闻警逃逸，仅获赌徒七人，带所各判三元释放。

——1926年2月21日

知事传课讲舍（地方通信·平湖）

平湖县知事张鹏现定传课尊古讲舍，定正月二十三日命题开课，二月三日交卷。

——1926年2月21日

议会准期召集（地方通信·平湖）

平湖县知事张鹏昨日函知县议会议长葛昌枢称，据县议员奚翔等八人请求召集十五年份第一次临时会，并定三月一日为开始日期，合行函知等情，葛议长据函后，即于今日（二十）函约各议员届时出席。

——1926年2月22日

新埭河进行疏浚（地方通信·平湖）

平湖新埭区河道年久失浚，甚为淤塞。现经该区自治委员发起疏浚，其西段已于十九日动工。闻其经费由该区田亩带征。

——1926年2月22日

知事召集士绅会议（地方通信·平湖）

平湖县知事张鹏，现定二月二十八日召集地方士绅集议：（一）创办县立初中，（二）恢复贫民习艺所，（三）组织除螟会，（四）创办缫丝厂改良土丝。

——1926年2月25日

改良土丝（地方通信·平湖）

平湖县知事张鹏以蚕丝为本县大宗出产，改良土丝关系于地方生产、国家税源，出入甚大。故于二十八日下午召集士绅会议，拟依据《浙省新订试办改良土丝办法》，设立较好之缫丝厂，从事改良，以利营销。

——1926年3月1日

县公署会议记（地方通信·平湖）

平湖县知事张鹏于二月二十八日下午二时邀集地方士绅二十四人在县参事会集议要案，议决各案如后：（一）初级中学案公决创办，由县知事筹备，开办费向殷户募捐，常年费并在习艺所（已停办）经费项下拨四千元。（二）创办教养局公决举办，以习艺所剩余经费（约一千余元）为常年费。（三）组织除螟会，公推薛鹤筹、张佩仁、徐眉轩为会长，经费由省税每年递□之款充之。

——1926年3月2日

场知事莅任接事(地方通信·平湖)

平湖芦沥盐场知事由两浙盐运使令委陈哲庵(吴兴人)充任,于昨日到平,前往接事。

——1926年3月3日

县议会开会纪事(地方通信·平湖)

平湖县议会准县知事召集十五年度第一次临时会于三月一日开会,嗣因乡镇议员未曾到齐,改开谈话会。

——1926年3月3日

灌银加罚(地方通信·平湖)

平湖县知事牌示三月一日起,十五年上、下忙地丁每两加罚一角八分,抵补金每石加罚金三角四分。

——1926年3月3日

各省邮购国货机织袜之快捷方式

本厂开设浙江平湖县,迄今已有十余载。自行监织丝光纱线男女大小各袜,原料悉拣上材,定价务从克己,是以经营以来,黄河、长江、珠江流域各省,早已批购接踵,交相称誉。惟国内偏僻,每苦无从购买,繁盛都会又感转辗需时。敝厂因于上海民国路紫来街口开设驻沪发行所,俾便就近客号直接交易外,复于去岁在平湖总厂特设通信邮办处,专营零购及定织大批事宜。庶几偏僻区域,免抱向隅;繁盛都会,消除周折。值此各省时局未宁,交通时生阻梗,邮办尤为妥速尽善。倘蒙海内各宝号有意推销国货袜子者,欲知邮办,细章函索,立即寄奉。浙江平湖县日新昌织袜工厂邮办部谨启。

——1926年3月10日

追念中山会情形(地方通信·平湖)

平湖国民党于本月十二日下午一时在公园举行孙中山逝世周年纪念会。是日,天雨迷迷,阴云惨淡,一若助人之追思者。

——1926年3月14日

营底运宁消息(地方通信·平湖)

驻嘉兴第二师某营营底将运宁波,昨由该营派周副官赴乍浦接洽。

——1926年3月14日

筹办平粜续闻(地方通信·平湖)

平湖米商与县议会因米价奇昂发起筹办平粜等情,曾志昨报。兹闻米商方面依各家营业范围之大小,分别派定甲等一百八十石、乙等一百六十石、丙等一百三十五石。派定方锡璋为米粮采办员。又县议会奚翔之提案业经二读通过,省略三读,由书记处备文送县察核。并闻参事会方面对于举办平粜极表赞同。

——1926年3月18日

县会为民请命要电(地方通信·平湖)

平湖县议会昨电钱塘道尹,略称平湖米价飞涨,石米已至十三元,民不堪命,险象环生。属会为防止事端起见,业已提案议决,计分严查漏海、出示平价、筹办平粜三种,除函参事会外,另行录案呈报,万乞迅予核准,饬准饬由县公署及参事会分别照案执行,以苏民困。又致□省长电,末加□议决案内严查漏海一节,并乞令饬杭关盐□转饬乍浦、全公各分关,一体查禁,余同前电,不全录。

——1926年3月21日

贾伯明提出上诉(地方通信·平湖)

平湖贾伯明刀伤徐小大观一案,由县判处徒刑一年。贾因不服,现已提出上诉。

——1926 年 3 月 21 日

救火会演剧筹款[1926 年](地方通信·平湖)[1]

平湖救火联合会现因经费支绌,经该会职员议决,于阴历三月十三日雇班排演京戏十四昼夜。所售券资,除开支外,悉充该会经费。又闻演剧后,军事招待处因缺款项一千余元,或将续演数日筹补。

——1926 年 3 月 22 日

通常会之召集(地方通信·平湖)

平湖县议会昨准县知事张函称,查县《自治法》第二十五条一项载:通常会每年一次,由县知事召集;二项载:通常之召集须于开会期十五日以前发布之。第二十六条载:通常会于每年四月一日开会等语。现在十五年度通常会期将届,除分别通知各议员,并函知参事会外,相应专函通知贵会等语。县议会据函后,已赶速咨照各议员准期出席。

——1926 年 3 月 22 日

新钱庄组织就绪(地方通信·平湖)

本邑巨商方锡章(璋)、葛继侨、陆冠群等为调济市面起见,特集资本五万元,组织康大钱庄,聘汤勤伯为经理。汤君在嘉兴、嘉善等处钱业历充要职,对于金融事业极有研究。将来营业发达,可操左券。一俟布置完备,即可开幕。

——1926 年 4 月 12 日

1 标题经编者调整。

京同乡复电已到(地方通信·平湖)

平湖县议会前在临时会期内议决救济米价陡涨办法三种,分电旅外各同乡会请求赞助。昨已接得旅京同乡会之复电,略谓所拟严禁漏海、出示平价、开办平粜等三种办法,洵属救急良图,不容或缓。除照电省长、道尹、县知事、参事会外,用特电复,即希查照。

——1926年4月12日

同兴内屋失慎被焚(地方通信·平湖)

三条桥头同兴纸号内屋于今日(十二日)上午九时三十分忽不戒于火。各龙会闻惊,驰往灌救。火势燎原,已难灌救,顿时沿烧邻居戈佐才家住屋。幸各救火人员奋勇出力,始得扑灭。计烧去住屋八九间。其起火原因,闻系俞姓小婢失火肇成,损失未详。

——1926年4月13日

空讲买卖宣告无效(地方通信·平湖)

平湖县公署准沈绅树桐函称,本邑东乡一带民风好赌,时有盘剥重利之徒,乘机混入,以不正当之手段,借放金钱,逼令乡民廉价署成货券。俟田中生产时,将货交清。如有欠缺,概照市价偿还。此种诈欺取财之方法,俗名"空讲"。乡民之受其愚者,小则欠赋抗租,大则倾家荡产。为害之巨,莫此为甚。应请出示严禁,以除恶习。县知事张鹏阅后,深表同情,已于昨日出示谕禁,所有空讲买卖,依法宣告无效。

——1926年4月13日

县议会开会记[1926年4月14日](地方通信·平湖)[1]

平湖县议会于昨日(十二)下午一时开议,出席议员共八人,由葛议长主席,

1 标题经编者调整。

宣读议事日程:(一)本会推举定期检查员案;(二)抵补金项下带征除螟经费案;(三)地丁项下带征平粜经费案。读毕开议,公决变更议事日程。先议第二案,系参事会交议,由参事胡昌圻出席说明提案理由。略加讨论,即付表决,初读通过,付审查。次议第三案,仍由胡参事说明,交议原委公决。初读通过,并入第二案。审查时已钟鸣五下矣,乃散会。

——1926年4月14日

县议会开会记[1926年4月17日](地方通信·平湖)[1]

平湖县议会于昨日(十五)下午一时开会,出席议员朱立、朱明、奚翔、葛昌枢、倪玉、任昉、鲁鸿序、陆惟鉴等八人,议长葛昌枢主席宣读议事日程:(一)本会推举定期检查员案;(二)鲁议员鸿序提议征收田面据规费充作各区小学经费案。公决变更议事日程,先议第二案。由提案人说明旨趣毕,略为讨论,即付表决。初读通过,并入朱议员明所提之规定田面契据式样以杜争执案,审查后,共同报告,至四时散会。

——1926年4月17日

新庙坊之盗案(地方通信·平湖)

新庙坊富农何阿美家于十三日晚被盗抢劫,损失约五百元之数。翌日,即报告新仓警所前往履勘。今日复开具失单,状请县署查缉法办。

——1926年4月17日

公民电控知事(杭州快讯·平湖)

平湖县公民陈幼山电控张知事庇护警所长杨禄纯挟嫌擅捕,请饬查究。卢总局令已派员沈文杰驰往彻查。

——1926年4月25日

1 标题经编者调整。

警佐他调公电挽留(地方通信·平湖)

新仓兼衙前警察分所警佐沈爽阶莅任多年,舆论颇佳。近有调往乍浦之说,地方士绅均去电警务处挽留。不识能否邀准。

——1926年4月26日

救火会演剧筹款续志(地方通信·平湖)

昨日(二十五)为救火联合会演剧筹款之第二日,共售票洋三百七十元左右,赍座仍未兴旺。今晚又有名伶筱福楼等自南京赶到,登台显技,卖座必见增多。又该会敦请之春雪庐票友不日来平客串。该□诸票友素负盛名,行头又□,预料卖座必佳。特志之,为有周郎癖者告也。

——1926年4月27日

公冶坊铁锅厂失慎(地方通信·平湖)

湖东同益公冶坊铁锅厂于昨午失慎,火势颇炽。各义龙因大湖阻隔,不能立即前往灌救。幸该厂各工匠均奋勇异常,将火路拆断,左右邻居始免延烧,亦云幸矣。

——1926年5月1日

县议会延会志闻(地方通信·平湖)

昨日(二十九)午后一时,县议会循例开会。签到议员六人,与法定人数尚差一人。候至二时,仍未足数,不能开议。遂由议长宣告延会而散。

——1926年5月1日

水利会长察勘河道(地方通信·平湖)

平乍河道年久淤塞,自经乍绅徐清扬等向浙西水利议事会请愿开浚,已经开会通过。现已着手测量，一切工程计划尚未确定。会长蒋玉林、副会长陈邦彦特于前日（二十九）莅乍，亲自察勘，以便回杭后拟定预算，定期开浚。

——1926年5月2日

县议会通常会续志（地方通信·平湖）

平湖县议会于昨日（三十日）下午一时续开常会，出席议员朱明、倪玉、鲁鸿序、奚翔、陆允中、朱立、葛昌枢等七人。首由议长将陆议员邦光请假书当众宣读，公决准予给假。次即宣读议事日程：（一）本会推举定期检查员案（延前会）；（二）朱议员明等提议发行田面契纸并征收规费办法案（三读）；（三）朱议员明提议取缔田面旧主契纸办法案（初读）。结果第一案缓议，二、三两案均通过。第三案交审查，由议长指定鲁鸿序、倪玉、朱立等三人为审查员而散。

——1926年5月2日

县议会开便续志（地方通信·平湖）

平湖县议会定于一日下午一时开通常会，出席议员八人。议长葛昌枢主席，宣读议事日程：（一）本会推举定期检查员案（延前会）。（二）地丁带征平粜经费案（审查报告）。（三）银漕带收治螟经费案（审查报告）。公决变更议事日程，先议第二、第三两案，请审查员合并报告。当由审查员将审查经过详细报告，即开二读会。一致通过，再付三读。至此，已过法定时间，遂散会。

——1926年5月3日

演剧筹款之继起［1926年5月3日］（地方通信·平湖）[1]

救火联合会演剧筹款等情，会迭志本报，兹悉救火互助团亦于昨日午后开会，议决仿照联合会办法，□定出记大舞台及民醒新剧社，于阴历本月二十八日起日夜开演京剧新剧，地点仍借公众运动场。临时剧场现方赶紧筹备，颇为忙碌。

——1926年5月3日

1　标题经编者调整。

县议会审查会纪闻(地方通信·平湖)

平湖县议会于七日午后一时许续开常会,出席议员朱明、葛昌枢、奚翔、鲁鸿序、吴娱真、陆邦光等六人,与法定人数尚差一人,乃改开审查会。将县参事交议之预算案详细审查,至四时散会。

——1926年5月5日

祖墓被掘 呈请查缉(地方通信·平湖)

县警所长杨禄纯昨据李克家等呈称,曾祖石渠公葬于外永凝坊墓字圩地方。日前,前往扫墓,见已掘毁。附近另一古墓规模宏大,亦被掘毁过半。闻系马某所为,请即饬警查办以安骸骨。杨所长据呈后,已令稽查警密查正凶,务获究办。

——1926年5月5日

预备警察斥革遣散(地方通信·平湖)

乍浦预备警察超过正额,平日毫无饷银收入,只靠陋规维持,以致声名狼藉,无恶不作。新警佐沈垲莅任伊始,为整顿警务起见,将若辈一律斥革遣散,勒令出境回籍,不准逗留生事。已于昨日(五日)手谕知照矣。

——1926年5月5日

县议会通常会纪闻(地方通信·平湖)

平湖县议会于四日下午一时开通常会,出席议员朱明等九人。议长葛昌枢主席,宣读议事日程毕,公决变更议程,将县参事会交议之抵补项下带征除螟经费案及地丁项下带征平粜经费案先行开议,略加讨论,即开三读会,付表决,一致通过。至此已过法定时间,其他案件不及付议,即散会。

——1926年5月6日

凝泰欠款案已判决(地方通信·平湖)

桑园弄口凝泰烛号在乙丑年间结欠德慎庄期款洋一千八百余元,延不偿还。经该庄状诉县署,将保人黄彦清之房屋发封备抵。兹悉是案已辩论终结,业经县公署用书面判决,责令保人偿还。而黄姓方面以所保限定甲子年往来款项,保信上写明无误,今德慎所诉,乃乙丑年之期款,不能代为偿还。故已声明不服,提出上诉矣。

——1926年5月6日

杨警所长又被电控(地方通信·平湖)

县警所长杨禄纯前被陈幼山在总司令部控告县署,将陈幼山拘案发押。后经道委莅平调查开释,始得无形消灭。现闻又被施福棠等在省长公署、警务处控诉,谓其庇赌护烟、纵警私收陋规,请派员查办,余情函详云云。不识如何批示。

——1926年5月8日

分区自治又起波折(地方通信·平湖)

平湖大易、吉联、徐埭各区,自经县参事会议决分设自治委员,不再兼并他区后,业由县知事分别委任在案。无如因大易区士绅群起反对,呈请省长撤销县令,仍照旧章。而省长公署以该县分设自治委员未据呈报,无案可稽,故特训令平湖县知事据实呈明,以凭核夺。

——1926年5月8日

平湖袜业公所启事

启者:近月来,丝光线价突然飞涨,与岁初相较,几加二成有强。而吾业对于客家交易,彼此均为久交。故各袜价格,丝毫未加。此中抱耗,谅在洞鉴。兹经同行议决,自即日起,纱线各袜售价照旧盘略加一分钿,以期稍全血本而免亏耗。幸各宝号、各客家鉴原焉。平湖袜业公所启。

——1926年5月8日

各学校纪念国耻(地方通信·平湖)

今日为五九纪念。全县各学校除放假一天外,并结队游行,以冀唤醒同胞,惟并不举行演讲。

——1926年5月10日

演剧筹款之继起[1926年5月10日](地方通信·平湖)[1]

救火联合会演剧筹款十五天,成绩颇佳,已于昨日(八日)竣事。今日起,改由互助救火团继续开演京剧三天、文明戏十天。惟天不做美,细雨绵绵,故卖座成绩尚难预测。

——1926年5月10日

武仲英居士莅平(地方通信·平湖)

杭州武仲英居士为嘉兴金光明法会事,已于前日(七日)莅平,当即晋谒张知事,出示嘉兴知事兼法会主任徐庆彪之公函及捐簿,请广为劝募。并至监狱宣传佛法,由署长方次山招待。一般罪犯,颇能悔悟。

——1926年5月10日

茧业公会定期开会(地方通信·平湖)

平湖茧业公会以本邑蚕汛不日上山,各厂家亟须开秤收茧,惟开秤日期及其他事项须公同议决。闻已定于十七日(阴历本月初六),邀集全邑茧商及茧捐局长到会集议矣。

——1926年5月10日

1 标题经编者调整。

互助团演剧之第一日（地方通信·平湖）

昨日（九日）为平湖互助救火团剧筹款之第一日，因天气欠佳，故座位未满。日戏只售票洋七十元，夜戏共售票洋三百余元。今、明两日仍演京剧，后日（十二）起改演文明戏。业已聘定竞进新剧社诸艺员来平扮演，预料卖座成绩必能较胜，因邑人喜观新剧故也。

——1926年5月11日

平湖教育局开董事会（教育消息·要闻）

平湖县教育局董事会，审核十五年度县教育机关预算案及整顿教育款项等问题，于昨日（十日）下午开会，本届□□小学教员加薪运动发生，对于各区补助费，骤为增多，而一切收入仍属有限。如演剧筹款等方法虽经列入预算，毫无把握可言，故收支颇难适合。各□□审核之后，甚为棘手，只有从长计议而已。又俞董事允言提出之审查区立学校经费收支案，一致通过，公决□调查县立教育机关经费时合并举行。

——1926年5月12日

木商会馆加入总商会新代表

本埠木商会馆函复上海总商会云：接准大函承询，今岁入会代表履历用特录奉如下：马明善，字骥良，浙江平湖县人，年四十九岁，南市聚丰木行。即希查照入册，给予证书，以资信守云云。

——1926年5月13日

医药会发起追悼会（地方通信·平湖）

平湖医药会以已故前会长戈菊庄，两任会长，综理会务，劳怨不辞，对于施医施药尤肯热心筹办，慷慨捐资。追念前徽，应表哀悼。故已定于阴历本月初九日下午一时开追悼大会，业已分发传单通告各界矣。

——1926年5月15日

县议会常会纪(地方通信·平湖)

平湖县议会于十七日午后一时开常会,出席议员七人。议长主席,宣读议事日程毕,公决变更议程。先议朱议员明提议之取缔田面契纸办法案,由审查员报告审查经过,付表决,三读通过。次议任议员肪[昉]辞职案,佥以任议员辞意坚决,已将证书徽章缴还,势难挽留,公决准予辞职。最后,将县参事会交议之十五年度预算案开一读会。审查员报告方毕,已过法定时间,不及表决,即宣告延会。

——1926年5月19日

县议会开会纪略(地方通信·平湖)

平湖县议会于昨日(十八)下午一时开会,出席议员朱明、葛昌枢、王缵绪、陆邦光、陆允中、倪玉、奚翔、鲁鸿序等八人。议长葛昌枢宣读议事日程:(一)本会推举定期检查员案(延前会)。(二)县参事会交议十五年度预算案(二读)。公决变更议程,先议第二案。由审查员报告毕,即开二读会,付表决,一致通过。至此,已逾法定期间。第一案不及付议,即宣告散会。

——1926年5月20日

县议会常会纪闻(地方通信·平湖)

平湖县议会于昨日(二十二)下午续开常会,出席议员朱明、鲁鸿序、葛昌枢、奚翔、陆惟鉴、陆允中、王缵绪等七人,议长葛昌枢宣读议事日程:(一)鲁议员鸿序提议限期续修县志案(审查报告);(二)奚议员翔提议拟拆东北城门案。读毕开议,第一案由审查员报告审查经过,略谓:续修县志确已脱稿,现存旅京邑人金钺荪处,尚未付梓。此案应否成立,请从长讨论。遂付表决,多数主张撤销原案。次议第二案,由提案人说明旨趣后,公决付审查。遂由葛议长指定鲁鸿序、王缵绪、陆惟鉴等三人为审查员而散。

——1926年5月24日

茧厂开秤之第四日（地方通信·平湖）

昨日（二十四）为本邑近城各茧厂开秤之第四日，各乡蚕户之船运肩担而来售者尤甚于前三日，故各厂之挑剔手段亦较前更甚。兹将各厂所收担数及扯盘探志如下：利源收二百五十担，每担扯盘六十四元。昌纶二百六十担，扯盘六十四元。金昶三百担，每担六十四元。西昌大三百四十担，扯盘六十五元。东昌大未悉。

——1926 年 5 月 26 日

开辟东北门将成事实（地方通信·平湖）

平湖东城河滩一带，近年市面兴盛，工厂林立，居民栉比。惟地处东门、北门之中，又有城河阻隔，来往均须远兜，行人颇感不便。且为东北角小镇福臻寺、杜堰桥、六面锦桥等处乡人进城必经之路，故开辟新东北门之说喧传已久，迄未实行。今春朱氏私立中学又在该处大兴土木，现将工竣，暑后开校。为便利本城学生出入之故，尤觉添辟新城门之必要。兹闻县议员奚翔等有见于此，特提出开辟新东北门议案于县议会，业于昨日（二十七）二读通过，省略三读，将咨请参事会照案执行。其开辟地点闻在城内仙姑庵后，直对杨家弄城外，将架大桥直达东城河滩。便利交通，诚非浅鲜。

——1926 年 5 月 29 日

检查县自治经费（地方通信·平湖）

平湖县议会因实查十五年度预算案，对于县自治经费尚欠明悉，特派检查员陆邦光、奚翔、鲁鸿序、朱明等四人，于前、昨两日上午九时起至县参事会检查县自治经费。当由主干参事招待，将案卷取出，交检查员检查，至十一时始毕。昨日（二十八）午后，开会签到，议员朱明、陆邦光、陆允中、葛昌枢、奚翔等五人，不足法定人数，宣告延会。

——1926 年 5 月 31 日

诞灯讯之盛况(地方通信·平湖)

今日(阴历四月十八日)为汉大将军霍光诞日,俗称“大王生日”。相传将军在明代显圣,御倭寇有功。沿海一带居民咸蒙庇佑,故每逢诞日,必挂灯结彩三天,以表纪念。今年灯兴更浓,自大街汉水桥起至城外横街、后街、庙街,直达大王庙,各商铺均异常起劲,挂得五光十色,灿烂夺目。各绸缎局复在上海定扎活动彩戏,争奇斗异,极尽繁华。计有八十余出,如《狸猫换太子》等类,均能活动,观者人山人海,颇有万人空巷之象。松江、闵行、盛泽、苏州等处之来平观灯者尤多,故一般酒食店莫不利市三倍。

——1926年5月31日

县议会谈话会纪(地方通信·平湖)

平湖县议会本届常会算止今日(三十)已经期满,而连日因到会议员不足法定人数,一再延会,尚有十三年度决算案等要案多件因县参事会交到过迟不及付议。应否依期闭会,亟须讨论。昨日(二十九)下午一时,特开谈话会解决,佥以通常会既经期满,决定依法闭会,所有未决案件,俟召集临时会时再行付议。至此散会。

——1926年5月31日

保卫团冲突再志(地方通信·平湖)

平湖东西城两保卫团因在灯场上维持秩序,发生冲突。东城内团员陈伯庚身受重伤,西城外团员将枪械子弹丢在东城内团部,声言不管。闹得满城风雨,人心惶惶。兹悉此案奉幸经商会长方锡章(璋)从中调停,而东城内团总汤元伯与西城外团董王绍裘、团总方茹人均明白事理,咸愿和平解决。各自劝谕团员,解释误会,由县警所长杨禄纯将行凶肇事之非团员朱阿炳拘案严办,枪械由县商会派员送交西城外保卫团收领,东城内受伤之团员陈伯庚现请伤科医治,可无性命之虞。一场风波得以草草解决,双方各无异言,皆商会方君从中奔走之力也。

——1926年6月3日

保卫团冲突案四志(地方通信·平湖)

东城保卫团与西城外保卫团冲突一案,虽经商会长方君从中调停,和平解决,而西城外方面只将肇事行凶之团员毛义观斥革了事,不肯履行道歉条件,以致节外生枝,复起波折。昨日(四日)午后,东城内开全体团员会议,团总汤元伯被众诘问,深为不悦,即欲引咎辞职。佥以事未解决,未便遽萌退志,置身局外,示人以弱,一致主张挽留,请汤破除情面,严重交涉。汤唯唯而退,继开团董会议,到者十人。因西城外态度强硬,不知是何居心,遂即电邀该团团总王君绍裘到会表示意见,说明态度。王君恐有危险,托故不到。当推裕大茂经理李子厚前往面邀,定于今日(五日)下午续开会议,不知能否解决。并闻东城方面以此次冲突咎在彼方,今团员既受重伤,交涉又复失败,赴县抬验又不受理。一俟此案解决,将自动解散,以谢地方。现已拟就宣言,静待解决。

——1926年6月6日

保卫团冲突案已解决(地方通信·平湖)

东西城保卫团冲突一案,经县商会长方锡章(璋)从中调停,东城团总汤元伯、西城团总王绍裘均深明大义,咸愿和平解决,各自劝谕团员本互让之精神,释嫌归好。业经两方团董联席会议议决,由西城方面在本邑小报上登一启事,说明误会,并致歉忱。东城方面则于次日登一启事,表示谅解,并致歉意。双方启事将于今明(十一、十二)日发见于本地报纸。一场险恶之风波得以和平解决,皆调人奔走之力也。

——1926年6月12日

乍浦汽轮带收教育费(地方通信·平湖)

乍浦教育委员伊隐樵以该区教育经费缺乏,拟在来往该处之禾乍汽轮带收学捐,以资救济。业已呈准县署着手进行。

——1926年6月12日

杀妻案惨不忍睹（地方通信·平湖）

平湖县公署昨日（十一日）午后检验新仓警所送来之杀妻自杀案，妇人陈华氏口鼻分裂，血肉模糊；丈夫陈宝奎喉管已断，气管尚连。承审员命送德济医院医治，院长王某以伤势过重，决难施救，不肯受纳。乃抬往北寺内存放待毙，满身血迹仅存一息。亦云惨矣。

——1926年6月13日

垦放局添设帮办（地方通信·平湖）

乍浦垦放局管辖嘉属六邑，公务纷繁，局长张荣邦决难胜任，业由杭州总局添委金致和为帮办，以资助理。并闻金帮办不日莅乍视事。

——1926年6月13日

离奇伤害案续志（地方通信·平湖）

新仓警察第一分所对门麻饼店内义乌人陈宝奎杀妻自刎，均未毕命，拾验后，送往医治等情，已致本报。兹悉陈华氏尚可治疗，陈宝奎因喉管已断，医院不肯收留，抬往北寺内皇殿廊下待毙。苟延残喘，惨不忍睹。迄昨日（十五日）清晨，已历九十六小时，始行断气。由坊役胡宝顺赴县报告，知事张鹏特委承审员郑景侨于下午四时前往检验。验得死者陈宝奎头胫［颈］刀伤一处，长二寸五分，深一寸五分，食管已断，气管尚连，委系畏罪自刎。承警员据检验吏报告后，即填具尸格，谕令坊役收殓。惟死者生前口不能言，以致莫名真相。有检察之责者，其尽力侦查，毋使奸凶漏网，庶足以慰冤魂也。

——1926年6月17日

高天民案电省查究（地方通信·平湖）

平湖公民钱贻谷等以高天民被县署奉令钉镣收押，迄已一月，不知所犯何罪，昨特电呈卢总司令查讯。□将原电节录如下：□县张知事于上月歌日声称，奉钧令锁系高天民，钉镣下狱，迄今既不解省，又不讯判，群情惶惑，乞饬县宣布究竟，以伸冤抑。

——1926年6月19日

将有军队调乍（地方通信·平湖）

乍浦为浙西海口，驻防军队均已调往徐州，海防空虚，殊属不宜。镇海炮台总司令有鉴于此，特派教练官郑超来乍察勘形势，以便调军驻扎。兹得电讯，郑教练官今日（十九日）可到云。

——1926年6月20日

控警案在省讯问（地方通信·平湖）

在总司令部控告警察所长杨禄纯之陈幼山解省讯问等情，曾志本报。兹悉此案已于日前在总司令部军法处开庭审问关系人，法警戈仲刚、朱顺兴，稽查警顾叔田、大同栈主李荣昌等均到案备质。陈幼山供平湖烟赌黑幕及大同栈主李荣昌贩土行贿，并承认拍电控诉并非高天民教唆（高已钉镣收押，并不解省），惟不能提出杨所长纳贿之确实证据。李荣昌供，以前曾有烟瘾，现已戒绝，不敢贩土。顾叔田不承认与杨所长收取陋规。戈仲刚、朱顺兴供上年因事销差，今年由士绅保荐复充，与烟赌并无关系。讯毕，庭谕陈幼山还押，关系人戈仲刚第四人退去候传。现戈等业已回平，照常服务矣。

——1926年6月20日

救火联合会开会纪（地方通信·平湖）

平湖救火联合会于昨日（十九日）下午一时在城隍庙内该会开常年大会，会员出席者百余人。会长方锡章（璋）主席，首先报告一年来收支账目，计收入去年存洋一百九十余元，本届演剧筹款盈余洋三千七百余元，拨助各龙会基金洋三千元，童子军促进会经费洋一百元，收支相抵，尚存八百余元，留作经常费用。次修改会章，议决以各龙会为主体，会员有选举会长及评议员权。评议会由会长召集之，干事员由评议会推举。最后议决定于七月七日改选职员。散会时，已钟鸣四下矣。

——1926年6月21日

控警案中之高天民(地方通信·平湖)

有教唆陈幼山诬控警察所长嫌疑之高天民,自被县公署钉镣收押后,迄已一月,既不解省,又不讯判,地方舆论颇为不平。有公民钱贻谷等电呈杭州总司令部质问,昨奉批示云:电呈阅悉。该高天民指使陈幼山诬控警察所长,包庇烟赌。前据该县知事呈报,奉令查明,拘案押候,令饬遵办在案。该民等事不干己,毋得插渎,并斥此批云云。据此,高天民恐难脱离干系云。

——1926年6月23日

运动场实行扩充(地方通信·平湖)

新仓公共运动场设备不全,蔓草丛生。近有陈廉斋拟集资扩充,先行建造讲演厅一所,预算建筑费三千元。前日(二十),在自治公所邀集学界从事筹备,陈君认募千五百元。尚有半数由徐憩亭、陈恂如、马其彬、柯重威、龚侣黄等分头劝募,预料在短期间内定可足数。

——1926年6月23日

平湖赵鹤巢紧要启事

此项紧要事实曾于民国七年九月念九日在申、新两报郑重声明,兹因诚恐奸人私自投暗弃明,故再提出非常警告。如有损害鄙人名誉财产及一切法益者,鄙人定必根据法理追究。总之家父现在年届耄耋,所有家务、产业全权向已均归鄙人主持处分,是以该项产业无论何人不得私擅欺诈、引诱盗卖,如果在外发生不良情事,即属无效行为,当即按法撤销契约,并控追法律上所承认之一切损失。尚希各界注意此告。

——1926年6月24日

公债会议无结果(地方通信·平湖)

平湖县公署因公债问题邀请阖邑绅商六七十人于昨日(二十三)下午一时在署会议,讨论办法。不料到会者仅十六人,张知事又在禾参预金光明法会,未能亲为招待,由第一科长代表作为谈话而散。及张知事于三时许由禾返回,已不及与议矣。

——1926年6月25日

高天民将交军法审判(地方通信·平湖)

控警案中之教唆嫌疑犯高天民自被张知事奉令钉镣收押后,已有月余,毫无动静。昨日(二十三),县公署奉到总司令部训令,饬将高天民克日解省归案讯办。张知事奉令后,即备具公文,命法警多人,将于今、明日解杭候讯云。

——1926年6月25日

选送监犯学习工艺(地方通信·平湖)

平湖县公署日前奉到浙江高等检察厅指令,选送监犯十名,即日解押来省,以便发交模范监狱学习工艺。张知事奉令后,即命监狱署长方蕚,于已决各犯中圈定十名,业于昨日(二十五)派遣干警押解赴省矣。

——1926年6月27日

张知事认真除螟(地方通信·平湖)

平湖县长张南溟对于除螟事宜颇为注意,以目下田禾正在耕耘之际,遇有螟蛾、螟卵,务须搜捕,照县议会议定价格收买。昨特发贴布告,并传谕各坊役回坊晓谕。各乡农民捕得螟蛾、螟卵,至各该区自治公所变卖易钱,既可得利,又能除害,一举两得,莫善于此。张县长之防患未然,诚除螟前途之好现象也。

——1926年6月29日

委员劝募公债(地方通信·平湖)

各区自治委员此次奉令劝募公债,限期甚迫。幸各委员热心异常,当即分函各区士绅担任劝募员。各士绅均能认真劝募,不辞劳苦,故连日应募者颇为踊跃。想不日定可足数也。

——1926年6月29日

平湖中兴袜厂骆桂荣鉴

前押去袜货元二千两，过期已久，屡次催赎，延宕不理，至今本利、栈租、保险等费，分文未付。兹再宽限十天，即速备银出去。若再不出，只将该货照据变卖。倘有短少银两，后当向追，万勿自误。此告。上海仁记路丰泰洋行郑雨田启。

——1926年7月2日

县署会议志闻（地方通信·平湖）

平湖县公署因乍浦山地交涉案奉令预备一切，特于昨日（四日）午后一时在署会议。平、乍士绅到会者颇为踊跃，知事张南溟主席，报告开会宗旨，略谓：奉程交涉员公函，法国田主教现又来华，对于山地案将赓续交涉，亟待解决，应抱何种方针，请各抒伟见，从长讨论。乍区自治委员杨文侯报告法教堂之建筑状况，幸六里沙（爿）尚未动工，收回较易。而登［灯］光山则建筑过半，解决微觉为难。讨论多时，佥谓国家主权所关，理应据理力争。至用如何方法，以事关外交重事，暂守秘密。散会时，已钟鸣三下矣。

——1926年7月6日

警所取缔露棺（地方通信·平湖）

东城外长坟头、西城外界泾桥、北城外沿城脚一带露置棺木甚多，对于卫生前途殊有妨碍。况时值夏令，更易酿成疫疠。警所长杨仿时有鉴于此，特于昨日布告取缔有主棺木，限本月二十日前一律自行埋葬，登号备查。逾限不埋，即知照慈善会代为埋葬，以安阴魂而重卫生。

——1926年7月6日

新参事员到会接事（地方通信·平湖）

平湖县参事会民选参事俞访桐任期已满，由县议会另举薛庆麟接充。薛君□□□，为巨绅薛鹤□之□郎，业于昨日（三日）到会□□□，尚有民选参事汤君元伯二次当选。

——1926 年 7 月 6 日

救火会选举会长（地方通信·平湖）

平湖救火联合会于昨日（五日）午前选举会长，各龙会司月会员到会投票者一百十四人。午后二时开票，方锡章（璋）得一百零七票，当选为正会长。莫叔怡得九十六票，汤元伯得八十七票，均当选为副会长，与上届一无更动。三君办理火政素具热心，今均联蝉，地方□庆得人。

——1926 年 7 月 7 日

长顺轮更改航线行驶新仓（地方通信·平湖）

平湖、新丰、嘉兴一带之长顺轮船，近因时逢霉雨，河水暴涨，平湖至新仓一带河港狭小，桥梁众多，行驶殊多妨碍。自昨日起，更改航线，暂走乍浦、嘉兴。一俟河水退去，再行恢复原路。

——1926 年 7 月 7 日

奉令取缔鱼簖（地方通信·平湖）

平邑通行河道每有船户私设鱼簖，不但阻碍交通，而与水利前途亦有至大影响。当此霉雨之际，为害更甚。浙西水利议事会有鉴于此，曾提案议禁，咨请省长饬县遵令查禁。此间县公署奉到此项禁令后，即于昨日（六日）出示布告，并函请驻平水警第九队，本部饬属随时取缔，违者定予拘办。

——1926 年 7 月 8 日

金帮办组织办公处（地方通信·平湖）

旧嘉属沙灶垦放局设于平湖之乍浦城，事务纷繁。局长张湘卿颇难应付，呈请杭州总局添委帮办，以资臂助。业经李总局长允准，委任金致和为帮办。金帮办奉令后即莅平赴乍，与张局长接洽一切。现已规定职务，命金帮办常驻海盐，专管海盐境内垦放事宜。业于昨日（七日）赴盐组织办公处，行使职务云。

——1926年7月9日

霉雨之中瓜田损失（地方通信·平湖）

平湖西瓜盛销于上海，味美价昂，为出口货之大宗。本年运瓜轮船亦已组织完备，不意霉雨连天，瓜田水没，碗大西瓜漂流入河，藤籽根拔，难望良果。一般农人均已另起炉灶，改种晚稻。

——1926年7月9日

西教士建屋纠葛（地方通信·平湖）

时值夏令，外人之来乍避暑者实繁有徒。本月六日，有西人带领中国教徒一批，在陈山上建造房屋三间。乍浦沈警佐以山地交涉案尚未解决，未便自由建屋，当即亲往劝阻。该西人以临时性质，不允拆除。沈警佐除令巡长凌志云率领警士再往婉劝外，并将经过情形于今日呈报到县，请示核办。

——1926年7月10日

夏省长命题传课（地方通信·平湖）

平湖葛绅嗣威[蔚]捐资创办之尊古讲舍，成立多年，屡蒙军、民两长及各厅道县官命题传课。本年卢总司令于上月传课等情，曾志本报。现闻省长夏超定于阴历六月朔日传课，限十五日交卷，兹将课题探志如下：（一）古文尚书真伪说；（二）孟子首章大义；（三）天演进化公例征之中国如何；（四）拟杜诸将。

——1926年7月10日

诬告案业已判决（地方通信·平湖）

陈幼山在总司令部诬告警察所长杨禄纯一案，业经军法处讯明，判决陈幼山处三等有期徒刑三年六个月。教唆人高克明即高天民处同等有期徒刑三年六个月，一并发交陆军监狱执行。此间，县公署已奉到总司令部训令，饬转民众知悉，不日当有牌示。

——1926年7月11日

展览会征集丝茧（地方通信·平湖）

五省联军总司令孙馨远氏，为振兴实业起见，特发起蚕丝展览会，将在南京举行。一切经费，均由孙氏指拨。此间县农会、县商会已于昨日（九日）奉到县公署转来训令，及征集丝茧章程。业已着手搜集，预备与赛矣。

——1926年7月11日

鱼商电拒外股（地方通信·平湖）

乍浦东西两巷鱼商因三门湾渔场发生外股疑义，于渔业前途，殊多妨碍，昨特联名电呈省署，严行饬查，勿使奸商引狼入室，致丧失国家权利。

——1926年7月12日

赌棍闻将驱逐（地方通信·平湖）

本城警所县署后门附近大赌窟主余某聚赌抽头，出进巨万。近被县署访悉，立出朱签，将余某飞拿到。案判处罚金七百八十元，当交五百元保出。现闻地方士绅以该赌棍聚赌二月，抽头六七千元。富家子弟及钱业伙友因而破家失业者已十六七人。若不驱逐出境，难免故态复萌，害人伊于何底。业已联名呈请驱逐，不识能否达到目的也。

——1926年7月12日

救火会评议会纪闻（地方通信·平湖）

平湖救火联合会因新选会长方锡章（璋）、莫叔夷（怡）、汤元伯辞职不就，特开评议会讨论。昨日（十二）午后二时，在城隍庙该会开会，计到各龙评议员十八人，佥以方、莫、汤三君办理火政素负盛名，主持会务深庆得人。结果表决一致，主张挽留。议毕散会。

——1926年7月14日

筹备平粜情形（地方通信·平湖）

本邑平粜事宜现方赶紧筹备，调查贫户亦已就绪，米粮向上海订购已到一千五百包，分存协记、北成大、万昌等米栈内。一俟到齐，将于阴历本月十八日起开粜。共分八区如乍浦、新仓、新埭、衙前、徐埭、大易及城区，东部在大王庙，西部在东岳庙。

——1926年7月16日

建造慰幽山庄（地方通信·平湖）

平湖慈善公会在东门外寒山圩附近东湖之滨建造殡舍，名曰“慰幽山庄”，为旅沪同乡停棺之所，刻已募款兴工，并在上海法大马路德顺里五号组织驻沪办事处，以便旅沪同乡之就近接洽云。

——1926年7月16日

大易区平粜争执（地方通信·平湖）

大易区平粜分局主任吴娱真，对于此次平粜，未能切实调查贫户，任意造册，真正贫民，反多向隅，与平粜本旨，殊属不合，现被该区公民孙某等呈诉县署，请将该分局撤销，所有该区分得之米粮四百石，归并城区举行。能否照准，尚难预卜。

——1926年7月18日

马厩庙难民滋扰（地方通信·平湖）

马厩庙镇昨午到有湖南难民三四百人，突然暴动，侵入县试员吴子芳家，任意攫取物件，损失约二三百元。业已呈报县公署，请求派警驱逐，以免逗留生事。

——1926年7月18日

黑死病传染渐广(地方通信·平湖)

平邑四乡疫症盛行,朝发夕死者,指不胜屈。患者先寒后热,口渴舌干,胸腹疼痛,上吐下泻,螺吊筋抽,眼眶内陷,手足眼眶均现黑色,与去年之虎列拉略有不同。近日传染渐广,城市亦已波及。居民咸望警所、医院设法扑灭,毋使蔓延。

——1926年7月20日

破获烟窟 判刑处罚(地方通信·平湖)

虹桥头刘某赖有某项势力,在家私贩烟土。水、陆警均不敢顾问。昨被张知事访悉,密发谕单,派遣法警多名前往拘拿。刘某见势不佳,即从楼窗逃逸。法警亦不穷追,群至楼上搜查。查出烟土、烟膏甚多,当将刘妻某氏带案。经郑承审员开庭讯问,据供丈夫刘荣现充水警侦探,烟土由队长赏来。承审员斥其不应胡言乱道,知法犯法。遂判处徒刑一年,并科罚金二百四十元。

——1926年7月22日

学前街火警纪详(地方通信·平湖)

二十一日午后三点四十五分,学前街广清堂药店忽然失慎。霎时冒穿屋顶,延及邻店。各义龙闻警赶至,已势如燎原,不堪施救。上、下岸大商店如裕盛兴烟店、张建记纸号、协太顺皮货店、协泰衣庄、冯万兴鞋店、卢源茂□□店,元恒南货店、密万顺灯笼店、大成□绸缎局、聚盛兴鞋子店、美华皮鞋庄、达伦洋广货店等,均被延烧。慎余钱庄及朱修古、吴级民等住宅亦被焚去。此处为平邑商业精华,大商云集。统计损失约三十万之数,附近商店之搬运损失,尚不在内。至五时一刻,始行熄灭。而城隍庙内□建罗天大醮后大树一枝,忽又生烟出火,幸各义龙就近灌救,即行熄灭。隔河小街幸风势相反,不致波及,然而逃搬损失已属不资。傍晚七时,许大成锠后余烬复燃,各龙二次集合,奋力灌水,至天明始罢。邻近各商店均通夜守望,电灯亦放光全夜。今晨(二十二日),记者复往观察,但见附近商店虽未波及,而破碎不堪,损失尚难计算。

——1926年7月23日

除螟会之会长问题(地方通信·平湖)

平邑除螟会自前会长薛鹤筹辞职后,推乃子勋阁继任。勋阁以父子关系,亦不愿□选,以致会务无人主持,于除螟前途影响至大。昨间,邑绅葛嗣威[蔚]等以目下螟蛾发现,端赖该会设法捕捉,负责歼灭。前会长薛君鹤筹对于除螟事宜早有成算,抵补金加征除螟经费已经县议会通过,亦系薛君一手规划。目下时机急迫,会长一缺势难再延,拟请薛君回任主持,庶免螟祸蔓延。想薛君以桑梓义务为重,定肯继续造福地方也。

——1926年7月26日

枪毙剧盗(地方通信·平湖)

去冬阙圩坊张、顾、周三姓连劫案中,盗犯戴海龙、吴有根、庄阿六等三名先后被捕,由县公署开庭讯实,详报军、民两长。昨得复电,准予依照惩治盗匪法执行枪毙。今晨(二十九)七时,张知事会同水警谢队长、陆警叶代所长督率法水、陆警将戴海龙、吴有根、庄阿六等三名验名正身,在大南门外校场执行枪毙。三盗年纪均轻,神色自若。尤以戴海龙顽强,不脱绿林本色,临刑时对观者云:再隔二十年,又是一个青年好汉了。惟庄阿六则大念其阿弥陀佛,观者无不哄然。

——1926年7月30日

学前街火警后之改良(地方通信·平湖)

学前街为平邑商业重心,自上月中旬发生大火警后,损失三十余万,于地方元气不无有些关系。各界人士为亡羊补牢之计,对于火政、路政,咸思改良。如救火联合会之购置新式救火机器,装有引擎,取水放水,无须人力。日前在运动场演习,只闻机声轧轧,水势可射十丈。慈善会长徐声甫建议在该处设立公众大河埠,以利群众而防火患,已商得葛绅嗣威[蔚]让捐基地,不日建筑。又各坊人士拟筹集巨资,开凿自流公井,饮料既经改良,取水又甚利便。已函致沪工程师预为估价,亦自学前街始,各界人士能于火警后得此觉悟,亦地方之幸也。

——1926年8月1日

海盐乍浦间新开轮船(地方通信·平湖)

大达公司为便利盐平交通起见,向上海租到达利快轮一艘,行驶海盐、斜桥、四顾桥、平湖、红霓堰、乍浦等处,已于昨日试行矣。

——1926年8月1日

张知事至新庙验尸(地方通信·平湖)

新庙镇某甲(姓名待探)于今年二月间被人殴打成伤,卧床不起,延至昨日毙命,由其家属赴县请验。张知事据报后,于今日(二日)带检同验吏、法警等,买棹前往,依法检验。

——1926年8月3日

禁屠求雨(地方通信·平湖)

县知事张鹏以入伏以来天气酷热,久不降雨,河干水浅,疫疠盛行。昨(一日)特遍贴谕告,于今日起禁止屠宰,虔求甘霖,并亲赴城隍庙拈香,以示虔诚。

——1926年8月3日

添股声明

兹者平湖大街汉水桥堍洽生兴记酒店因前东资本不敷,今特添招股东,牌号仍为洽生兴记。惟自丙寅年正月起后,股东公举杨锦方君经理着手,始自登报日起,所有前洽生兴记人欠、欠人等项,均与后股东无涉。特登申、新二报声明。平湖县大街洽生兴记启。

——1926年8月4日

除螟会选举会长(地方通信·平湖)

平湖除螟会于昨日(五日)下午二时选举会长,计到士绅葛昌编等二十人。钱惟衡(秉钧)以十九票当选为正会长,计补善(寿石)、薛庆麟(勋阁)均以十九票当选为副会长。

——1926年8月7日

时疫医院之报告(地方通信·平湖)

北门内时疫医院于八月三日正式开诊。第一日,共诊十一人,虎疫十人。第二日,共诊十七人,虎疫七人,毙一人。昨日(五日),共诊十二人,虎疫七人,毙一人。

——1926年8月7日

县农会函复灾情(地方通信·平湖)

平湖县公署前接华洋义赈会来函调查灾情,当转县农会查明具复。会长钱惟衡□委队□桂、朱尔瞻、马应千、马思永等分赴大易、新埭、吉联、衙前、新仓、乍浦、徐埭各区调查。昨据报告,本年天气亢旱,螟害又烈,灾象奇重,秋收无望。遂于今日(七日)据实函复县署转致该会□照矣。

——1926年8月8日

蔡厅长传课纪闻(地方通信·平湖)

财政厅长蔡俭卿定于阴历七月朔日传课平湖尊古讲舍,课题昨已寄到,照录如下:(一) 汉三杰论,(三)《史记》货殖传书后,(三) 约友人南湖消夏启(骈体),(四) 夏夜西湖泛舟时。限十五天交卷。

——1926年8月8日

拐卖妇女扭交水警(地方通信·平湖)

新丰镇金某,在某处捐局办事,其妻某氏,被住居平湖南门街之木匠成鑫诱拐潜逃,卖在上海。昨日(七日),木匠成鑫搭平沪轮回平。金某兄嫂在轮埠守候,遂即扭交该处水巡警察,一面赴县提起刑诉。

——1926年8月9日

不法侦探判处徒刑(地方通信·平湖)

乍浦警察分所警探林建山伪造沈分所长书信,至梁庄坊索诈银洋,被人告发。分所长沈爽阶即将该侦探林建山斥革送县,由张知事亲自开庭,传集人证。以林建山胆敢私造长官信件,出外敲诈,殊属不法已极,遂判处徒刑十个月,期满驱逐出境。

——1926年8月9日

体育会演剧筹款(地方通信·平湖)

平湖城区体育会经评议部议决,定于本月十五日起借座明伦堂演剧三天,所得券资为扩充会务、添置运动器具之用。现方布置一切,颇为忙碌。

——1926年8月11日

求霖雨暗示告荒(地方通信·平湖)

本县经月不雨,田禾萎黄。乍浦长山、梁庄等坊,地形颇高,亢旱更甚。该处乡民以求雨为名,将蔡歧港观音大士、骑龙山九天玄女娘两偶像于昨日(九日)迎至城中,直进县署大堂供奉,请张知事叩头礼拜,历三小时始去。乡民之渴望云霓,于此可见一斑矣。

——1926年8月11日

俗控案之庭讯前(地方通信·平湖)

眉坊蔷薇庙住持皆仁控诉庙邻张大阿悌、孔阿荣等借口捉奸,强攫银洋六十元,昨日(十一)开庭讯问。皆仁供诉前情,被告张大阿悌答辩,前因天雨避入庙中,不意皆仁藏有妇女二名,被我等撞破奸情,怀恨在心。所云攫取银洋六十元,全非事实。经承审员反复盘诘,认被告等有索诈情事,遂谕令如数偿还。张、孔均不承认,乃收押追缴了案。说者谓便宜了淫僧。

——1926年8月13日

学童祈雨(地方通信·平湖)

东岳庙内义务学校为陆君公我所创办,管教合法,邑人颇为赞许。自陆君辞职后,孙君笛凡继任,尚能萧规曹随,维持现状。今年起归某君主持,近为迎合迷信人心理,挑选学生四十名在佑圣宫跪拜求雨。

——1926年8月13日

乍浦大火警再志(地方通信·平湖)

乍浦北河滩徐和盛老宅于前晚(十三日)十二时失慎。是晚风势猖獗,蔓延至自治委员杨文侯家。虽经各义龙到场施救,亦无济于事。杨氏屋宇连云,尽付一炬,至昨晨三时始熄。东至徐绅眉轩新洋房,西至当湖袜厂,计焚熄房屋百余间。杨委员处尚有平粜米百余担,同被焚毁。徐勋伯之九岁男孩葬身火窟,仆妇不知下落者四人。杨姓即平湖大火肇祸之广济堂主人,两遭火劫,损失不下十万。徐姓亦系乍浦巨绅,一切细软均未携出。妇孺从梦中惊觉,只身逃出,凄惨之状,笔难尽述,诚浩劫也。

——1926年8月16日

见雨后仍未开屠(地方通信·平湖)

昨晚今晨(十五日)两见大雨,乡民欢声雷动,知事以下仍往城隍庙祈雨坛礼拜。猪行、肉店之售肉者各罚二元,开屠布告至今未发。肉业停业近月,损失颇巨,莫不怨声载道。

——1926年8月16日

新仓发生逆伦案(地方通信·平湖)

新仓马胜坊乡民顾阿金被逆子顾阿和行凶,刀伤七处,颈项、手腕及左腹三处尤为致命之处,腹肉凸出三寸许,肚肠外露,残喘尚有,惟未毕命。逆子顾阿和已被邻舍捆送坊役看管,而顾阿金即于昨日(十七)送县抬验,庭谕送德济医院医治。

据院长王与九博士云,伤势甚重,性命总难保险。

——1926 年 8 月 19 日

火烧米闻已解决(地方通信·平湖)

东沙仁大行购进火烧米六百石被县发封等情,曾志昨报。兹闻此案现已解决,由该行认购公债一千元、公益捐五百元、陆陈公所经费一千元,系某绅调停之力。

——1926 年 8 月 19 日

县议会行将召集(地方通信·平湖)

平湖县议会以十五年度岁出入预算教育部分在常会期内未及交议,现闻参事会业将该项预算编就,亟须付议。依照县自治法第二十五条之规定,认为有开临时会之必要。昨已备具公函,请县知事依法发布召集临时会日期。

——1926 年 8 月 20 日

习艺所决意停办(地方通信·平湖)

北门内平民习艺所自驻军以来,艺徒星散,无形消灭。县议会曾有请予停办之议决案,现有省委陆某到平调查,对于存废问题,亟待解决。昨日(十八)下午,在参事会召集会议讨论一切。佥以经费无着,县库空虚。结果决意停办。

——1926 年 8 月 20 日

麻饼业全体罢工(地方通信·平湖)

平湖麻饼业颇为发达,消[销]售附近城镇,素著□名。七八月之交,消[销]数更大,出品亦多。近因米珠薪桂,饼司务提出加资要求。作主只允二成,饼司务则非三成不可。双方各走极端,罢工已有三日。虽有人从中调停,不□能否解决,尚难预料。

——1926 年 8 月 22 日

咸腊公所请保护收账员

本埠十六铺正大咸腊行职员沈春樵日前赴平湖县新仓镇收账，该地流氓陆某等数十人觊觎其账囊饱满，藉词敲诈，并串同巡长施以种种不法行为，意欲绑去图赎。幸沈春樵乘间脱身，回沪得病，一面报告该业公所。现该公所因与营业前途有关，已具呈该县署，略谓敝业销路全赖外埠，账务辄派员往收，动以万计。若长此以往，将视此为畏途矣。应请严重惩办流氓，并设法保护，以维商业云云。

——1926年8月23日

除螟会议纪闻[1926年8月24日](地方通信·平湖)[1]

昨日(二十二)午后一时，县知事张南溟在参事会□□除螟会议，计到省议员沈树□、县议会副议长奚翔、除螟会长钱惟衡及士绅葛□义、计在清等十余人。张知事主席，以平邑连年螟患，农家损失不资，非发掘稻根，决难绝□螟祸。惟兹事体大，非有具体计划，实行颇非易易，必须实地考察后，始能依议进行。遂推地自治委员计咏芝为城区兼大易乡考察员、农会长钱秉钧为新埭区考察员、省议员沈琴怡为新仓区考察员、除螟会副会长计寿石为乍浦区考察员。惟大易乡灾情□重，张知事及省派委员拟亲往视察。俟考察完竣后报告大会，再行拟□实行计划，庶免阻碍。议毕散会，已钟鸣四下矣。

——1926年8月24日

方桥附近之火警(地方通信·平湖)

昨晚(二十三)下午八时，许方桥附近胡镜明宅第七埭屋内张成家柴间失火，霎时冒穿屋顶，邻居徐姓亦被波及。各义龙闻警到来，颇难施救，因起火地点处市房之中，取水甚不便利。附近住宅栉比，危险万分。张知事亦到场弹压，幸救火人员奋勇灌救，救火路打断，始得扑灭。公安、永丰两龙灌灭余烬，直到十一点钟大

1 标题经编者调整。

雨倾盆时始各回去。统计烧去六楼六底，损失以徐、胡两姓为大。附近住户、商店搬运逃避，损失当亦不少也。

——1926 年 8 月 25 日

盐案三起汇志（地方通信・平湖）

西门光华袜厂被人向驻平缉私队部报告谓，该厂有私买食盐情事，当经队部派遣营弁前往调查，在厨房内搜得食盐七斤许，认为私盐，即将司账周剑青带至队部，欲以十五年来食盐用量二十五倍虚罚。经该厂主人高琴泉以五月十日盐公堂给予之六十斤官盐票一纸，黏请县商会处理。会长方锡章（璋）召集董事会议，函达缉私营本部，证明确非私盐，已得施营长谅解，不予追究。又东门裕太茂南货店经游巡队王队长亲往查获私盐二担，由某绅说项，罚洋三百元了事。又盐贩某甲在大街被缉私营侦探获住，私盐已售完，虽经该探一路殴打，令其说出买户，该贩性颇强硬，始终不吐一语。现押队部，难免饱尝铁窗风味也。

——1926 年 8 月 28 日

庆记公司水手溺毙（地方通信・平湖）

日商庆记轮船公司行驶平沪间之夜班公益轮昨晚（廿九）十一点钟由沪返平，将进东湖之口，在吕公桥附近水势急湍，水手唐某在拖船服务，失足落河，霎时没顶。时在深夜，不及施救。今晨设法捞起，在公园隙地存放。一面通知尸属莅平善后，一面先行棺殓以免腐臭。

——1926 年 8 月 31 日

救火团选举理事长（地方通信・平湖）

平湖互助救火团本届改选理事，高绅山亭当选，一再诵辞不就。现经该团再四挽留，业已打销辞意。故该团全体团员将开大会以欢迎之。

——1926 年 8 月 31 日

县议会召集临时会(地方通信·平湖)

平湖县议会以十五年度预算案教育部分岁出入预算参事会编造过迟,在常会期内不及付议,依照县《自治法》第二十五条之规定,函请县公署召开临时会。业得张南溟知事同意,依法召集。将于九月一日行开会式,各区议员已纷纷来城。

——1926年9月1日

城区大易平粜结束(地方通信·平湖)

城区兼大易区平粜分局于八月末日结束,主任计君昨将粜剩余米一千二百六十八石缴还总局,宣告结束。

——1926年9月1日

花业公会之组织(地方通信·平湖)

平邑除秋收之外,棉花亦为大宗出产。每年约出二十万包,向无公会设立,以致市价参差,业此者大感不便。故前曾邀集同业组织棉业公会,会址暂设在全公亭,业已备案成立。日前选举会董,当选者为沈琴怡及李郁轩、赵松溪等十人云。

——1926年9月3日

庄款纠葛提起上告(地方通信·平湖)

桑园弄口凝泰烛店与德慎钱庄一千八百元期款纠葛一案,县判着保人黄彦清负责赔偿。黄以保信上写明以甲子年底为止,今德慎所追系乙丑期款,安能代为负责,即向高审厅提起上诉。嗣又牵入店东问题,认凝泰为黄姓所开,其所据理由,□黄姓堂名凝远,遂即砌词混入,是以高审厅黄又败诉。惟凝泰烛店已由店东沈益三顶与裕大烛店,早已更改牌号,营业多时,故黄接到判决书后即声明不服。现闻已向大理院提起上告,不知何日方能解决。

——1926年9月4日

三官堂几兆焚如(地方通信·平湖)

黄家弄湖隐禅院(即"三官堂")于四日晨七时许失慎,当即鸣锣告警。关帝庙久安洋龙及西门外茶亭洋龙飞往施救,立即扑灭,不至酿成巨祸,亦云幸矣。

——1926年9月5日

谎报劫土致遭羁押(地方通信·平湖)

法警丁海云日前至虹桥施姓家搜获烟土二十四两,被人追上夺去,获得代价二十元。当夺土时,丁避入某姓家,着人报告县知事,谓系水警劫土。张知事即饬法警四名至队部提人,不意丁已先归。水警队长谢祖康以丁警妄报劫土,与水警名誉有关,命其前来指认。如无劫土之人,未便任其胡言乱道。故张知事已将丁警押究矣。

——1926年9月5日

塘工局长注意海塘(地方通信·平湖)

乍浦海塘为旧嘉属七邑生灵之保障。现届秋汛潮来,万一塘身不固,贻害不堪设想。盐平塘工局长陈华特于前日莅乍视察,见沿塘乡民有盗取塘下石块,移建私田圩堰情事。利己害公,莫此为甚。若任其擅自盗用,与塘身关系匪浅,当即发出布告,严行查禁矣。

——1926年9月11日

派员检查邮电(地方通信·平湖)

平湖县知事张南溟以近日外省时局不靖,深恐奸徒藉邮电之力有所扰乱,特委杨国威、王启勋二人为邮电检查员,自今日(十一)起,分赴邮电局检查往来邮电。本县邮政局、电报局业已接到县署公函知照矣。

——1926年9月12日

新兵分批运禾(地方通信·平湖)

杭州缉私统部奉令招募新兵,以备补充缺额,特派副官郑鼎、蒋溥生二人为招兵委员,在平邑城区及四镇招募新兵。入伍者颇为踊跃,业已募得若干(其数未详),于昨、今(十二)两日,由郑、蒋两委员分批送往嘉兴营部交纳,以□运杭训练。闻尚将继续招募,以资递补。

——1926年9月13日

巡船倾复之交涉(地方通信·平湖)

缉私第二营副官蒋溥生奉令往乍浦招兵,由大东汽轮拖带,在长丰桥畔倾复,物件尽失。后经公司方面雇用渔民入水打捞,除起获外,尚少快枪、手枪各一枝。蒋副官要求赔偿,公司方面尚未应允。现在交涉中,不知如何解决。

——1926年9月15日

承审员下乡验尸(地方通信·平湖)

平湖县公署昨(十三)据前眉坊地保钱五宝报称,该处河内发现女身浮尸一具,请求莅验。知事张南溟据报后,即委郑承审员前往检验,验得女尸一个,年约二十余岁,生前似患猪羊痫症病落河溺毙,并无他故。当即填具尸格,令饬地保棺殓,候招尸属认领。

——1926年9月15日

除螟会收买虫稻盐块(地方通信·平湖)

本县除螟会前派调查员计咏芝、计寿石、钱秉钧、沈琴怡分赴大易、乍浦、新埭、新仓等区考察螟害,查得各乡禾苗多被螟虫啮害,白枯不能结实,亟应将枯苗拔除,并广为搜捕卵蛾,以免蔓延。昨特议定办法,遍贴通告,委托各坊事务员及乡董代为收买。白枯虫稻每斤给价十文,卵块每窠给价四文,螟蛾、螟虫每只价二文。凡收得虫稻,均就地存放,每处满一万斤后即报告访会,派员验收,就地焚毁,以省手续。尚有掘毁稻根等计划，现方筹议办法，另行通告。

——1926 年 9 月 20 日

控追赘婿案将重行审判（地方通信·平湖）

张堰镇妇人苏氏在平湖县公署控诉赘孙婿丁连元擅自归宗、遗弃尊亲一案，承审员郑景侨竟将年近八旬之老妇朱苏氏大加训斥，证人朱氏收押。朱苏氏为丁连元续娶之后妻朱阮元，判归被告丁连元，并许被告以住居自由之权，置入赘问题于不问。判词一下，舆论哗然。后竟发现丁连元有行贿行为，被县公署传案审问，供出由张范侯过付银洋，代为运动，遂被收押。知事张鹏闻讯之下，大为震怒，于昨日（二十三）下午，将丁连元提案审问，据供有县署会计科副账房张范侯者，湖南口音，在署内会过二次。案结后，在源茂叙酒，张托词承审员处送礼，索价百元，业已送过三十元之礼物等语。遂即饬传张范侯对质无错，张知事以张范侯虽系侄儿，今竟招摇撞骗，损及县署名誉，欲一并收押。后经一、二两科长面保，始允查明核办。惟是案审判离奇，难免含冤抱屈，不日将传集人证，由张知事亲自审判，以昭公允云。

——1926 年 9 月 25 日

习艺所奉准停办（地方通信·平湖）

本县贫民习艺所自上年驻军以来，艺徒星散，器械不全，后虽军队他调，仍无复活希望，奄奄一息，停顿已久。上届县议会常会曾有停办之议决案，后由县公署据以请示上峰，省委候补知事罗士筠来平调查实情。罗委员于上月莅平调查后，当即呈复省署，略谓该县习艺所艺徒、原料两行缺乏，年费三千余金殊属可惜。综查情形，委系实在不能办理，似应准予停办为愈等语。现奉省长指令，既据查明实在，应即准予停办。昨日，县参事会已奉到此项公文咨照矣。

——1926 年 9 月 29 日

县公署会议纪略（地方通信·平湖）

平湖县公署于昨日（一日）午后一时邀集各大租栈业主八十余家在署会议，讨论除螟办法，到会者不甚踊跃。由张知事主席，报告亲赴大易、新埭等区视察螟害情形，及奉令发掘稻根，以灭祸种。欲请各业主放大眼光，来年收租时，每亩租田减收一圆，作为毁掘稻根经费。即令该佃户亲责成雇工发掘，以示提倡。到会各业主以邑境阔，不敢擅自做主，是以结果不大圆满，仍属毫无办法云。

——1926年10月3日

除螟会议纪闻[1926年10月6日](地方通信·平湖)[1]

平湖县公署于四日下午一时开除螟会议，除螟会长、农会长及各区自治委员均到，知事张南溟主席，报告上峰重视治螟及稻根必须发掘，以除螟种。除螟会长钱秉钧报告赴禾考察情形及可以效法之处。最后，议决依照嘉兴办法，各区添委助理员一人，协助自治委员办理除螟事务。各坊地保均受委员及助理员之指挥，帮同除螟，月加公费两元。

——1926年10月6日

钱承绪大律师代表平湖旧埭陆朱氏清理陆昌楣债务启事

据当事人陆朱氏面称：先夫宝鈖曾将家中所有产业邀请亲族支配就绪，立有分据，报经官厅登记有案。予孙昌楣业受遗产，所有外欠本可不理。惟以先夫在日，口头嘱咐，昌楣欠款于十四年九月十五日止斟酌代偿，业将一部分产业变卖现款，酌提若干，委托律师代为清偿等因前来。查陆宝鈖之遗产早经分析，法律上陆昌楣债务渠祖母本无代偿义务。今陆朱氏既经变产理债，实属各债权人意外之遇。本律师受陆(朱)氏全权委托，一面将交到之现款代为分储上海各银行以作清偿债务，并同时在平湖县后街设立事务所，务祈各债权人自阴历九月十三日起至九月念八日止，限十五天内由本人亲持欠据到敝事务所呈票登记，俟经审查完毕，当将详细办法专函通知，限期清偿，逾期不来登记，概作无效。此启。

——1926年10月26日

1　标题经编者调整。

挽留警所长之公电（地方通信·平湖）

县警所长杨禄纯办事和平，舆情颇洽。昨奉警务处令，调充温岭警察所长，本县各法团各机关闻之，公电挽留。兹将原电探志如下：杭州陈省长、王警务处长钧鉴：本县警察所长杨禄纯闻有调任之讯。查该所长任事年余，勤劳卓著，廉明公正，舆论翕然。现值冬防，正资熟手，乞免予更调，以惠地方。平湖县议会、县商会、县农会、县教育、地方自治协□会、城区自治办公处，东城外、东城内、西城、东西城各区保卫团同叩。歌。

——1926 年 11 月 8 日

徐逸民无疾而终（地方通信·平湖）

前《平湖日报》编辑徐逸民对于地方公益事宜甚为热心，昨日（六）下午四时许在汉水桥绮春阁书写对联。写到下联“慎其独”三字，忽然倒而气绝。闻者无不惊骇惋惜。

——1926 年 11 月 8 日

批　　复[1]

平湖布商龚哲卿具呈财厅，请认办本县纱线捐，年缴正附税三千六百元，代理沈厅长以平湖袜布各厂不下百余家，需用线纱必巨，已饬统捐局切实稽征。该商所请认办，批驳不准。

——1926 年 12 月 1 日

1　标题为编者所加。

1927年

王四相公舍身救众事略

陈鱼游

吾邑东城外名城湾者，地与城垣相接壤，市尘繁庶，为境外居人入城必经之处。其中一廛楼隅，上有塑像焉，群称为王四相公（即今义仁昌之菜馆楼上）。每届诞日，陈牲醴，燃莲炬，并奉清音，以娱神听。二百数十年来，沿为成例。盖后人藉此为崇德报功地也。

王四相公初不以是名（本名“阿四”），里人钦其挺身御难，保全多数生命，爰尊之曰王四相公。

相公盖当时称谓，迥然晚近之滥以相公名之，固视为推崇倍至矣。迄今时代已易，邑中无论男女老稚，类能津津道王四相公事。忆余总角时，习闻先子为述王之梗概，则斯事诚为当时一大惨剧。而王实为我邑中血性奇男子也。兹者宵寒漏永，挑檠把盏，追维五十年前过庭所闻，犹历历印诸脑际，□颇有可纪之价值。爰□之如下：

清鼎甫定，知平湖县者莅任伊始，乘舆过市。于时邑人初睹清代衣冠，群诧为异。谓此马蹄而豚尾者，乌足为我民表率？正一倡百和，众议纷论时，突有以桑剪向舆中猛掷之（即乡人用以删桑之剪），适中令喉，立毙之。市中一时大哗，而狙击者亦渺无踪迹。有老成者蹙额叹曰：“若辈少不更事，肇此戕官巨案，屠城之祸可立待矣。”于是胆怯者忧惧交集，相率不敢出门外一步。然事后省中大吏寂寂无所举动，向之惴惴者至此戒备渐弛，窃计屠城浩劫或可幸免矣。

一日薄暮时，有二三客艘集于东城外。问之，以贩卖鸡凫对，邑人亦了不为异。讵意次晨忽闻炮声隆然，随有兵队从东门外扑入，见人即执而戮之。时邑人正赴市购物，一闻兵临屠城，几如飞将军从天而下，奔避不暇，哭声震地。先是王四相公于城湾设小肆，有妹一同居焉，日以制面为生活。当时见无辜者尽罹惨劫，不觉义愤填膺，投袂而起，曰：“见死不救，非夫也。明知螳臂当车，徒自取死，然暂御凶锋，俾众人得有逃生之希望。”言未毕，急持制面之杖飞步至城门中，屹立阑[拦]阻，宛有一夫当关、万夫莫开之气概。妹见兄慷慨激昂，即亦操梃相助。兵队言欲拥入，猝不得进，群以刀矛猛刺之。王与妹不稍退，却竭力抗拒。相持有顷，终以孤掌难鸣，为乱刃所划，血肉成糜，惨不忍睹。而市人经此缓冲，得以奔匿家中，逃向西城外者，数实不少。盖屠者入自东门，迤逦至西门而出，通衢中逢人辄杀，惟闭户家居者得免于难。邑人痛定之余，感恩而思所以报德，即于王死难处塑像虔祀，以留永久之纪念云。

记者曰：王一操业甚微之人，口不诵经史之训，身不接文物之俦，顾一时大义勃发，挫淫威，蹈白刃，至死不挠。求之士大夫中，已如凤毛麟角，况等而下之乎？传曰：能御大灾则祀之。又曰：有功德于民者，则祀之。例以王事，庶几无愧。呜呼，可以风已！

——1927 年 1 月 6 日

老凤祥银楼被盗抢劫（地方通信・平湖）

大街城隍庙前老凤祥银楼，五日晚六时三十分，突来盗匪六人，均有手枪。两盗在门外把风，四盗入内，袖出手枪，禁止声张。一盗跳入柜内，将帐[账]桌后贮藏金饰之抽屉取出。伙友某甲意欲奔避，盗即发枪一响，穿过柜台，幸未伤人。时适夜市初上，街上行人如栉。殷亿錩皮货店作场司务蒋阿香在银楼前经过，止步观看，被把风之盗枪击倒地。斯时市人狂奔，店铺收市，秩序非常混乱。该匪等又发枪示威，向城隍弄、北弄、松风台越城而遁，贮藏金饰之木抽屉则弃于牛桥堍。张知事、王所长闻报后，亲往查勘，立饬各所长关闭城门，严密搜查，电灯通宵不息，毫无踪迹。受伤之蒋阿香已送毛[茅]拔医院诊治，弹中腿骨，尚未钳出，未知有否性命之虞。该银楼事后检点损失，计被劫金饰六十二两，约值三千余元。记者发稿时，接新埭镇电话，谓有嫌疑犯二人在青阳汇地方被水警扣留，已交津湖轮拖带押解来平。是否本案盗匪，容明日探志。

——1927 年 1 月 8 日

县商会长辞职赴沪（地方通信・平湖）

县商会长方锡章（璋）平日洁身自好，正直无私，对于公益善举，无不热心赞助，劳怨不辞。现尚兼任稚陈公所董事、救火联合会会长、东城外保卫团团（总）等职务。历届办理兵差，维持治安，地方人士无不爱戴。近因某项问题，被某官长酒后误会，几遭危险，遂萌退志。虽经各董事竭诚挽留，而方君年近花甲，惊恐成疾，辞意未允打消。各界人士以方君因公受辱,纷纷前往慰问,足见公道自在人心。记者以事出误会,未敢披露。不意昨日(七日)午后,方宅来一冒充军人,手持卡片,声言奉令相请,意图索诈。经乃弟方菊人报告驻平刘队长饬警往拿,已闻风先遁。方君两遭奇险,心灰意懒。已于今晨(八日)离平赴申,表示决绝。

——1927年1月10日

老凤祥盗劫案三志(地方通信·平湖)

城内老凤祥银楼于五日晚被盗抢劫,枪伤路人。当晚,经新埭保卫团黄焕章团总捕获二名,解县研讯。详情已致本报。现闻同党陈某等五人□往上海,在法租界某□作楼上分赃,手枪藏在玻璃窗后机关内。县警所长王锦堂偕同秦复元警佐于七日晨赴沪查缉,今日盛传缉获四名,尚未解到,确否待证。本地内线胡阿二据获盗朱芝田、朱九小供出,系□□□,昨日被传伙友四名,到庭鞫讯,略有端倪。受伤之蒋阿香经毛[茅]拔医院诊治,将弹子取出,腿骨已断,钳出碎骨三片,伤势沉重,恐有性命之虞。殷亿锠皮货号主人业已呈县备□毛[茅]拔医院,亦出具诊断书证明,以免日后拖累。

——1927年1月11日

乍浦警佐之更迭(地方通信·平湖)

乍浦警察分所警佐沈爽阶奉县令撤差,遗缺委胡宝悔接充,业于十五日分别交卸,接替呈报。县署沈警佐系乍绅沙某之东床,故卸任后寄居岳家,尚未离平。

——1927年1月18日

东合森米行被轧倒闭(地方通信·平湖)

新会东合森米行为该镇米业巨擘,年来营业亦佳,不意店东沈雪生在上海交易所营业失败,日前交易所方面派遣专员莅行算账。沈某约定阴历本月十六清算,被城内各庄家所悉,以该行所吃庄款为数甚巨,纷纷前往清算。该行主无法应付,只得宣告破产。综计负债约八万元之谱,平邑庄款四万许。以慎余庄为最巨,不识如何了结也。

——1927年1月19日

枪决盗犯(地方通信·平湖)

城内老凤祥银楼盗劫伤人案中盗犯朱芝田经张知事再四研究,取具口供。该犯直认不讳,判处死刑,电详总司令部核准,于今晨(十九)在大南门外先行枪决。县知事张南溟、警所长王锦堂、水警队长刘怀仕均亲往监刑。连发五枪,遂毙。尚有朱九小一名,俟余党缉获对质口供后,再行核判。

——1927年1月21日

县署催征会议纪闻(地方通信·平湖)

财政厅特派提款委员某君,随带护弁,于今日(二十)下午莅县,催解国税。张知事即于晚上邀集城内各租栈主人莅县会议,当面催征,说明上峰需款孔急,不容再缓。阴历年关又在□前,务望各栈家将未完银漕即日到柜补完,以便解省应用。出席各栈家允即筹集款项到县完纳,遂即散会。

——1927年1月22日

科员莅平守提国赋(地方通信·平湖)

财政府厅科员沈作则(培之)奉令来平提款,于二十日抵埠,与张知事商提国赋,议定解款三万元。张知事即向各租栈催缴欠赋,限令即日完纳。有徐□租栈未知细底,略有误会,遂命法警至汤家浜徐宅将徐姓父子及账房汪某缚县押交。后经征收主任厉□□说项,将欠赋七百元当夜如数清缴,始得无事。其他各租栈主人见此情形,即于昨晚今晨纷纷到柜完纳。筹足解款,交沈科员带厅销差。

——1927年1月23日

将有炮兵驻平(地方通信·平湖)

平湖乍浦为浙西海口,自战事发生后,驻平军队先后调赴前方。顷据机关中人传出消息,谓有炮兵一排,系第二师统辖,日内将由嘉善开平守备。平乍一带已由参事会预备招待。

——1927年1月25日

乍浦海防近讯(地方通信·平湖)

本省水警厅直辖巡洋舰策电、钧和二舰,奉令开乍,连日在钱塘江口乍浦、海宁一带海面巡梭,镇守海口。原驻乍浦海面之泰安兵舰业已调赴宁波。

——1927年1月25日

水警队长更调(地方通信·平湖)

驻平水警第九队队长刘怀仕系区部委任,接事只有半月,现奉厅令开缺,另委秦其昌接充。昨已抵平,对于交替问题尚未解决。新旧两队长今晨(二十三)同往嘉兴区部请示。

——1927年1月25日

一笑楼发封后之波折(地方通信·平湖)

山门口一笑茶楼主人徐老二因纵容茶客俞某等开设诗谜赌场,被某甲报告,县署张知事亲往捉拿等情,曾志本报。现闻张知事办理本案,主张严重彻究,以杀赌风。茶店主徐老二发押,茶馆发封。陈杏林身藏字条五张,判处徒刑一年,另处罚金三百元。惟徐老二、陈杏林二人均赤贫如洗,阖家老小赖其生活,昨日(二十四)两家男女十余人齐至小街侯窭山家为难。据云,即系侯某报告。侯某即至县署请见知事。张知事令其向警所伸诉,并不延见。侯某即至警所,两家老小到处追随,寸步不离。侯某不敢外出,直至夜深,观者渐散,始由警察两名护送归家。

——1927年1月27日

下忙银漕提前处罚(地方通信·平湖)

本县十五年份下忙银漕,照章应扣至二月四日加罚,现因上峰需款甚亟,张知事为力筹解款起见，拟提前六日，于一月二十九日起罚。已实呈财政厅请示，一俟复电核准，即须实行。

——1927 年 1 月 28 日

警察所长因公晋省（地方通信·平湖）

县警所长王锦堂于今晨搭轮赴禾，转车晋省，向上峰面禀要公。所有警务，由警记员暂行庖代。

——1927 年 1 月 28 日

遗失支票声明

去岁腊月向同里同益庄兑到十二月十二期票洋一百五十元，第三零七九号支上海寅泰庄期往领，在途遗失，当向寅泰挂失止付。一面已向同益庄抽银外，特登申、新两报声明。如有中外人拾得，概为作废。平湖光华袜厂启。

——1927 年 2 月 10 日

新仓警所被毁纪闻（地方通信·平湖）

新仓警察分所长胡步云，奉令他调，另委萧某接充等情，业志前报。现闻新任萧分所长已莅平报到，正拟赴新履职。不意今日（十二）午后一时，突来流氓百余人（非本镇口音），不知挟何嫌隙，将该镇警所捣毁，分所长胡步云亦被殴伤。警察受伤者四人，器具均被打毁，枪械无恙。肇祸后，暴民一哄而散，惟并无其他骚扰情事，故地方安谧如常。

——1927 年 2 月 14 日

平湖袜业公会公议红盘通告

去岁敝同业因时局不靖，金融奇紧，商货停滞，致出品极积如山。为周转计，不得不忍痛贱售，故价格一落千丈，亏损之巨，为历年所未有。今庚同业公议定于二月初一日开工，减少出品，力求整顿，庶保全血本，以资维持。兹公定红盘开列于左,祈采办客商注意为荷。

大号纱童　三角四[分]

大号纱条　五角二[分]

纸包尖放女　八角五[分]

二号纱童　二角八[分]

二号纱条　四角二[分]

纸包新长女　九角八[分]

三号纱童　二角二[分]

三号纱条　三角二[分]

四号纱童　二角[分]

新新长女　八角四[分]

平湖交货。

——1927年2月16日

捣毁警所案电省查办(地方通信·平湖)

新仓警所被乡民捣毁等情,已致本报。惟因何激起暴动,则传说纷纭,莫衷一是。兹将胡步云警佐呈报省署电文摘录如下:省长钧鉴:真晚,职所在辖境内三车[叉]河地方捉拿赌犯于勉之等九名,判罚保释。讵至次日下午,由赌犯之兄干凯军唆集暴徒数百人闯入警所,捣毁墙壁,殴伤长警,并将警佐拖殴里许,推入河内,几至殒命。又抢去经征屠宰及陆陈房警等捐洋五百十四元、子弹一百七十二粒、棉制服六件、棉大衣九件,其零星对象,尚未检清。除分电警务处及详呈县署、县警所并报验外,谨此电呈。平湖县新仓警佐胡步云叩。

——1927年2月19日

内河小轮已被封用(地方通信·平湖)

行驶嘉兴、海盐、乍浦等处之内河小轮,均被驻平缉私营奉令封用,于今日(十六)开往吴兴方面,候令调遣。尚有上海夜班轮,因得讯较早,逃匿无踪,得免封用,今日亦已停班。闵南公司之闵□轮,已被封用,开至新桥,因吃水甚深,不能行驶，遂得发还，照常开申。

——1927 年 2 月 19 日

冒充营兵解县讯办（地方通信·平湖）

褚泾坊保卫团排长吴阿义在韩家庙地方拿获广陈镇莠民谢景平、毕文斌二人，因该二人身穿破旧军裤，冒充营兵，在徐埭等处烟铺诈取银洋，由张团总略讯一过，备文解县。经张知事鞫讯，均直认不讳，谕令发押候判。

——1927 年 2 月 19 日

叶燮光就县长职（地方通信·平湖）

国民革命军二十六军政治部委任之平湖县长叶燮光氏已于昨日抵平，寓同安旅社。今日（十四）上午十时，由县署卫队用轿迎入署中。经张前知事将印信、案卷一一请交清，叶县长即布告就职。

——1927 年 3 月 19 日

组设妇孺收容所（地方通信·平湖）

本县慈善公会各县各慈善家筹集经费，依照红十字会章程组设临时妇孺收容所三处，借磁业公所、孤儿院及南河头朱姓大屋为地，刻推举计兆麟、徐为镛、戚声振等为主任，并组织救护队，于必要时以门首升旗为号，收容妇孺，并至险地救济难民，以尽天职。

——1927 年 3 月 19 日

军队之一往一来（地方通信·平湖）

第一师师长伍文涧部下步兵第三团及卫生队等均于昨晚（十三）抵平，原驻近城及城内之一二师军队组成之各支队，今晨（十四）纷纷开拔，赴前线布防。

——1927 年 3 月 19 日

第十支队试放枪炮(地方通信·平湖)

驻平党军第十支队于今日(十五)上午九时在西门外白马堰地方试放枪炮,由队长吴秉元出示布告,以免居民惊恐。

——1927年3月19日

统捐局长业已撤换(地方通信·平湖)

平湖统捐局长汤国棠奉令免职,遗缺由军政治部委任俞成章(号丽生,绍兴人)继任。业已交卸接替。

——1927年3月19日

两机关改归党办(地方通信·平湖)

平湖县公署前据县党部函开,依照浙省最近政纲,图书馆、演讲所均应改由党部办理,请即令知该主任崔鸿裁赶办结束,克日移交等语。当即训令图书馆长兼演讲师长崔鸿裁遵照办理。现闻县党部已委令钱诒谷前往接收,于二十八日办理交替。

——1927年4月1日

会衔布告尊重女权(地方通信·平湖)

本县县党部妇女部长李怀新接到省党部妇女部训令,对于蔑视女权、蹂躏女性之恶习,如妇女缠足、溺女、养媳、蓄婢、纳妾等,在此青天白日旗下,以后绝对不准发生此等事实。当由常务委员伊寿昌会同县长叶燮光出示晓谕,严行禁止矣。

——1927年4月1日

新县长又复更动(地方通信·平湖)

本县县长叶燮光系二十六军政治部委任。就任迄今,只十余日,尚无新政可言。兹得杭讯，政务委员会已委潘忠甲（海宁人）为平湖县长，不日到平莅新。

——1927 年 4 月 3 日

营底奉令开拔（地方通信·平湖）

二十六军第十支队驻平办公处长吴敏谳昨奉队长吴秉元电令云，本支队已进抵浏河，所有敌虏均经肃清，不日开返嘉定休养，着将驻平营底克日运嘉。吴处长奉令后，即命驻平留守兵士及营底于今晨（三十一日）离平赴嘉矣。

——1927 年 4 月 3 日

平湖教育消息并志

平湖县教职员联合会系城区各校教职员所组织，乡镇各校尚未加入。本县党部以其组织不依法定手续，特具呈省党部，请示拟令自行解散，依法改组。

东岳庙内之第五义务学校系上海灵学会所设立，现受时局关系，筹款不易。该会所办之第三、第四两校，已由松江地方人士接办。本县之第五校，尚未得当地人士出而维持之消息，闻将实行停办。

——1927 年 4 月 13 日

全县代表大会续纪（地方通信·平湖）

十五日上午九时，全县党员代表在县党部大礼堂续开大会，签到代表徐月璘、伊寿昌等三十七人。九时十五分，由主席黄祖廉宣告开会，秘书长陆恭良报告各区代表共有提案二十六件，已分别编入议程。又接到东路军政治部驻杭办公处关于省党部事电文一通，武昌总（政）治部关于日界事电文一通，亦朗读一过。次罗代表文梓报告政治状况，伊代表寿昌报告全县党务。报告毕，修正议事细则，规定每日上午、下午、晚上开会三次，其他文字上略有修改。至十二时，方始告竣，即宣告散会。午后一时，续开会议，出席代表朱绍实等三十余人，伊寿昌主席，谢复纪录。一、二两区各分部代表陈迪、黄祖廉、姜锦文、张冠坤、潘惟中、周康等先后报告各该分部党务后，即依照议程开始计论（一）平湖县最近县政大纲，（二）整理党员党务案讨论甚久，二读通过。

——1927 年 4 月 18 日

敲诈农民之骇闻(地方通信·平湖)

平湖县东乡牙前坊有徐树德者,前年因侵占朱姓田租一百七十石,经朱斯煌起诉追还。由县署及浙江高等厅一再审理后,朱姓不愿缠讼,因念与徐姓前辈曾有戚谊,自愿舍弃一部分。去年经大理院判决以田租一百石归还朱姓管业,以七十石归徐姓管业,发交平湖县执行在案。岂知县署因知事易人,此案未及执行分配,而徐树德任意向各佃户敲索,串同催租差人及坊役某私自拘人,异常强横,并将姚三和之妻殴伤。经姚三和赴县署起诉,其实此项田租未经县署分配确定,徐树德不应任意收取也。

——1927年5月16日

袜业商民协会成立会纪

平湖袜业商民协会于今日(十五)下午二时假座县立第一小学开成立大会,并选举职员。签到会员六十七人,公推陆公我为主席,报告开会宗旨及筹备经过。次投票选举,当场开票,张伯臣、高琴泉、张卓成、李明夫、陆公我、朱玉书、严哲卿等七人当选为执行委员,徐寿萱、王鹤年、杨秉钧、朱蓉伯、梅洪生等五人为候补。戈厘百、叶粹安、周剑青、王少山、杨子秋等五人当选为纪律裁判委员。朱葆才、王炳生、陆受春等为候补开票。毕,摄影而散。

——1927年5月17日

袜子客销颇佳

袜子市面颇呈佳象,本街进胃尤以麻纱袜、丝袜及六十支双线袜为畅,四十二支线袜虽本街以质料粗厚,对于天热不合销场,然客帮办胃颇不弱。闽、温帮尤较他帮为强。盖该处巿民多以价廉耐穿为主,非若沪地奢华,而全年起色又全赖所时故也。他如青年进步袜、挑花丝袜,本街走销,虽亦畅旺,然大都为店主顾需求计,并无大宗进出。挑捎袜产自浙省硖石、平湖等处,畅销北方,年以百万计。近以该处市面日趋衰落,银根暗紧,故客方多取观望,交易至为甚寂,较之往年,几有一落千丈之势云。

——1927年5月18日

平湖驻沪袜厂纱童袜联合总发行所广告

纱织童袜为吾平湖厂定出品之大宗，外则应国人之需求，内则厚平民之生计，地方实业均有关系。乃迩年厂家创设既多，意见不一，营业只图扩张，售价不顾血本。滥行兜售，混乱市面。客家则但听价值之廉，不审货品之劣，因之结果则厂家、客家两受其损。况当此外货充塞之际，国货之一线曙光全赖出品精良，始足与之相抗衡。乃吾厂家不惜牺牲向日之名誉，辜负国人提倡国货之热心。恐常此以往，不求改革，势必失社会之信用，益便外货得以乘隙。则他日之为害岂浅鲜哉？同人等有鉴于此，为特纠合各厂同志，组织驻沪童袜联合发行所，泯除意见，共图合作，挽救已往，发展将来。此后定价务归一例，悉照原料升降稍加手续之费，使市面不致混乱，庶客家有所标准，而吾厂家营业前途亦可稳固，亦一举两得之意。惟刻下事属初创，设备未周。各厂以前出品，分量轻重不一。值兹开幕之初，爰将前存各货廉价批售。一俟整顿完备，自当研究改良，力求进步，以向国人，倘蒙惠顾，不胜欢迎。尚希赐予教言，以匡不逮，无任企感。此启。地址：英租界五马路满庭坊广福里十一号，电话：中央二四一七。

陈瑞麐大律师启事。

本律师现受任为平湖驻沪童袜联合总发行所常年法律顾问。如有妨害该发行所营业及一切法益者，当依法保障之。

浙江平湖日新昌袜厂继续征求各省县经销男女机织袜。定有简便邮购章程，函索即寄。此布。

——1927年5月29日

平湖慈善公会为重建马厩大桥启事

启者：平湖县大易区赵泾坊马厩庙大桥南接古盐之路，北达檇李之区，东贯赵泾之塘，西通青龙之港，固水陆之衢，南北之要道也。建于明季，迄今四百余年。前岁初夏，忽然倾颓，往来行人咸感不便。嗣乡人集架浮桥，暂免跋涉。然难经久远，倾圮堪虞。同人等爰集资重建，以利交通。业经匠人估计，因桥身长十四丈有奇，约需工料二万余金，若非广为筹募，曷克济事？敝会与赵泾坊同人分别劝募，约有万余金，于估计之数相差尚巨。还望诸大善士鼎力襄助，慷慨乐输，以期集腋成裘，早日□事，同人等有厚望焉。兹定于五月十一日先行开工，成立事务所，凡经收疏款，由事务所挈给收据，敝会加盖图章，以昭慎重。恐未周知，特此通告。平湖慈善公会同人启。

——1927年6月8日

平湖旅外学生会开会记

平湖县旅外学生会于十三日午后一时假茂修女中开第九届全体大会，到会员四十余人，县政府代表陈迪、县党部代表俞品璋等均到会参观。开会仪式举行后，首先修改会章，其次讨论会务，拟在暑期内创办暑期学校，并试办一平民学校。最后选举职员：（一）执行部戚其祥、戈宗法、戈宗源、戚其宝、王善采、潘焕明、俞履基；（二）议事部崔宝钤、戚觉如、徐琳、戚其源、沈怀琪；（三）监察部胡士煃、谢能、钱宗贤、胡采苹、徐以枋。

——1927年7月15日

总工会执委会纪（地方通信·平湖）

平湖县总工会于十六日下午二时举行第十次执行委员会，出席执委张觉镫、陆祝荪、俞品璋、潘惟中、陆宝忠，候补执委卫芸生等六人，副委员长张觉镫主席报告杭州市总工会来函，通知正式成立执监委员会情形。次讨论例案五件，决议如下：（一）茶叶业职工会呈一件，事关私刻图章、伪造文书，已涉刑事范围，决定移县政府依法核办；（二）南货制烛茶食职工徐亦秋等来呈一件，语多荒谬，决定明令申斥；（三）南货制烛茶食业同人来函一件，既不署名，又不盖章，决定不受理；（四）机器电汽业工人加薪问题决定再由文书部去信明华厂，限期答复；（五）制定钤记、旗帜，交各工会领取应用，以昭一律案，决定交总务科赶办。

——1927年7月18日

总工会代表会议（地方通信·平湖）

本县总工会于昨晚（十三）召集所属各工会及职工会代表在大礼堂举行临

时代表会议，签到代表五十余人。八时许开会，总工会副委员长陆祝荪主席致开会辞，略谓：本邑自党案发生后，外界未明真相，各工会精神涣散，深为惋惜。要知工会为工人合法的团体，在轨道内的工作任何人不得干涉。现在总工会已经省党部改组委员会组织部长张人杰氏正式批准备案，县党部工人部早已奉到指令，因工人部长离职未返，是以公事尚未转来，希望各工会各职工会要始团结，照常进行。报告毕，执行委员陆宝忠、俞品璋等均有演说。最后讨论议案数起而散。

——1927年7月18日

总工会执行委员会纪（地方通信·平湖）

平湖县总工会执行委员会于二日午后二时在议事厅开第十二次会议，出席执委潘惟中等六人，张副委员长主席，决议案件如下：（一）烟纸业职工会对于资方要求条件请予审定案，议决交总务部文书部审查发还；（二）估衣业职工会常务委员被店主无端开除请求援助案，议决派员向该店主提出劝告；（三）麻饼工会会员杨锡荣控告该会常务委员一案，议决俟派员查明再核；（四）总务部提出任命曹延龄为该部干事案，议决试用一月，再行加委；（五）宣传部提出任命陈志丰为干事、姚福昌为书记案，议决准予委任；（六）明华电厂工人待遇问题，厂方一味延宕，呈请迅予解决案。议决再函该厂总理质问。

——1927年8月4日

律师通告[1]

宋士骧、陈瑞麐、龚同元律师受任平湖明华袜厂李明夫、日新昌机厂张卓成、当湖袜厂朱玉书常年法律顾问。

特此通告。

事务所：（北市）花旗银行三楼，（南市）西门冬青园路。

——1927年8月11日

1 标题为编者所加。

浙省解释鬻子与尼僧还俗

亲父鬻子依刑律第三十章科罪

年轻尼僧不遵令还俗照行政处分

浙江省政府庄委员崧甫依据浙江最近政纲令行各县，条陈应行兴革事项，兹有平湖县长呈报关于应革事项，发觉亲父卖子案，又以年在二十岁以内之男女虽已出家，经勒令还俗、抗违不遵等两端，刑律均无明白规定，应如何办理，请示遵行。昨经省政府明白令复，并通令各县一体遵照，原文云：案查前据平湖县县长呈称，案奉钧府第四八一二号令发应行革除事项等因，奉此，县长遵即剀切布告，随时办理在案。兹查禁止卖买人口一项，内开卖买人口本干厉禁，无知小民迫于饥寒卖其亲生儿女，情虽可原，事已犯法。他若鬻婢蓄奴，视同商品，拐骗诱掠，私行贩卖，更应依律严惩，以障人道等因。现职县发觉亲父因贫价卖八龄幼子为人之奴，当以除拐骗掠诱外，其略卖和买刑律均无专条，暂行刑律补充条例又已废止，其他亦无处办之规程。究竟卖者、买者如何处办。此应请示者一。又禁止已未成年之男女出家一项，内开三乘真缔悉空法我，道家妙旨玄同，有无研究哲理，□序所尚，至若妄倡福田，诱人迷信，寺院多一归依之徒，国家增一消费之辈，政尚革新，俗宜除旧。自今以后，无论已未成年之男女，对于释道各教能超出研究学理之外而栖身梵宇、遁迹空门，务须切实严禁。其年在二十岁以内，经已出家者，并应勒令还俗。既俾免入歧途，庶可人无旷业。倘有阳奉阴违，即当严行处罚等因。如犯上项情事，而并不遵令还俗，刑律并无处罚之条，行政上又无处罚之标准，究竟如何办理。此应请示者二。理合备文呈请，仰祈钧府鉴核，俯赐指示，俾便遵循等情。据此查，关于卖买人口一项，依刑律第三十章，赂诱及和诱各条并未将有特别身分者除外，关于此种案件卖者、买者均应按其所犯事实，依照刑律第三十章各条规定，分别处断。至关于未成年出家并不遵令还俗如何处罚一节，应由县长察核情形，以行政处分，酌量拟办报候察夺。除分令外，合即令仰该县长遵照此令。

——1927年9月21日

潘更生奉令挽留（地方通信·平湖）

平湖县长潘更生氏，前因政务繁剧，政躬微有不适，曾向省政府提出辞呈。昨奉省令云：呈悉。查该县长任事以来，勤于治理，殊堪嘉许。仍仰善自□摄，俾早痊可。所请辞职之处，应毋庸议、此令等语。潘县长奉令后，已打销［消］辞意，照常服务矣。

——1927年9月26日

南教场之庆祝大会（地方通信·平湖）

平湖各界民众于十日下午休业半天，齐集南教场，举行庆祝双十节宁汉合作国民政府成立纪念大会。各机关、各团体、各学校、各级党部及各界民众到会者五千余人。二时许，开会行礼后，高呼口号，同唱国民革命歌，宣告散会游行。

——1927年10月13日

款产委员会成立（地方通信·平湖）

本县管理公款公产委员会于昨日下午一时在旧参事会开成立会，出席委员计咏芝、朱岐侯、杨文侯、高晓兰、陈心澍、张静侯（监察）等六人。潘更生县长主席，各委员宣誓就职如仪，并推定陈心澍为常务。

——1927年10月13日

胡藻升调统部参谋长（地方通信·平湖）

驻平缉私第二营长胡藻就职以来，整顿缉务，训练营兵，劳绩卓著，甚得上峰嘉许。现因统部改组，有调充参谋长之消息，遗缺另委吴天庆接充。

——1927年10月13日

总工会改组委员已派出（地方通信·平湖）

本县总工会上月奉令改组，由县党部改组委员会任命张觉镫等五人为改组委员。张君等均辞职不就，迁延至今，迄未改组，各小组工会工作均为停顿。昨经县执行委员会议决，改派王寿君等五人为总工会改组委员，令其克日接收，依照新章改组。

——1927年10月22日

衙前区疫疠盛行(地方通信·平湖)

本县衙前区自朱超骏患疫身死后,一时蔓延甚速,传染者日必数起。该处又无良善医院,人心颇为惶恐。

——1927年10月22日

二五库券先解四万元(地方通信·平湖)

本县摊派二五库券二十五万元,府迭开会议,讨论办法。现因上峰催促甚亟,又有守提委员到平坐索。今日(二十七)又召集会议,磋商颇久。结果除由各劝募员分头尽力劝募外,决定垫款四万元交委员先行解省,余俟续筹。

——1927年10月29日

变更学区　新教委发表(地方通信·平湖)

十六年度预算,本县学区由八区归并为四区,各区新任教育委员亦已发表,龚焕章城区兼大易乡教委,刘德铭乍浦兼徐带乡教委,俞源新埭兼吉联乡教委,张钧新仓兼衙前乡教委。

——1927年10月29日

掳人勒赎案判决(地方通信·平湖)

号圩坊地痞殷阿四串同地保殷宝大及盐警多人,以查盐为名,闯入该处农民郭小悌家,将郭妻郭郭氏掳去,索价六百六十元。后经殷宝大做调人,以四十元赎出。郭氏释回后,查得殷等曾以同样方法向该处杨二观、钟掌兴两家索过银洋,遂即将被害情形联名控诉到县。由县政府派遣法警将殷阿四、殷宝大两被告拘案法办。今日下午三时,经徐承审员莅庭鞫讯,各被害人均到庭供明被害情形,两被告供认在杨姓处索诈二十五元、钟姓处十七元、郭姓处四十元,殷宝大朋分是实。复据证人到案证明前情,承审员察核之下,即当庭依法宣判殷阿四徒刑三年十个月,殷宝大一年六个月。俟上诉期满,即须送狱执行。

——1927年11月6日

白相船撞沉平湖航船

两人不知下落

平湖航船牛吉生前日由申装载景大、坤和等号之苎麻、洋货等，货值银一万余两。昨日下午，驶至南黄浦长十八里浦面，忽被某国白相船迎头猛撞。船头撞碎，潮水侵入，牛与伙友二人被撞落水。该汽船见已肇祸，即停机援救。船已渐渐下沉，只将伙友一人救获，惟牛与一伙不知下落。闻牛船之货保有水险，昨日牛之伙友来申报告景大各货号，即报告公司索赔险银。该公司派员偕同船人前往出事处查勘肇事情形云。

——1927年11月8日

宣布戒严预防共党（地方通信·平湖）

本县近日无形戒严，提早筹办冬防。水警队长施允治连日督率全队警士，在大南门外校场亲自训练。陆警所长朱鹏亦编制巡逻队，昼夜荷枪梭巡。同时，发贴六言韵示，宣布戒严。南门、北门规定六时启闭，西门及两东门略为延长，至迟亦不得过九时。一切火爆边炮等物，均禁止燃放。夜来行人须张灯笼，可疑者即须盘诘。闻系奉令防范共党密谋之故，惟城厢安静如常。

——1927年11月10日

枪毙盗匪二名（地方通信·平湖）

抢劫新埭落乡封六观、陆景星、李陈氏等家之盗匪钟阿二、陆根发二名经县政府讯明判处死刑，呈省请示。昨得复电照准，令即执行。十日上午九时，由承审员徐济桂会同警察所长朱鹏、水警队长施允治将钟、陆二盗验明正身，押赴大南门城脚执行枪毙。

——1927年11月13日

轮班暂时停驶（地方通信·平湖）

本县闵南轮局、平沪轮局、商业公司等三家行驶上海各轮，今日（十三）忽同时宣告停驶，原因未详。由沪开平之船亦未见到埠，惟日商夜班轮照常开申，并不停顿，乘客异常拥挤。

——1927年11月15日

王刘离婚案业已解决（地方通信·平湖）

女中学生刘贵贞与王鼎丰煤号小东王祥瑞婚姻纠葛一案，枝节横生，轰动全邑。现闻县政府送达判文，婚约准予解除。王祥瑞亦知难以挽求，情愿抛弃上诉，向原告律师殷国骥处领回定婚饰物及礼洋，遵判离异矣。

——1927年11月15日

支票被窃

号伙在沪被窃皮夹，内有履成公司支怡春庄第七号十一月廿五期洋一千元，已向原户声明止付。如中外人等拾得，概作废纸。平湖童袜批发所启。

——1927年11月17日

丁济美赴日考察（地方通信·平湖）

邑人丁济美为国民党忠实同志，前任浙江省党部常委，时因某项嫌疑被逮。经各方同志营救出狱后，回平养疴，息影乍浦故里。现闻丁君拟赴日本考察政治经济状况，游期预定一年，已于十九日回平，候轮东渡。

——1927年11月22日

袜业商协会自动撤销（地方通信·平湖）

本县商民协会袜业分会成立以来，会务颇称发达。不知因何缘故，忽于今日

(十九)将钤记文件呈送县商协会自动撤销。

——1927 年 11 月 22 日

各区款产委员发表(地方通信·平湖)

各区自治委员奉令撤销后,所有各区款产依照省令设立管理公款公产委员,现闻县府已于今日(二十六)发表四区管理公款公产委员,城区计咏芝、王撰春、薛勋阁,乍浦杨文侯,新埭高晓兰,新仓陈心澍。

——1927 年 11 月 28 日

轮船竞争业已和解(地方通信·平湖)

平湖商业轮局自添开乍沪班后,与闽南公司之上海班营业上发生冲突。闽南亦添开乍嘉班与商业之嘉兴班竞争,以为抵制。双方廉价商战,损失均各不资。现经当地公正人士调处,实行和解。令闽南出洋一千元认还商业乍沪班开办费,而商业之江瀛轮、闽南之民康轮同时停驶,以维营业。

——1927 年 11 月 28 日

石万茂倒闭(地方通信·平湖)

小街桑园弄石万茂鸡鸭哺坊近年营业尚称不恶,与各钱庄往来亦巨。无如坊主石九香在沪兼营投机事业,屡有亏空,外强中干,局外人鲜能窥破。不意今日(二十七)有仇某自沪来平,至石万茂,坐索到期欠款二万元。石九香避不见面,本县各庄家闻讯之下,深恐债权旁落,齐往踏扒。该哺坊无法应付,遂即倒闭。综核负债,除上海期款及本邑存款外,庄款一项已有五万八千四百余元。新盛、德慎、同裕、增记、瑞源、恒升等庄均受倒账,以增记庄最巨,被拖欠一万三千余元,不知如何理值也。

——1927 年 12 月 1 日

东北城将辟新城门(地方通信·平湖)

本县东北郭城河滩一带地方,年来居民日增,新屋栉比,颇有新村气象。巨董朱岐侯复捐资数万，在该处创建私立中学一所，大兴土木，亦将工竣。该处与东北城墙虽只一河之隔，而距离东北两门则路途辽远，往返需时，出入甚感不便。前县议会曾有添辟城门、建造新桥之计划。目下新桥已经完工，城门即须开辟。惟城内松风台一带居民以风水迷信，尚在反对。不识能否谅解。

——1927年12月9日

浙省棉产今岁丰收统计皮棉六十万担

浙省南部多山，惟北部沿钱塘湾一带地势平坦，能供植棉之用。本年棉田较去岁略减，约二百万亩，收成则较去年为丰，在一倍以上。惟平湖稍歉，平均每亩可收子花一百斤，统计产皮棉六十万担，比去年增十五万担余。其中，余姚县产十九万九千九百担，萧山县十一万二千二百担，绍兴县十万〇八千五百担，上虞县三万六千九百五十担，镇海县三万〇六百担，鄞县二万七千五百五十担，慈溪县二万三千八百担，平湖县四万担，其他各县二万余担。各地植棉情形与苏省亦无大异，棉种有南阳及大苞两种，品质以南阳为优，大苞则纤维粗短，尚不及浦东白子棉也。运销极便，因在钱塘江西者有沪杭路，东者有杭甬路。棉市以余姚为中心点，盖余姚为浙省产棉之冠也。

——1927年12月16日

1928 年

典案劳资纠纷将解决(地方通信·平湖)

本县典业劳资两方发生纠纷,经全县典业职工联合会呈请总工会、县党部援助,从中斡旋调解,双方业已妥协,定于本月七日下午一时,在县党部正式签字,届时县政府方面,亦有代表出席,以示郑重。

——1928 年 1 月 6 日

援工会第四次执委会(地方通信·平湖)

本县援助英美烟厂工友会执行委员会,于四日下午四时开第四次会议,各执行委员全体出席,兹将讨论事项录下:(甲)卷烟公会来函,请求将仇货免予集中案,决议照准。(乙)规定积存仇货,照原价酌加百分之十五,决议通过。(丙)雇定盖印员驻会验盖仇货印钤,以专资成案,议决,委许连生拍任,酌给办公费六元。(丁)奖励调查员案,议决,在破获仇货罚金项下提百分之三十,充奖励金。(戊)奖励报告仇货办法案,决议,照丁案办。

——1928 年 1 月 6 日

灵学会同善社房屋发封(地方通信·平湖)

本城小南门内灵学会、同善社两所新屋今日(五日)被县政府前往发封。当封闭时,在灵学会搜出烟枪两枝,当将该会司事潘某带县法办。

——1928 年 1 月 7 日

邱得标忤逆案判决(地方通信·平湖)

乍浦人邱得标犯案迭迭,屡次入狱。释放未久,复勾结地痞流氓在乡横行不法。乃母邱沈氏劝戒不从,竟于阴历本月初八日将邱沈氏任意殴打,被邻居密报警所，将邱得标拘获，移县法办。五日下午三时，由徐承审员升座鞫讯，不意邱得标当庭辱骂邱沈氏。承审大发雷霆，遂判处徒刑三年六个月以儆。

——1928年1月7日

查封非法集团续闻（地方通信·平湖）

本县小南门内酒瓮弄南首同善社、灵学会两非法集团，经县党部第四次临时会议决函致县政府照办，由县政府令饬警察所会同县党部前往查封等情，已略纪本报。兹悉当查封时，搜出迷信物件甚多。厢房楼上双扉紧闭，中有开设烟店之潘某子女三人，形色仓皇。其女身边藏有烟枪两枝，被警搜出，遂即带县法办。经徐承审员莅庭讯判，潘云庄父女供认私吸不讳。结果罚洋九十五元释出。当晚同善社后门封条被人扯破，裂锁进去。今晨党察物件并未被窃。据云有一贩土机关借为宝库，中藏红土甚多，乘夜盗去矣。县党部、警察所以该两处被封房屋无人视守，深恐失窃物件，特于今日（七日）下午督同地保将被封物件逐件检点，编列号码，造册保管。

——1928年1月10日

贩米出洋开枪示威（地方通信·平湖）

平湖之乍浦海口，一般奸商常于此贩米出洋，以图巨利。昨晚，该处警察分所得人密报，谓有奸商装运米粮数千石，贩往东洋销售，已于傍晚出口。警佐端木和得讯后，即通饬全班长警乘船追捕，在龙王塘附近海面遇见重皒三只，形迹可疑，当即喝住看船。不意船上水手不问情由，瞄准警船放枪，实行拒捕。端木警佐见势不佳，恐酿巨祸，传令暂退数丈，环绕监视。米船见四面围困，无处逃遁，即派代表谒见端木警佐，声称疑伪盗船，误会开火，惟事关贩米出洋，有干禁令，不知如何结果。

——1928年1月10日

高级农佃裁判会将成立（地方通信·平湖）

高级农佃裁判委员会，县党部派张松年、刘棣华、陆恭良三人为出席代表。县政府派陈迪、顾家骧二人为出席代表，共同组织委员会，日内即须成立。

——1928年1月10日

拆城问题之近讯(地方通信·平湖)

本县拆城筑路一事,动议已久,未见实行。现闻管理全县公款公产委员会已接到县党部公函,略谓拆除城垣,建筑马路,业经执委会议决,请查照办理等语。当经转请县政府核办在案。兹悉县政府方面已将原案呈送省政府请示,一俟令准,即须实行。

——1928年1月14日

米粮漏海重申禁令(地方通信·平湖)

本县自乍浦海口查获私运米粮开枪拒捕一案后,县长潘更生以贩米出洋本干例禁,本年平邑幸获丰收,米价低落,平民如解倒悬。如任奸商私运漏海,于民食前途关系匪鲜,特于本月十日出示布告,重申禁令。

——1928年1月14日

催租处仍须设立(地方通信·平湖)

浙西各县均有催租处之设立,专办各租栈农佃欠租事宜,平日不无狐假虎威、欺压农民等情事,是以各处党部均表反对。本县县党部亦经执委会议决,函县撤销。兹悉县政府方面昨已奉到省令,对于催租处并不敢销,惟严禁吏役索诈。如敢仍有前项情事,定予严办。潘县长奉令后,将前定催租公役办租路费每元一角,远路每十里酌加五分,不得逾限需索,特于今日(十三)再行出示布告,重申禁令。

——1928年1月15日

奉令调查权度器(地方通信·平湖)

浙省各县权度器具,舛错不一,省政府建设厅为划一权度起见,将制造新权度器具,特令行各县,将制造旧式权度器具之商铺详细调查填表呈报,以便制造新器时,得资参考。县政府奉令后即转令警所饬属调查汇报,以便呈复。

——1928年1月15日

高级农佃仲裁委员宣誓就职(地方通信·平湖)

本县高级农佃纠纷仲裁委员会委员刘棣华、张松年、陆恭良(县党部代表)陈迪、顾家骧(县政府代表)等五人于十四日下午一时在县党部中山纪念堂举行宣誓就职典礼,县长潘更生、款产会主席陈心澍及各机关团体均有代表到会观礼。各委员如仪宣誓后,接开第一次会议,讨论要案多件而散。

——1928年1月17日

各级学校次第放假(地方通信·平湖)

本县男女中小各学校寒假考试均已结束,茂修、诒谷两女中放假最早,当湖、淑英、东武及稚川初中均于今日(十四)结束。

——1928年1月17日

发现匪徒未肇巨祸(地方通信·平湖)

距县治二十七里之乍浦城西门外乡下,昨晚有手执电炬之匪徒三数十人在该处集合,形迹异常可疑。乍警所得报后,警佐端木和即调齐各分驻所长警全体出发,分队巡逻,城门紧闭,特别戒严,一面电呈县政府求援。当由驻平水警队派遣巡船,星夜驰往防卫。全县居民莫不惊恐。及水警队驰抵该处,匪徒已匿迹,未肇巨祸。

——1928年1月17日

殴伤毕命报县请验(地方通信·平湖)

南河头沈姓司账林景道因贩酱渣纠葛,于阴历本月十四日在黄日升煤炭店门前,被酱渣□户蒋阿兔殴打成伤,延至昨晚,呕血毕命。今日报县请验,惟凶手蒋阿兔已闻风兔脱,不识能否归案惩办。

——1928年1月17日

盐陆警暗潮已告平息（地方通信·平湖）

全公亭缉私队盐警与警分所陆警平日积不相能，颇有嫌隙。去岁陆警应龙被盐警藉端拘送营部，双方致起暗潮，仇视颇烈。县警所长朱鹏特派巡官朱澄前往彻查。据报，应龙确有赌博情事，乃传令斥革，实时驱逐出境。钱、杨两巡长驭下无方，亦受停职处分。何营长亦将肇事盐警加以惩处。一场暗潮始告平息。

——1928 年 1 月 31 日

大小营坊盗伤事主（地方通信·平湖）

大小营坊农民朱安兰家于二十八日深夜被盗匪多人破门而入，将朱用绳捆绑，以洋烛灼其皮肤，逼出藏银之处。临去时，复向朱连放三枪，一弹中头部，由脑后射出。该处驻警闻讯往捕，盗已远扬。检点损失，约五六百元之数。受伤之朱安兰今日（二十九）来城，在茅拔医院医治。伤势沉重，恐有性命之虞。

——1928 年 1 月 31 日

各商铺开除大批店员（地方通信·平湖）

本届阴历年关，县党部深恐各业循例进出店员，致起劳资纠纷，故事前分发通告，提出劝告。不意各业仍有大批更动，尤以米、药、袜三业为多。据调查所得，米业七十六人、药业二十三人、袜业三十七人被开除，各职工已纷纷呈请各该业职工会报告总工会及县党部，请予保障，不知能否转圜。

——1928 年 2 月 2 日

又多一舆论机关（地方通信·平湖）

本邑舆论机关，已有《日日新闻》《平民》《大同》等三报。现有王隆书等又发起一日报馆，名曰《东湖》，筹备多时，业已就绪，定于二月一日正式出版。

——1928 年 2 月 2 日

商业轮局暂告停班（地方通信·平湖）

本县商业轮船公司津湖快轮专驶沪平一带，隔日来往，生意尚称不恶。惟因营业关系，与闵南、平沪两轮局发生冲突，廉价竞争，亏耗甚巨。经理叶粹安为善后问题，邀集股东会议，一时未有办法。闻已决定暂行停驶，再行从长计议，徐图恢复。

——1928年2月6日

著名窃贼被殴丧命（地方通信·平湖）

新仓南放港坊著名积窃陈阿二，日前至荷花池乃姊处，以探亲为由，乘机行窃，被失主捕获，将该窃痛打一顿，头部击穿一洞，血流不止。行至朱家弄后，倒毙于地。经人报告该处警所，转报县政府，请求检验。潘县长据报后，即饬检验吏前往验明伤痕，填具尸格，谕令坊役备棺收殓。惟陈阿二尚有晚父某甲，在本镇羊肉店□杀羊，拟呈县彻究，为死者昭雪，不识能否照准。

——1928年2月6日

捐船闯祸溺毙老妪（地方通信·平湖）

独山坊清溪桥儎船于八日晨开驶来城，在东湖口六里塘地方碰见某机关巡船，阻住去路，大喊捐船。该处水流甚急，势难停顿。适有木排撑过，在船尾猛撞一下，立时翻身，满船猪、米、地货尽付东流。船主沈阿四及乘客七人，均经邻船救起，尚有老妪一名，业已溺毙。巡船见已闯祸，立即靠近河边，上岸逃逸。该船遂被扣留，现方严重交涉，报县请验。

——1928年2月10日

朱所长搜查烟窟（地方通信·平湖）

县警所长朱鹏于八日下午一时率领一所巡长赵文炳、巡逻队长杨国夫及警士十二名，至东门外各著名烟窟亲自调查。先至庙街马锦芳，后至城河滩王德顺、庙后底徐挨小等烟窟，搜查多时，一无所获。

——1928 年 2 月 10 日

一桩离奇之血衣案（地方通信·平湖）

汤罐弄内本县电报局长张心傅住宅后门之短墙上，昨晚忽有血衣一件，血色新鲜，腥臭触鼻，遂即报告第三分驻所巡长顾宗祥将血衣拿去，转报总所。今晨（十日），由巡官朱澄前往察看。查得张宅后门与同兴典当栈房比连，同兴典火毁后，栈房锁闭已久，或有奸人匿迹在内，为恶作非。现已饬警通知当主将栈房内钥匙交出，以便进内侦查。

——1928 年 2 月 12 日

禁烟处组织成立（地方通信·平湖）

本县禁烟处已经省派专员丁恺丰氏在县政府余屋组织就绪，推定县长潘忠甲为主任，警察厅长朱鹏为正主任，水警队长毛琳为主任，于本月十六日正式成立，开始办公。

——1928 年 2 月 18 日

寺产登记展限十日（地方通信·平湖）

寺产登记一案，前经县政府传谕各寺庙，限期登记，逾限照章执行标管。兹已限满，尚未登记齐全。复经县政府展限十日，以示处恤。过期一律充公，不再宽限。

——1928 年 2 月 20 日

强抢妇女之查缉（地方通信·平湖）

福臻坊江家堰地方居民王金荣之女王兰宝，略具姿色，被该处无赖华梦熊之弟华阿寿勾引，意欲聘为妻室，惟王兰宝早已字人，未能如愿。昨晚，华梦荣弟兄两人纠同地痞冯阿奎等十余人，拥至王金荣家，将王兰宝拔去，声言抢亲，邻里无敢反对。今晨（十六），王金荣至县警所报告经过，朱宇程所长立饬二分所巡长金甘棠带同干警多人将华梦熊拘获发押，惟华阿寿等已逃匿无踪。复经朱所长通饬各分所长警一体查缉，务获究办，以儆不法。

——1928年3月18日

拆城筑路之反对声（地方通信·平湖）

本县拆城筑路一事已经县党部议决，会同各机关及民众团体组织委员会，积极筹备，势在必行。现有耆绅沈颂清等会同各大租栈、大商店联名条陈县政府，提出意见数项。原文理由颇长，其弦外之音，则在表示反对。

——1928年3月22日

潘县长下乡之任务（地方通信·平湖）

县长潘更生氏定于本月二十二日出发巡视乍浦、全公亭、新仓、新埭四镇，其任务有三：（一）视察学校，（二）催募库券，（三）督收银粮。

——1928年3月22日

盗棺弃尸案主犯已获（地方通信·平湖）

徐家埭镇沈免贤祖坟在诚圩地方被盗发掘，盗棺弃尸。迭经坟主、地方人士呈控在案。兹悉该案主犯邬阿昌昨被该镇地保殷关忠瞥见，上前追赶，逃至西城门口，由岗警拘获，解至总所，讯出同伙谢三寿踪迹。咨请水警队按址缉拿。

——1928年3月24日

加派库券原因（地方通信·平湖）

本邑巨室钱丙炎此次摊派库券七百元，系由绅商会议依照荡田数目为标准，不意劝募员催收七次，均置不理。县政府因其故意妨碍，进行专函警告。于原派七百元外，加募银三千元。限日照缴，不得延误。

——1928年3月24日

盗杀事主案质讯（地方通信·平湖）

全公亭大小营坊盗杀事主案，经水警队在滥阙口地方缉获黄小羊一名，后因黄小羊只认摇船，尽翻前供。县政府乃票传事主朱耕余、佣人朱阿新二人于二十四日下午到县，由徐承审员提案质讯。据朱耕余供，是晚盗用竹竿，从后园跳入，被告系第二人入内。一手持洋烛，一手执手枪。故父朱安澜住前埭，闻惊欲逃，被被告开枪击伤，死在医院。渠在黑暗中看得很致细，开枪者确系该被告，并无错误。复据朱阿新供同前情，惟黄小羊极口呼冤，不肯承认。承审员谕黄小羊回押，俟补传死者之妻到案证明，再行核判。

——1928 年 3 月 27 日

潘县长公毕回府（地方通信·平湖）

潘更生县长前因劝募公债等要公，亲自下乡巡视四镇。现已公毕回城，照常视事。

——1928 年 3 月 27 日

大小营坊命盗案续（地方通信·平湖）

大小营坊朱安澜被盗开枪击死一案前经水警队缉获黄小羊一名，解县研询。兹悉驻全水警分队在赵家弄地方续获赵补根一名，似与本案有关。闻已解至斗阁队部预审，录取口供，即须移送县政府并案法办。

——1928 年 3 月 29 日

联合运动会事务所成立（地方通信·平湖）

第四届全县联合运动会在教育局开过筹备会六次，推定负责人员，组织事务所。原有之筹备处即日撤销。

——1928 年 3 月 29 日

劝募员舞弊发觉(地方通信·平湖)

将军坊崔梅春向该处乡董帮忙劝募二五库券,零星集募一百四十余元,被其吞入私囊,未给库券。现被县政府得悉,深为震怒,已派员下乡彻底查究。

——1928年3月30日

特派员下乡巡视(地方通信·平湖)

禁烟特派员丁恺丰因烟民登记缴验存土两事展缓至四月四日截止,转瞬即届。二十八日晨,偕同随员多人亲自下乡赴新埭、乍浦、全公、新仓、牙前等镇,依次视察,俾资督促。

——1928年3月30日

平湖新蚕大帮头眠(茶茧近讯)

[平湖蚕讯]近因天时寒暖不齐,发育较迟,现已大帮大眠。桑叶已可采售,叶价不昂,现货只开一元八角。全邑旧茧行计十家,近城东、西昌大及昌纶,新埭镇正新、协兴、大昌祥均由各丝商租定。新茧行计增五家,亦均租出。现正筑灶工程,以备新茧开烘云。

——1928年4月25日

平湖新蚕眠头颇齐

平湖蚕现已二眠开叶,眠头颇齐,但照现在情形,尚难测将来之良否,惟天气倘无变动,不致增多折扣,叶价在二元五角。

——1928年5月2日

第四届联合运动会纪闻(地方通信·平湖)

平湖县第四届联合运动会于五月二日在运动场开始举行,原拟会期四日。加入学校有稚川中学，诒谷女中，县立一小、二小、三小、四小、五小(女)、六小、七小，城区区立一小(女)、一初、二初、三初、九初、十一初、十三初，乍浦区立一小(女)、一初、二初，新埭区立一初、四初、十一初(女)，新仓区立一小(女)、私立诒谷，越安垂裕(女)等二十六校，上海中国女子体操学校、金山中学男女童子军均莅平参观。第一日开会时，会长潘更生县长致开会辞，希望全体运动员永久提倡体育，勿徒争一日之短长。词甚简括，全场鼓掌。是日，系各校男生团体操，全日节目三十二。第二日(三日)，大半系女生团体操，全日节目三十六。评判主任侯服周公正不偏，群情翕服。第三日(四日)为田径赛，共有节目二十七项，评判主任邹吟庐。不意第二节乙组百米决赛时，第六十九号运动员与四十五号运动员因同时达到终点，互争第三，评判员被众包围，秩序大乱。新埭、新仓两区学校相继宣告退出。午后，只有水陆警在场表演，略为敷衍场面。后由县长召集各校会议，讨论善后。到者寥寥无几，遂决定提前结束。第四日(五日)不再举行，现定于二十日在县政府大堂给奖，届时并补行闭会式。

——1928年5月6日

县党部之结束会议(地方通信·平湖)

平湖县党部于八日午后开临时会议，出席执委干城、陆恭良、杨造时、周珣平、俞品璋、黄厚香等六人，干城主席，议决事项如下：(一)遵令酌留人员负责保管文件、器具案，佥以近来党务虽已奉令停止活动，但上级党部对于通常党务及重要宣传仍须照办，决定留陆恭良、周珣平、杨造时负责保管办理。对于本日以前开支，一切照常；本日以后，照省令月支五十元，并令知各区党部自本月起停止津贴。(二)推定县政府建设委员会本党代表案，决定推许季玉同志担任。(三)推定除螟委员会本会代表案，决定推俞品璋、黄厚香两同志担任。议毕散会。

——1928年5月10日

反日运动各团体代表大会(地方通信·平湖)

平湖县商会、总工会、县商民协会等三团体，以日兵暴行，本邑各界亟应有所表示，特于二十五日午后一时邀集各团体、各机关、各学校，在中山纪念厅开代表大会，出席代表五十余人，杨造时主席。各代表相互讨论，决定组织平湖民众对日经济绝交委员会，为永久机关，县党部、县商会、县总工会、县商民协会、妇女协会、第一区党部、绸布职工会、洋货公所等八团体，各推代表一人，为当然委员，并推选张兆春、沈凤岭、陈惟耕、高登孚、罗文梓、徐郁珍、周娉华等七人为委员，一切内部组织，均交委员自行厘定，委员会由发起之三团体负责召集。

——1928年5月27日

平湖振业茧行被焚

平湖县属横砺头之振业茧行一日夜半因行中遍燃汽油灯，灯罩爆碎，火星遗落干茧堆中，致兆焚如。嗣经工人汲水灌救，移时始熄。计毁烘茧间平屋七间、干茧三百余担。

——1928年6月5日

党务指导员发表（地方通信·平湖）

五人省党务指导委员会第十四次常会发表，陆恭良、张庭治、黄祖廉、陈迪、杨造时等五人为平湖县党务指导委员，应由三人负责保证，然后正式委任。

——1928年6月20日

高天民已释放回平（地方通信·平湖）

邑人高天民，孙传芳时代之平湖县知事张鹏陷害，羁押杭州陆军监狱瞬已二年。现经省法院讯明昭雪，已于十七日释放回平。

——1928年6月20日

筹备街村制情形（地方通信·平湖）

平湖县政府奉令筹备街村制，就原有自治区设立街村筹备会，城区筹备员王积沂、薛尘麟、计在清、王翀、高登孚、马履刚、钱潘瀚等七人亦已发表，日内即须成立筹备会。筹备会经费依照施行规程第十条规定，由区自治附捐或其他区公款下支出。惟平邑各区并无自治附捐，原有公款亦均异常支绌，欲酌加附捐，亦缓不济急。县政府已函商县公款公产委员会，拟在文庙款息积存项下暂行移借银一二千元，一面另行赶紧设法抵还。该会准函后，即分函各委员、监察员、出纳员等，定于本月二十三日午后一时开第四次临时会议，通过后再行照拨。

——1928年6月22日

街村制筹备会纪（地方通信·平湖）

平湖城区街村制筹备员于二十八日午后二时举行第一次筹备会，出席筹备员王鸿飞、马履刚、方菊人、计寿石、汤元伯、吴娱真等十六人，票选计咏芝为主席，兹纪其讨论事项如下：（一）筹备员胡勤余辞职案，决议恳切挽留；（二）编制划街方法案，决议划定城内九街、东城外三街、西城外一街；（三）推举协助员案，决议以城区各坊户口调查员为本会协助员。

——1928年7月2日

县党务指导委员会已成立（地方通信·平湖）

平湖县党务指导委员于三日下午二时开第一次会议，全体出席，选定黄祖廉、张庭治为常务委员，杨造时为组织部长，陈迪为训练部长，陆恭良为宣传部长。今日（四日）上午十时，接收前临时执委会后，当开临时会，派定各部处工作人员，发表俞品璋为秘书处事务干事，黄大觉为文书干事，居明生为录事，丁裕长为组织部登记干事，陆兆麟为录事，张云淡为宣传部录事。规定每日上午八时半至十一时半，下午一时半至四时半为工作时间，每周开常会二次，星期一、四下午二时举行。所有办事通则及各部处办事细则，由各部处拟稿，提交下次会议通过。散会。

——1928年7月6日

县长省委下乡除螟（地方通信·平湖）

平湖县长潘忠甲，对于除螟事宜，素甚注意。近见各处飞蝗过境，为害颇烈，本县大易区西五坊，迭遭螟患，恐再波及，特偕省委陆费端荪于昨日雇舟下乡，与该区除螟特派员孙新猷接洽一切。由孙君导往田间视察一过，邀集各圩长在第四小学开除螟会议。县长、省委均有演说，并令收买窠卵，每块二文。

——1928年7月25日

五小校长业已解决（地方通信·平湖）

书院弄县立五小校长问题迁延一载，前校长徐善泷经浙□严令申斥，始肯交卸。现校长高六珍亦以办事困难，称病辞职。县委李怀新接充，李亦知难而退，不敢上台。现闻教育局已更委李湘琴继任，李女士嘉兴女师毕业，迭充校长教员，经验宏富，已允勉为其难，日内即须接事云。

——1928年7月25日

全县户口调查报告（地方通信·平湖）

平湖全县户口调查业已告完竣，城区有一万六千六百七十一户，男子四万七千零八十六人，女子三万八千八百五十六人。乍浦区九千八百零四户，男二万五千六百三十七人，女二万二千八百五十四人。新埭区一万零五百七十一户，男二万八千四百五十八人，女二万五千四百零四人。新仓区九千六百二十五户，男二万六千六百二十人，女二万三千八百十四人。全公亭区六千六百零五户，男一万八千七百二十二人，女一万七千零七十人。全县总计五万三千二百七十六户，男十四万六千五百二十三，女十二万七千九百九十八人，男女总计为二十七万四千五百二十一人。

——1928年8月26日

店主殴毙伙计（地方通信·平湖）

开设北寺前之□店主徐子华，绰号“醋罐头”，素性强悍，动辄殴人。有伙计金阿大者，年才十四，性亦顽劣。昨日，金将卖得货钱一千九百余文，盗用净尽。该店主查悉后，即将金痛打，起踣者再，卒以踢及腰间要害，尿屎齐出而死。事出后，经人报县收尸，验得致命伤在腰际，委系殴伤身死。遂谕将该店主“醋罐头”收押候判。金阿大查无家属，着该店棺殓，发封暂厝。

——1928年9月4日

扭控强奸幼女(地方通信·平湖)

小南门业洋广货业之谢甫庭,有女名静宝,年才七岁。谢□事外出,女独守家中,忽为邻近锯匠曹阿荣掩入强奸,下□受伤。谢回家得悉,立扭曹送□转县法办。谢女验后,领回自医。

——1928年9月4日

平湖棉产报告

平均估计每亩约收子花一百斤

平湖为浙省产棉重要区域,植棉区域在衙前、新仓及乍浦等处,面积计十六万亩。本年棉作初期受天气亢旱之影响,发育极迟,较往年约差三星期之谱。迨夏季末天气晴暖,雨水调和,棉苗生育极佳,以乍浦为最好。不过有数处以棉作发育较迟,农民加施肥料,致枝叶徒长,结铃反而减少。平均估计每亩得子花一百斤以上,较去年可增加一半。此时开絮者尚不过十分之一,棉种大都系日子,缫棉率百分之三十四云。

——1928年9月13日

少年店友被逼自尽(地方通信·平湖)

沈荡人张昌晋,向在甘河街徐志有堂药店充当伙友,对于店员,尚无错误。徐姓兄弟两人,同居店内,该店由其弟号明山者经理。徐兄怜张之青年远客,时加顾恤,致为同店各友所嫉妒,屡谐于明山之前。明山本以乃兄之优遇为不然,昨日乘兄外出之际,突将昌晋辞退。昌晋以事出无端无颜回里,兼以各同事之讪笑难堪,遂于午夜吞服毒药图尽。事发,亟送医院救治。虽经灌救,势仍危险。徐明山即命店役舁张下船,送回沈荡。家属得悉后,已函请平湖药业工会向徐交涉矣。

——1928年9月23日

教育会奉令筹备(地方通信·平湖)

平湖县教育局奉省令筹备办理县教育会,以现任教职员为当然会员,教育行政人员及专门学校毕业、曾经服务教育一年以上者为特别会员。现教育局已分函各学校着手办理。

——1928年9月30日

徐埭发现食羊巨兽(地方通信·平湖)

徐埭乡华村坊多畜山羊,日来发现怪兽时时攫食。昨夜乡民钱姓闻圈中群羊乱窜,持械往烛,见该兽口衔一羊,冲圈而去。其形脚高头尖,目如双炬,尾长四尺。乡民畏其凶猛,不敢尾追,现正纠集丁壮,约期搜捕。

——1928年9月30日

乍浦行人力车(地方通信·平湖)

乍浦周彩承理集巨资,于乍地试办人力车公司,先购橡轮黄包车二十辆,俟有成绩,再为添备。公司地址已定北河滩金安桥堍。

——1928年9月30日

公立医院宣告停办(地方通信·平湖)

本邑潘思齐创办公立医院于南门。成立以来,成绩不恶,惟开支浩大,超过预算,无法久持,乃于昨日(十五)起,宣告停办。

——1928年10月18日

悍妇杀婢惨闻(地方通信·平湖)

内桥张敏修刻充某小校长,有婢顺金,年正及笄,向为张所垂涎。国庆节,张留校饮酒,顺金提灯往迎,被张拥入内室私焉。校役某,窃报其家。张妻钱氏,素以悍称，立饬仆拘婢至家，用木棍毒打，至二小时之久。复以棍端猛捣小腹数下，登时毙命。顺金已有夫家，钱恐交涉，又将尸首用绳悬挂，诿称于前日自尽。事为邻居传说，舆论大哗。县指委会妇女解放协会，均已闻悉，俟该婢家属报到后，即予干涉。

——1928 年 10 月 18 日

东湖报又告停版（地方通信 · 平湖）

平邑自《平湖公报》《大公报》等停刊后，独《东湖》一报照旧发行，昨悉该报亦不准出版，已于今日（十二）停刊。惟各报馆因不能为资本短小之细故，致累及舆论之销沉，刻由《平湖公报》马某，广招股款，并央铺保，再向省方请愿。

——1928 年 11 月 14 日

警分所长辞职（地方通信 · 平湖）

新埭镇警分所长徐同书到任以来，尚无大谬，惟发还神庙签筒一事，引起当地人民之指摘。徐不安于位，业尚县警所辞职矣。

——1928 年 11 月 14 日

缉私营击退监枭（地方通信 · 平湖）

吕公桥外三里地方，有大批盐船经过。二营营兵得悉，追往截拿。双方开枪。结果截获三船，擒数人，余悉击散。

——1928 年 11 月 14 日

日新昌新出自由童袜

法租界民国路紫来街东平湖驻沪日新昌袜厂批发所新出之不退色奇花自由童袜，定价每打自七角起至九角外。坚穿美观，价廉物美。连日该号门批，除其他男女袜外，要以此袜批销最繁云。

——1928 年 11 月 21 日

1929年

妇女协会开会纪(地方通信·平湖)

县妇女协会昨开三次执委会议,出席委员潘淑珍等六人,当经议决七案:(一)常委张冠坤辞职,改推胡采薇继任。(二)执委刘卓辞职,不准。(三)城区分三小组:甲、东门九初小学;乙、西门区立一小;丙、南门县立五小。(四)派潘淑珍负责寻觅本会永久会址。(五)筹办妇女半日学校。(六)乍浦王顺英被孙某强奸,呈报县党务指委会,请求援助。(七)周秀宝来呈,因不堪家庭虐待,请求援助,决议派员调查,再予核办。

——1929年1月17日

匪徒放火幸未成灾(地方通信·平湖)

小街望云桥南邢姓屋后稻柴堆中,忽被匪徒放火,霎时火势勃发,警钟连鸣。幸时在黄昏,救者麕集,半晌始告熄灭。房屋未损,惟各商店一闻火警,提早收市,故夜市颇有损失。

——1929年1月17日

购办巡缉快轮(地方通信·平湖)

平邑七团体前雇江湖名班,演剧三十本,筹得现款二千余元,托水警分队长周鹏飞向上海订买汽油快轮一艘,平日为七团体所公有。冬防期间,则借与水警队巡缉匪类。现该船装修已竟,不日开平,取名"平湖"。

——1929年1月23日

泖口匪警拾零(地方通信·平湖)

泖口陆希云前被大批匪徒绑去妻子,并肆劫财物,虽经侦缉,尚无头绪。兹闻匪等攻入陆宅时，将不能携走之器物，尽力捣毁，又搜出租簿单据，悉予焚化，以故群疑为有怨仇者之所为。绑去二人，恐无生还之望。

——1929年1月23日

拆塔之说又起（地方通信·平湖）

平邑北寺前向有双塔，为唐代潞王清泰元年所建，距今九百九十六年，为平湖惟一之古迹。该地村里会利其地基，屡欲□工拆卸，以舆论不顺，暂从缓议。兹闻昨又□定某工匠包拆，计工资七十元。但国府对于古迹，有保存之条，想临时必有一部分人之抗议。

——1929年2月23日

县府声明不用土劣（地方通信·平湖）

本邑著名土劣某，自革军抵境后，畏罪潜逃，已经二载。近忽乘方县长接事之始，回邑活动。《平民》《平湖》两报，相继揭载后，舆论大哗。前日方县长函致《平民》报，声明并无其事。

——1929年2月23日

佃业办事处已结束（地方通信·平湖）

新埭佃业理事局第三办事处自成立以来，已阅五月，各委员对于各项工作，尚属认真。凡调查属实而证明者，核共三百余号，而秉公调解者，亦有多起。兹闻该办事处已于十五日奉到省令撤销，遵于即日起赶办结束。佃户积欠租米，仍依曩例，由县政府催完。

——1929年2月24日

痧症蔓延（地方通信·平湖）

新埭区自入春以来，小儿多患痧症，不治者甚众，现渐南播，势将侵及城区。

——1929年2月24日

佛教会开成立大会（地方通信·平湖）

平湖县佛教会筹备会昨奉浙江全省佛教会函，嘱组织正式佛教分会，业定今日（二十三）下午，假座总工会，依照省会章程，举行成立大会。

——1929年2月24日

补行党员登记消息（地方通信·平湖）

平邑党员补行登记事务已委陈、刘两君办理，以本月二十八至三月初二为登记期间。

——1929年2月24日

东乡人心浮动（地方通信·平湖）

本县东乡与江苏之张堰、南桥、金山接壤，近因鉴于邻省共党之蠢动，时有不经之谣传。富厚者多向城区迁避，方代县长亲至衙前一带抚慰，人心稍安。

——1929年3月1日

长顺小轮失窃（地方通信·平湖）

宁绍内河轮船公司所开之长顺小轮专于平湖、海盐两地往返开行。此轮本向乍嘉公司租用，二十四日期满，宣告掉班，调往上海验关。正拟开行，账房中忽发觉失窃账箱及银币一百二十余元，司账某不敢声张。迨抵平埠，急告水警搜查，其时船客及一切人等，均未上岸，乃一律扣留，挨处搜检。结果在火舱中抄获小洋一百十余角，余均无着，只得归报队长再予发落。

——1929年3月1日

拟拆城垣建筑公路（地方通信·平湖）

杭平公路之勘测将及平城，工程师沈炘拟建路站于南门，并拆除南门至东门之城墙，以利建筑。本地殷富闻之，颇为反对。县府为慎重起见，邀集各界代表磋议，再予决定。

——1929年3月15日

平湖教育状况

平湖教育自邑人陈心如掌理后，锐意整顿，进步甚速。全县以经费关系，无力办理中学，故以有限之经费，着心办理小学。城中有县立第一小学校，校长为邑人戚其祥，以其研究教育心得，不恤一身牺牲办理是校，未及一载，成绩可观，学生已增至五百余人，实为全省小学校之冠。该校以最经济之经费，采取各地实验小学精萃方法办理，竟得良好完善之结果。现经县教育委员会议决，指定该校为平湖中心小学云。

——1929年3月22日

东乡绑票又现(地方通信·平湖)

金丝娘桥赵子明家，于前晚（念九）十二点钟时，忽来匪徒十数人，撬开后门而入，该匪等行动时□□□，故邻居皆不知觉，临行并将其子□清绑去。

——1929年4月2日

防疫取缔海轮(地方通信·平湖)

平湖县政府昨令宁绍轮船公司海盐轮船，谓查近来海盐一带，时疫猖獗，势将延及邻县。本政府为保全全县民众安全起见，特组织防疫委员会，兹据该会议决，取缔该公司开驶海盐轮船办法三条如下：一、不准令病人乘坐入境；二、不准茶房贩卖公共茶水及面巾；三、如上列二项该公司未能办到时，本会得请由县政府勒令暂行停驶等语。合亟录案，令仰该公司切实遵照办理。

——1929年4月2日

时疫流行之可畏(地方通信·平湖)

海盐寒疫盛行，起时头痃、口噤、四肢酸楚，医家无法诊治，卒致不治。现自海盐交界处,若乍浦、苏家埭、瓦山北地方,并自硖石、新埭、新篁等处均发现是症。

——1929年4月2日

队长自杀得救(地方通信·平湖)

嘉禾商办缉私第二队队长陶某,前因家庭间发生事故,吞食阿芙蓉,希图自尽。现悉陶某家属请新仓某医医治,已能起床,安然无恙。

——1929年4月4日

严缉新坟案逸匪(地方通信·平湖)

县政府昨(三十一)令县警察所及各分所:案奉浙江省民政厅指令,本政府呈报陆文煊、陆盛氏被绑出险,及救出沈姓小孩,仍严缉逸匪情形,祈示遵由,内开呈悉,仍仰会督警队,勒限严缉是案原赃,务获法办具报。

——1929年4月4日

修志局开会记(地方通信·平湖)

修志局于得日(一日)上午十时,在县款产委会开会,讨论事项:(一)拟定新志体例,请公决案,议决《新志大纲》分地理、天时、人口、党务、政界、地方自治、社会状况、农工商业、赋税、教育、交通、宗教、文艺、人物、本县大事记,共十五门,各门子目,再行斟酌。(二)规定新志书名案,议决,定名《中华民国第一次平湖县志》。(三)任用书记案,议决,委陆馗初为书记。议毕散会。

——1929年4月4日

公众运动场将迁场址(地方通信·平湖)

县立公众运动场向设于北寺内,场址狭小,瓦砾满地。且商场筹备委员会业已成立,寺内全部场地,将收归该会,建筑商场。该场场长王梦熊特于昨日呈请教育局,转呈县政府请即指定相当场址,以便定期迁移。

——1929年4月8日

缉私营长就职（地方通信·平湖）

缉私第二营营长江梦池，因病请假。现调总局缉务股主任周建陶兼任，业于前日就职。

——1929年4月8日

时疫之治法（地方通信·平湖）

半路村邻长吴老金于四月二日忽染时疫，头腹疼痛，四肢无力，已入危险状态。幸某君以《平报》所载麦袂长烟管胶水，煎汤服下，可愈此症，告之老金家属。如法炮制，服后吐出许多毒水，病已霍然。

——1929年4月8日

县政府拆换门匾（地方通信·平湖）

本县县长方立，以县府大门匾额，“平湖县”三字尚为封建时代遗物。昨特雇工将其取下，另换青底白字之平湖县政府新匾。

——1929年5月13日

赵景清出险（地方通信·平湖）

金丝娘桥赵景清被匪绑去后，索价四万元，复减至一万五千元各节，本县水陆警队，虽上紧严缉，但尚未破获。赵姓乃托人至江苏缉私第二队长潘梅亭处，请其留心访缉。潘即联栈四出访缉，乃于前日破获。景清已于七日下午五时安然出险，并获绑匪二人。

——1929年5月13日

东方大港之工程计划

各项工程经费约需款五千余万元

分十六年办理每年需三百余万元

中央建设委员会委员长兼浙省政府主席张人杰为秉承总理遗志，建筑东方大港，并设筹备处于首都，委定陈懋解为处长，并饬陈氏率队于日前来浙乍浦等处，踏勘地势，现已竣事。某社记者昨访陈于建设厅，叩以踏勘结果，陈氏所谈如下。

地位

澉浦属海盐县，乍浦属平湖县，均属物产丰富、人口密布之浙江省。以全国论，为海岸线之中点，与将来之北方、南方两大港，距离几于相等。以浙省论，既为惟一出口之海洋港，且属钱江之门户。距目下商务集中地点之上海，仅六十余英里，凡上海所有之优点，该港无不备具。

形势

乍浦、澉浦两岬间之海湾，东南面，在杭州海湾北岸，与杭州湾南岸相距，在乍浦宽约十七英里，在澉浦约十英里，由澉浦沿海岸而东北三英里，有泰山突出海面，高约六百余尺，更由此而东北，至乍浦止，约长十五英里，再东北即有灯光山、汤山、陈山、东常山、商公山、褚山，直立海岸，约三百至六百尺不等，均为天然之屏幛。沿岸均筑有塘堤，以御海潮，尤以海盐东一段，最为坚实。以一呎半见方、九呎长之条石，筑砌而成，并以铁闩锁连，使成一气。内填泥土，宽自四尺至十八尺不等。其余均属土堤，堤外之地，多系沙滩，遍布盐场，坡度平坦，低潮时伸展二三里以至五六里，渐入于海。

水量

杭州湾中之水道，在最低水位时，深约二十四呎至三十呎不等，而金山、乍浦、澉浦间之水道较深于杭州湾口，东经一百二十二度，至澉浦以西之水道，逐渐淤塞，因扬子江流沙为海潮送至该处，乍浦岬附近平均水位深二十九呎，澉浦附近二十五呎四。

气候

乍浦附近风向，以北风为多，每日东北转为西北，惟四月至八月间多东南风，每月约有飓风一次，至风之最大速度，尚无确实之考验。据调查所得，最大风力，每英里约十磅以上，其方向以东北风为最多。

交通

内地交通为造成商埠之必要条件，就目下而论，乍浦、澉浦一带既非铁道所经，又无宽深水道可以通达内地重要各部，诚为缺点。但总理东方大港计划内，与东南铁道系统及江南水路系统计划系连贯的，应同时并举，方收联络之效。

计划

此项筑港工程关系重大，设施之前须有长期间精确之测验记载，以资计划，断不可冒昧从事，故工程步骤应分左列二期办理：

甲，工程之测验及研究时期。此时期应行测验研究之概略，有下列各种：（一）考验各段之最大泄力及方向；（二）考验最大之风力及风向；（三）考验平均及最大、最小之雨量；（四）考验最寒、极暑之气候；（五）测量沿海水平及水平点；（六）记载水位；（七）考验平均及最大、最小之潮差；（八）测验港湾附近之地形；（九）测量该处海底之深度及其变迁；（十）考验潮流速率及回旋水突进潮之性质及变迁；（十一）考验泥沙之质量；（十二）试验海底各层之地质；（十三）试验海水及海水之水质；（十四）测量港埠附属河道之水文。

乙，工程之计划及实施时期。此时应行筹办之概略，有下列各种：（一）筹备及收用港埠范围内之田亩；（二）建筑混凝土及石块防波堤之一段，该港面临大海，风涛险恶，须筑坚厚之防波堤，乃能停泊海轮。防波堤应分段建筑，先成一段，余候商业发展，再行扩充；（三）建筑混凝土石块海墙之一段；（四）建筑公用码头、煤谷码头、危险物码头及附属品；（五）分别浚治填筑海边水道及浅滩；（六）设立灯塔于山上及海口；（七）计划及建筑船坞；（八）计划及设备货栈、铁道车场及起重机器等；（九）筹划海防与消防各项之设备；（十）开辟水陆各项交通；（十一）建设港埠各项市政。以上各项工程经费，约计需款五千余万元，为便于筹款起见，拟分十六年办理。每年需款三百余万元，惟工程具体计划，全凭长时间精确测验，以为根据。故在计划之先，应着手测量，以为工程实施之预备。当此工款尚未筹定以前，拟请利用此时期，先行设立东方大港筹备处，专司测验工作。

——1929年5月27日

迷路女孩吴三宝又逃去

十岁平湖女孩吴三宝（即“赵润经”）向在平湖城内施家弄陈聋子家为使女，此次随老女佣来沪，于日前在南市迷路，由警带入一区二所，询悉前情，着送新普育堂留养，候函致平湖县查传伊主来沪具领。讵该女孩在普育堂忽行逃逸无踪，由堂知照市公安局，昨已通令查缉。

——1929年5月29日

全县学生代表大会（地方通信·平湖）

本县学生代表大会于今日在县党部中山纪念堂开幕，选举执监委员，成立县学生联合会。各学生会已选出代表，经县执委会民训会已核准者，计有县立五小、县立二小、县立一小、私立诒谷小学、诒谷女中、私立稚川中小学、区立一小、乍浦区立一小、私立茂修女中、私立垂裕小学、县立三小等十一校，共派代表三十一席。下午七时，尚有各校加入游艺节目。

——1929年6月12日

县令催送接生月报（地方通信·平湖）

县政府昨八日令公安局云，案查三、四两月接生月报表，迄今尚未汇送前来，殊属缓延，合亟令催，仰该局长于文到十日内，务将是项表册汇送到府，以凭核转。

——1929年6月12日

款产会整顿路政（地方通信·平湖）

乍浦路政，向欠整顿，负担小贩，沿街摊设，兼之道路崎岖，行人咸感不便。现经款产会劝令各小贩及商铺，一律让进，并将街道铺平，努力整顿，气象为之一新，行人称便。

——1929年6月19日

缉私营船长革职（地方通信·平湖）

缉私第二营第二队十三号船长林明，上月三十日在钟埭地方强取黄鱼，殴伤船夫，经县执委会及乍浦鱼业公帮等函请周营长斥革查办。经周营长于十四日派员往乍，调查确实，业将该船长革职矣。

——1929年6月19日

汉水桥行将改建(地方通信·平湖)

本县东门城内之汉水桥为商市之中心点,行人往来甚众,近因年久失修,势将倾圮。兹有俞菊芳、丁迪臣、凌嵋亭等,发起改为平梁。惟改建经费,昨已□集附近人士,假顺丰公司共商筹集矣。

——1929年7月21日

冥洋特税加价(地方通信·平湖)

本县城区冥洋特税业由奚万茂冥洋店主奚砚庄填具认捐证书,包定每月捐洋四十五元。日前,奚具缴证书并捐洋前去,讵稽征所顿反前议,要求增加捐税,否则勒令重捐。经奚偕同代表人周访贤等一再向该所王委员磋商,结查增至每月捐洋五十三元,始得成议。

——1929年7月22日

许润身条陈查禁米谷烟土(杭州快信)[1]

平乍为滨海之区,米谷放洋,烟土入口,查不胜查。现有平湖县公民许润身条陈查禁米谷、烟土办法,民政厅长昨已转饬该县政府,迅予核议,专案具报。

——1929年8月19日

平湖北寺双塔考

乙乙庐主

平湖县南据乍浦,北接金山,为浙西重镇。古迹至繁,有革命历史之价值者,如东门王四相公塑像、西门盐仓桥畔之假城门、康承爵之战死纪念石等。以风景而擅名者,有案山晓翠等十景及东坡五世孙女墓、李辰山放鹇亭等,类多宋明名迹,关系于一省文献者至巨。顾以近人不加维护,间以盗窃出卖之举层出不穷,遂致

1 标题为编者所加。

日就湮没，或苋（现）隳灭无存。今古迹之在平湖者，惟北寺之双塔耳。内政部近有调查各地古迹之事，余非官守，不能陈白。无已，摭为简考，投《自由谈》，以供参考。

双塔之设立

双塔之建，远在唐代潞王时，距今九百九十六年。下视雷峰、保叔，如儿孙耳。尔时无县治、无城郭，夕阳在山，塔影横湖。清朱彝尊诗云："寺门双塔并，鸦照夕阳西。影落东湖曲，参差终不齐"是也。其制略如嘉兴之三塔。而质朴过之。

塔顶之来源

城北德藏寺，今名北寺，亦建于唐代。相传有异人为铸钟，既就，谆嘱曰：待我至嘉兴而后击。比行，达新丰，已闻钟声。叹曰：止此矣。新丰距平湖十八里，及嘉兴三之一也。后钟毁，遂移铸塔顶。

塔下巨蛇之传闻

约光绪二十年左右，有人见巨蛇自东塔底蜿蜒而出，曝烈日中。又三十年左右，有茶店伙自塔下畚出蛇卵六七枚，互相黏并，如守宫卵然，大均如斗。

建塔之原因

建塔原因，前籍记载，略焉不详。以民国十五年，有人自西塔中得一方砖。上刻为陆姓夫妇失和，因捐资建塔于德藏寺前，并有清泰某年字样。清泰，潞王年号也，益见为唐筑款矣。今国府诸公对昆山一唐塑，犹保之护之，唯恐不力。不识亦计及浙西有唐代筑物，而一思保全之否？

——1929年8月28日

米价继续飞涨（地方通信·平湖）

本邑近日新米已届成熟。照例新米上市之际，价目自必低抑。何如近日不但不低，反而日渐飞涨，每石已至十四元，尚有续涨之势。一般贫民，均呼吁无门。

——1929年9月24日

三官堂住持拘押（地方通信·平湖）

本县新埭西市，三官堂住持僧鹤鸣，不戒于火，致波及二区一分部，各项文件，尽遭焚去。且失慎后，并不报警。王分局长以其玩忽，将该僧解县法办。于昨日庭讯，判拘役四月以儆。

——1929年9月24日

棉花收获欠佳（地方通信·平湖）

本邑沿海一带，太半种植棉花。不幸今秋吐花时期，适被大风吹落花萼，因之每亩收获最佳者，仅数十斤云。

——1929年9月24日

电话乡线联请免予收回（地方通信·平湖）

本县永通电话公司，奉交通部训令，将新仓、新埭两乡线交由官办等情，兹有县商会、商整会、工整会及教育会等，联名代电国府交通部及本省电政管理局，请予收回成命，免予收回。

——1929年9月25日

使用伪钞被拘（地方通信·平湖）

本县新埭于昨日午前，有衣冠楚楚者，因身患疾病，赴东市染坊白场河埠所停之伤科船医治，后即付中央五元钞票一张，持找而去。该医士觉该票有异，至恒泰典兑洋，果系伪钞。当即报告公安局，饬警五名四出找获，将原使用人拘局暂押究办。

——1929年9月25日

浙民厅严禁运米出境

浙省各县本年被灾达五十余县之多，尤以温、台各属受灾最重。因之米价飞涨，民食大起恐慌。除已由省政府会议议决，息借商款三十万元，办米平粜，并由财厅按月筹拨十万元，从速兴筑绍、温工路，实行公赈外，现民政厅以嘉兴、嘉善、平湖三县本年岁收尚丰，乃当地米商竟有偷运大宗米粳出境情事，殊于民食大有妨碍，昨特电令各该县会督军警切实查禁，原电如下：嘉善、嘉兴、平湖县长览：案查前据杭州市粮食评议会呈请查禁该县米石出境，业经分电饬遵在案。现查该县本年岁收尚丰，而就地米商，辄大宗收买，贩运赴沪，希图厚利。从前浙省米粮缺乏，尚赖转口沪米采运接济。近准上海特别市政府来函，亦复禁运出境，似此各图自保民食，颇为可虑。仰速由县会同地方各法团赶筹的款，就地购储，以备济荒之用。倘再任令偷运，则沪米不能运浙，而浙米反大宗运沪。一旦米粮断绝，后患何堪？该县长负维持民食之责，并仰会督军警，或另派干员驻扎要口，随时随地切实查禁，勿任再有偷越。倘敢故违，一经查获，除按照所运米数加十倍处罚外，并准将所获米价，不论多寡，悉数提充在事军警人员奖励，以昭激励。惟在本省范围以内，仍须照旧流通，不得阻遏。是为至要，并即分别函令各军警机关，一体知照，仍将遵办情形汇报。民政厅印。

——1929年10月10日

三[山]塘又告匪警（地方通信·平湖）

东乡新仓区三[山]塘镇距城较远，接壤金山。念七晚，又有大批土匪，约四十余，手执枪械电炬，抵镇后即分二路抢劫。港南浜北，计被劫者共七八家。以和记米行为最巨，次如姚姓所开南货店等计共损失约七千元。据云盗匪口音与日前抢桥里金姓之匪相似，惟间有操北音者。

——1929年11月1日

公安局长移交（地方通信·平湖）

公安局局长陈中奉令与余姚局长王公权对调，因省令须陈局长先赴余姚接事后，方可移交来平。兹闻王局长已来电，约十[十一]月三日抵平，故陈局长已在赶办结束，俾可先期赴余接事。

——1929年11月1日

蚕行伙友行凶续志（地方通信·平湖）

东门外南板桥源利蚕行伙友陆胜昌，殴伤卖扫帚之绍兴人赵阿银一事。访悉有人调妥，令陆出资代为医治，为和解初步。惟赵阿银至今伤势沉重，能否保全性命，尚难预卜。

——1929年11月1日

吊消架册消息（地方通信·平湖）

城区架书自经县政府取消，名目底册至今未缴。近复有人检举，谓现当土地陈报进行时间，应请速即吊销鱼鳞、流水等册，以杜人民受欺。闻架书钱朗琴得讯，昨日已托故他往。

——1929年11月1日

轮船贩土案判决（地方通信·平湖）

往来沪平之庆记轮船，前带大批烟土，为水警分队长姚振波搜获送县。兹闻此案经县府判决，水手张阿三处徒刑二年；水手某乙判处徒刑一个月，并科罚金一百元；某丙暂押候判；该轮老大发德济医院调验后再核。

——1929年11月19日

监犯逃逸无踪（地方通信·平湖）

已判徒刑之胡阿海前日忽自监中逸出，逃匿无踪。典狱员王聘三已据情报告县府，请令严缉。

——1929年11月19日

平湖县法院将成立（地方通信·平湖）

□□□兹悉高等法院郑院长，现将平湖等十县改为县法院，定明年正旦，一律成立，刻正积极进行。

——1929年11月19日

盛案开棺蒸骨纪盛

乙乙庐主

平湖县全公亭镇，有盛补生者，业酒。妻王(黄)氏，名桂英，与当地校长顾葆基时相过从，为年已久，不避盛目。盛心恶而未敢言。本年春，盛患病，进以汤药，立毙。盛父痛子，以被人药毙等词，呈控到县。久悬未决。日者，盛父投庭，请开棺检验。如不实，愿坐死。于是县府函聘嘉兴检吏来平，实行开验。遂一时轰动全县，观客之众.为历来任何盛事之所未有。兹摭其什一记之。

尸场布置

验尸场设南门外大校场，构栅二，一东南向，为问官席。一西向，为尸棺陈列之所。又砖砌一灶，煮汤。周围以铅丝作闲，广半亩许。

莅场人物

五日上午十一时，承审员俞彰文、巡察队长杨卓卿、公安局长王公权、上海《申报》《新闻报》《时报》、杭州《民声报》《嘉兴民报》、本县《平民日报》《商报》《小平湖人报》均有记者携带影机后先到场。民众参观者，总计在五万人以上。

开验情形

承审员升座后，先传问尸父盛桂荣。据供，其子于四月十六晚服药，十七即死。药山银匠阿宝煎煮。并恳撬底检验。官准之，随令木匠以斧斤木楔吆喝开棺。尸属哭声应之而起。棺启尸露，内脏已腐如糜，衣尚可辨，白袜布鞋未损，头焦黑，肉已尽，鬖茸可怖。乃由检验吏一一洗刷，入笼蒸煮。腥臭之气，随风四散。五万余人，无不掩鼻。

尸场趣事

尸场人数既众，笑柄遂因之而起。而某甲者，其兄曾为府吏，性騃。当洗骨时，厕身骨旁矗立，向四周伸头，瞭望妇女。警察婉劝后退，反大肆咆哮。巡官朱沧波怒甚，喝令警士鞭逐。一时藤鞭八九枝乱抽如雨。甲痛极，捧头向人丛乱窜，逐出圈外数十步始止。观客笑声大纵。然而影响所及，致立于后方自备长凳上之冶装妇女翻跌无数。遗钗坠珥，怪态毕呈。又远方坐于民屋者毁瓦，坐于树者折枝。场西有老妪某，植桑数十本，为观客之天然看台。妪虑坏树，预以坑粪满涂树身。然而来观者攀登不顾，沾襟污履者都数百人。翌日，凶犯解县时，万人空巷。自东门至县前，大小街巷一时阻断。犯坐小舟泊河心，竟有雇船旁侧而窥视者。

薄鞋汇角，人拥千余。有妇女二口翻落河中，走失小儿一人，挤伤者二十三人。历来凶案，从未有如斯之热闹者。嘻。此真所谓盛案矣。

——1929年12月11日

平湖小开一命呜呼

黄旭初之生前死后争女子继产送命

平湖人黄旭初，年约三十余岁，本系世家子弟，绰号“平湖小开”，娶同乡某富户之女为室，当时陪嫁妆奁田计有四百亩。结婚后，已生子女各一。黄酷嗜赌博，并喜挥霍，未几家道中落。黄曾拜民党要人某氏为师，曾一度为军官，临阵脱逃。长官疑已阵亡，曾为黄开追悼会。而黄嗜好洋烟，日非大土烟膏十余元不能过瘾。至此，在原籍不能立足，遂挈妻子来沪，在法租界瑞福里开设燕子窠，售卖大土洋烟，生涯甚盛。黄又涉足赌场，致燕子窠收歇，迁居菜市街宝裕里二号。生计日迫，遂向岳母告贷，曾给与现洋数千元。不一年，又吃尽当光。兹因民国法律女子有继承权，可分财产，黄遂借得重利洋五百元，延请律师，偕妻回籍，由伊妻出面，在平湖县控诉伊岳，要求分析财产。伊岳闻知，亦具状平湖公安局，控告黄嗜好洋烟，请求拘验。黄闻信恐遭拘禁，星夜乘轮潜逃来沪。清夜自思，以此次回籍，希图分析岳母财产无着，而债台高筑，无法图存，因急成病。不三日，即一命呜呼。身后萧条，家徒四壁，棺殓无资。幸由友人等醵资二三百元，交由伊妻备棺收殓云。

——1929年12月18日

1930年

驻新仓保安队调防(地方通信·平湖)

驻新之保安队特务营一连将调赴杭垣,防务由省调保安队第三团第一营第一连士兵来新驻防。该连于前日(十一日)由嘉来平,因时间不及,暂驻邑庙。闻将于今日(十二)上午开赴新仓。

——1930年1月16日

严寒声中之交通(地方通信·平湖)

近日以来,天气严寒,以致狭小河流,尽行坚冰。往来船只,多告停驶。前昨等日,由新仓开平之九峰小轮,亦因此延误时刻,乍浦轮竟无法开出。新庆安午班,亦不到埠。平乍间航船,均不往来,交通竟告断绝。惟东河之北河,河流较阔,未曾冻断,故沪平交通,仍照常行驶。

——1930年1月16日

东乡匪气猖獗(地方通信·平湖)

东乡迭遭匪劫,屡志本报。十九夜,衙前东龙珠浜农民富玉和家,突来操本地口音之匪徒三十余人,明火执仗,肆意劫掠,损失约百余金。同日,中红庙周玉和家亦遭匪劫。按周玉和家在本月八日曾遭匪劫,玉和被盗殴伤,现尚在平湖南门医院医治。家人亦均避在平湖,仅留仆人王某在家。各盗即将王捆绑,用洋烛烧灼肌肤,遍体鳞伤,惨不忍睹。结果抢去布衣、□箱、杂物,损失百余元,器具、什物多被焚毁。又衙前东南乡间张来珍家,尚称小康,亦遭匪徒垂涎。前日晚间,忽到土匪六七十人,将张姓家人捆住痛殴,迫令指出藏银,结果损去约百余元。临行,复开排枪示威。

——1930年1月24日

新仓经忏捐开标（地方通信·平湖）

新仓区十九年份经忏捐，由款产会拟订标额五百元，招人投认包办，定于本月二十日截期。廿□日下午，在区党部开标。结果马武扬得标，标价数为五百十九元九角九分九厘。现定于二月份起，开始征收。

——1930年1月24日

明华电厂不日告竣（地方通信·平湖）

平湖南门外明华日夜电厂，日前各小学校联合呈请县政府，转饬该电厂他迁，因该厂在公众运动场圈定之界，恐有妨害卫生。该厂以训政伊始，建设待□，夜间全夜放光，对于治安方面大有效果，早于往年向国民政府注册，县政府备案，并且确无妨害卫生，已于上月底动工，开始建筑，大约三月中旬当可告竣。

——1930年2月4日

钟埭镇疫势猖獗（地方通信·平湖）

距平湖十二里之嘉属钟埭镇，自上年七月初发生脑膜炎病后，迄今未见中断。至本月初又复大盛，势极猖獗。先后患是疫而死者，共计不下四百余人。本月三日，某棺材店竟售去二十五具之多，可谓懰矣。兹闻已由该处彭、周等诸绅士，呈报县府，请转呈民厅，迅速开办防疫所，以资救济。

——1930年2月16日

村里会拒绝外人陈报山地（地方通信·平湖）

乍浦陈山及外浦山一带，被法国某教士私挤购买，建造教堂，曾经官厅禁止在案。现悉该教士开具田亩数目单一千二百余亩，向村里会陈报。该村里会当即拒绝，并将详情事报县政府。兹闻该山地现由方县长代理陈报。

——1930年2月16日

平湖县政府来函（来函）

径启者：阅本月二十三日《地方通信·平湖》新闻有"科长跳墙跌伤"一则，全非事实。敝府各科长日来均在府内办公，并无人赴医院就医。唯有江姓职员一人，系因患流行性感冒症，于十三日送入南门医院诊治，十五日病势转剧。下午八时，同事宣君等前往探望，见江君仆在该医院天井内。医院方面谓系由楼上窗口跌下，但全身未见伤痕。不久江君即呼吸短促而逝，时在十一时许。迨混堂弄沈姓燃火铳，则在十六日晨四时以后，是时江君早已在医院逝世，绝与此事无关。至接到恐吓信云云，尤属毫无影响之谈。兹恐有人故意造谣，以图摇惑人心，务希即日更正为荷。平湖县政府启。

——1930年3月26日

旅沪平绅请修浙西唐塔

旅沪平湖公民吴京等为建议修理浙江唐筑古塔，致电国府当道，请求令饬浙省政府，迅予拨款修理，以保古迹而彰文化。其原电略谓：平湖县北寺前之双塔，建自有唐，距今已九百九十七年，远在雷峰、保俶塔之前，为浙西惟一古迹，较之江苏昆山唐塑，有泰山邸陵之比。只以年久失修，西塔顶尖已坏。此地现渐繁盛，地价增涨，遂有以危险为词，拟图拆毁，以其地址供作别用者。公民等闻之，不胜痛惜。查该项古塔，历载县志，诗家朱彝尊等皆有歌咏。今内政部屡咨浙府，迭令平湖县长呈报古迹之时，而有不知历史掌故之二三村里邻长，擅拟拆毁，纵非颟顸从事，亦有近于故违上令之嫌。为此迫切电呈，请求电令浙省民厅，迅电平湖县长，即日拨款兴修，以保古迹，而杜危险。（中略）矧及早动工，所费有限，无碍财帑。倘被毁坏，亦规复为难。虔词环恳，伏祈照准云云。

——1930年3月30日

浙保安队搜剿平湖股匪

［平湖通讯］平湖县与苏省交界处自被股匪太保阿书劫掠后，省府即派保安队追剿。保安队七团二营四、五、六各连及特务连全部由赵营长统率，由平湖开至新

仓。十六日上午二时，复有三团三营九连士兵开到。是日上午五时许，分两路由新仓（一由全公亭，一由新庙）搜索前进，作大包围。赵营长督率第四连及特务连之一部，从新庙、刘家堰桥、青堆［龙］庵、转角湾回衙前；丁连长率第五连及特务连之一部自全公亭而北，经朱家墩、朱家桥、张［涨］沙桥至衙前；三团三营第九连则于十时由新仓往衙前镇守，以警戒后方。新庙本驻有商办缉私营巡船二艘，为队长陶小大汛地。赵营长以据人密报，该队长有通匪之嫌，到镇后即命人持片往请，旋知其在芦湾庙家中，即密令木壳枪队数人，将陶先行看管，然后将巡船两艘缴械，于船中查得去年被匪劫去之东旧衙保卫团刻字之三八式毛瑟枪一枝、警刀一把。迨至匪首太保阿书家，已空无居人，遂将房屋举火烧毁。至青堆［龙］庵，在茶馆内拿获嫌疑犯十五名，随队押归。行经转角湾匪首颜书绅家，入内搜查，一无所获，乃亦将该匪住屋并转角湾颜之房屋，尽行毁去。丁连长所部在全公亭北面及朱家墩等处，拿获匪徒六名、匪妇一口，赃物甚多，经张［涨］沙桥押解回衙前。两路至衙前时，三营第九连亦已开到，赵营长抵镇后，即派队往拿该镇通匪嫌疑之朱超寰。包围朱宅搜查，适朱不在家中，只查得信件、照片等物，当将朱父惠时及佩三拿获，并队押各犯返至新仓。商办缉私队长陶小大即由赵营长带同兵士一连，返禾讯办。陶未解禾时，陶之部下已电告商办缉私营管带陆殿魁，陆即电请方县长设法，至朱惠时等业已解县讯问，因关防严密，口供无从探悉。十八日上午九时许，平湖县属新埭镇青阳汇附近，发现匪船十余艘，满装武装匪徒，由浦北驶来。似向湖珠庵山塘刘家堰桥而去，平湖县政府得报，已严加防范矣。

——1930年4月20日

内政部令查修唐塔

旅沪平绅电呈邀准

平湖县城内向有唐代所建双塔，远在雷峰、保俶之前，为浙西惟一之古迹。近忽有人拟图拆卖，为旅沪平湖公民冯衡、吴京等得悉，当即详述始末，电呈内政部，请求电令浙民政厅，转令平湖县府，即日兴修，以保古迹，而杜危险。去后，内政部据呈，即电令浙民厅查办，并于皓日批复冯等原呈云：鱼电为双塔古迹，有人擅拟拆毁，请电省转县兴修等由□悉，已令行浙民政厅，转饬该县政府办理矣，仰即知照云云。

——1930年4月21日

平湖同乡会为标卖唐塔呼吁

昨开紧急会议　务达兴修目的

唐潞王时代所建双塔位于浙江平湖县城内。近忽有该地一二无知村里长等，与款产会洽妥标卖，由合记公司得标。事经旅沪公民冯衡等得悉，当向内政部请令转该县重修。旋奉部令，已令浙民政厅，转令该县办理。冯衡等复致函王一亭及旅沪同乡会常务委员顾言行，转报请常委会，即夕召集全体，开紧急会议，一致通过。先电平湖县县长，立即制止。一面再向当局呼吁，务达兴修目的。倘县长仍听开拆，则另筹应付办法。大约二次会议时，将更进一步表示。又悉王一亭君闻讯后，即飞电内政部，及浙民政厅，请改拆为修，以重古迹而顺公意云。

——1930年4月25日

标卖浙西唐塔之反响（节录）

浙江平湖县北寺唐塔自被一二无知村里长以危险为词欲图拆卖，而县长方立竟亦置政令于不顾，违反民意，附议拆卖主张，以致引起阖邑人民之反对，各情已迭志本报。本埠平湖旅沪同乡会自得此项消息后，当即召集紧急会议，坚决反对。一面电县制止，一面向当局呼吁。继由该县士绅沈蔚祺、程浚、金兆蕃、葛嗣浵、计兆麟等，分呈部、省，请求兴修，以保古迹而顺民意。现外籍之响应者，有嘉兴范古农、吴兴王一亭等。惟闻主拆方面，仍议定由四区党部出名，呈请县党部，转函县政府，依村里会之意，从速拆除。现该县旅沪同乡会以此等不明事理之行动，实属故违公意，特定于第十三次会议时再予提出，作进一步之表示。兹将关于此案之各项文电探志于后。

——1930年4月28日

吁修浙西唐塔案三志

浙江平湖县北寺唐塔，自经该地四区党部戚其祥具呈赞成拆除后，京方某君曾有长函致该县县长，嘱勿拆卸。又王一亭复平湖同乡函中有内政部浙民政厅皆有复电，已录底请朱石僧君送上，保存古迹，政府有此专责。欧美各国，无不皆然。

现政府既允不拆，即应重修，从速进行云云。又平湖旅沪同乡会致县长方立公函，略云：故乡唐塔，闻有人提议拆卖，不胜骇异。（中略）此项古塔宜存宜毁，宜卖宜修，只在钧长之一令耳。钧长而令重修，村里会等敢有异辞乎？言行等匏系沪滨，故乡痛痒，息息相关，倘任妄为妄作，非特贻笑通国，即地方人士，亦岂能缄口无辞？为特恳请迅予制止，以保古迹。至未修筑前，应否先予粗修，亦乞钧裁。平湖旅沪同乡会叩。常务委员顾言行、程增凤、崔宝锜印。

——1930 年 5 月 6 日

吁修浙西唐塔案昨讯

浙江平湖县唐代宝兴双塔案，前经该县旅沪士绅及旅京诸京官再四吁请兴修后，现意见渐归一致，村里会亦渐知失误，不生异议。惟该县有戚其祥者，忽又具呈县党部，请转呈省方拆除。并有不候省令，先行拆毁之信。于是舆论又复激昂，群主质问该县县长方立。如方听令拆毁，成捏词谎报，则该案须县长负完全责任。旅沪任君吉人昨专函到省，请求制止拆毁。又旅沪平湖同乡会闻信，三次函致县长方立快电云：前为保存北寺唐塔一案，业由言行等先后函电，禀陈钧长制止拆毁，计已早入典签，乃未见赐复，曷胜盼切。际此训政时期，力谋建设，则对于古代建筑物，自应遵照内政部令，设法保存，使古迹不湮，文化日进，固不独我湖一邑然也。今者村里会等见此双塔无端议拆，虽别有企图，而千余年之古物一朝灭迹，当为钧长所不许。且日前故乡父老及旅京同乡均有函电，吁请兴修，情词恳切，已在洞鉴之中。为此言行等特再具电，伏祈钧长俯顺舆情，将各处议修函电汇案禀呈民政厅批示遵行，以重民意而昭公允，不胜盼祷。平湖旅沪同乡会叩。常务委员顾言行、程增凤、崔宝锜。寒印。

——1930 年 5 月 15 日

吁修浙西唐塔案五志

浙江平湖县唐代宝兴双塔，有人觊觎地基，希图拆卖，经当地绅士及旅京、旅沪、旅杭诸同乡纷电各官厅，吁请兴修一案，已迭志本报，兹将最近消息探志如下：（一）该县旅京各同乡京官致电县长后，杳无音讯，甚为诧异，乃复电张静江主席请捐修，并致函冯衡云、泳如同学兄伟鉴：北寺双塔满城风雨，方令亦自知被人包围，弟等电请渠禁止拆毁。与兄呼吁请修者同有爱乡之念，不忍见地方古迹湮灭。若辈利令智昏，仍在多方进行，冀达拆卖目的，故日前又致电张主席，请渠饬令制止矣；（二）中央考试院长戴季陶氏赞成兴修，并倡捐一百元。戴院长曾至平湖，故对于该邑掌故，多半熟悉，致有此举。又旅沪湖绅王一亭君，亦乐捐一百元。尚有络续捐输者，至故乡父老，已认足一千元。呈准浙民厅后，即行动工；（三）旅沪平湖同乡会顷闻主拆者，又唆使当地小报，呈县请拆。中有《平民日报》者，竟公然斥骂主修者为非人。又特着评语，中有"拆塔事断非内政部、省政府、民政厅等所能变更事实，更非王一亭等所能劫夺需要"等语，爰急电民政厅云：平湖唐塔，众议兴修，舆情一致，敝会曾二次电呈方县长，恳呈钧座，俯准重修，想蒙钧鉴。兹闻该地某某等，有不待省令，即日开拆之讯，闻之惶骇。为此电呈，请电县制止，并查案兴修，以保古迹，而重公意。平湖旅沪同乡会叩。删；（四）浙民厅复平湖旅沪同乡会电云：删电悉。查此案迭经令饬平湖县县长停拆，并限催查复核办在案，据电前情，已电饬该县长，在未奉令准前，不得擅拆。浙江民政厅。洽。印；（五）杭平湖同乡因故乡报纸，屡肆簧鼓，应否予纠正，曾有专函到沪，磋商办法。大约在下次常会时提出讨论云。

——1930年5月24日

吁修浙西唐塔案

推代表晋省请愿

浙西宝兴双塔案自当地士绅及旅京、旅沪、旅杭各同乡再四函电吁请兴修后，民厅已电令平湖县长不准擅拆，并令查复。乃该县县长方立前以附和拆除，未便倏尔改变态度。遂蒙呈民厅，指为此塔随风摇荡，又附以意见，拟拆去后，立一小碑，碑上载明"宝兴塔"等字云云。当地士绅得悉，以县长为革命政府之官吏，宜如何公正直言，乃以满纸蒙混之语，欺骗上级，深为讶异。除议决推派代表赴省禀陈外，并函京、沪、杭各同乡征求对于纠正县长荒谬举动之意见。旅沪同乡会昨已接到此项消息，除继续进行修保古塔外，并将与该县长以积极对付云。

——1930年6月7日

吁修浙西唐塔案近讯

厅派委员实地查勘

限两月内动工兴修

浙西唐代宝兴双塔，自有人希图拆卖后，迭经本埠旅沪平湖同乡反对及旅京、旅杭并当地绅士之反对，纷纷函电。各级政府先由内政部令查，继由浙民政厅训令平湖县长不准擅拆。乃该县长蒙呈民厅指为危险万分，及有其他不尽不实等词句。浙民政厅据呈后，以其不合情理，特派七科科员张定华躬往其地，登塔推撼。无如县长所指为随风动摇者，竟丝毫不动，乃复与县长周勘北寺一过。结果主张兴修，与当地倡议修塔人立一盟约。惟限于两月内必须动工，以免延宕。兹将原盟约录下：具约人沈颂清等兹因平湖县城区北寺前唐建宝兴双塔年久失修，风雨剥落，危险堪虞。颂清等为保存古物起见，立意修葺，业经筹定的款，估计工程，呈请民政厅核示兴修在案。惟闻本邑人士复多倡议拆除者，兹凭委员勘明，颂清立定盟约，决俟奉到民厅令于两月内动工修复，如逾两月期限仍未动工者，但凭县政府及各法团筹议拆除，决不再持异议。兹将兴修方法，结约如下：（一）颂清等为古物保存起见，立意兴修唐塔。北寺废址殿宇繁多，需工浩大，不在修葺之列；（二）修葺双塔时，须□集县政府有各法团开会筹议，藉收集思广益之效，倡议修塔人为当然之筹备委员；（三）修葺双塔须聘用上海有建筑学识之工程师，用科学方法兴修；（四）修葺双塔塔基用水门汀筑固，塔身塔顶用钢骨支撑；（五）双塔修复后务使不失本来面目，以重保存古物之原意；（六）双塔修复后，呈请民厅令将县教育会、款产会管业之。塔旁小屋二所拆除，塔周建立护塔石栏，以重观瞻并保古物。所立盟约是实。立约人沈颂清、张福厚、冉容卿、程浚、薛振基、莫襄、计兆麟、葛昌楣、冯浩，委员张廷华。民国十九年六月八日立。

——1930年6月13日

民生棉织厂请免微纱线捐（地方通信·平湖）

本县省立民生棉织工厂，顷呈建厅云，平湖县统捐局，奉令自五月二十一日起，将纱线捐收归官办，捐额骤巨，计纱每件捐银四元零，线每件捐银十四元零，属厂每月统计，担负此项捐税数，在百元以上，营业前途，殊为可虑，用特呈请钧厅，俯念属厂困难，转咨财厅，迅赐特别变通，维持属厂，所需进口纱线予以免捐，以维营业云云，兹闻建厅已咨请财厅核办。

——1930年6月25日

各区请办平粜（地方通信·平湖）

本县各区区长顷以米价狂涨，贫民生活困难。农民方面，虽已开放农米，较可敷衍一时，而一般小贩苦工，既无农米可借，赊欠又苦无从，亦应设法救济。为特联名呈请县府妥筹的款，即速开办平粜，以维民食。

——1930年6月25日

禁止变卖美术品（地方通信·平湖）

城隍有雕刻大门一座，为衣工所雕，精细异常，天神罗列，面目生动，无一雷同，有巧夺天工之妙。历届住持，莫不竭力保护，价值在万金左右。近闻住持毛善庆接手以来，不守清规，任意挥霍，将该庙法器质卖殆尽，至将大门一座私运至新仓，托人贬价兜售。为地方士绅所知，刻拟呈请县政府查究禁止，以保美术公物。

——1930年6月25日

姘妇自杀本夫起诉（地方通信·平湖）

本城骑塘浜盖叔荃之妻赵氏，因乃夫经商沪上，独居家中，致被甘河街小儿科医生王宝贤之子王金清诱引成奸，公然出入，毫无忌惮。前晨（二十二），不知何故，二人大起口角，金清竟将赵氏殴打。赵氏羞忿之余，顿生厌世之念，吞服烟泡数枚，以图自尽。迨经家人觉察，急延医士救治，奈因中毒已深，无法挽救，当即毙命。现闻盖叔荃以王金清诱奸有夫之妇，不法已极，竟敢痛加殴打，逼人自杀，业已诉请县政府究办。

——1930年6月25日

兴修浙西唐塔案解决

民厅呈准内部备案

业已动工照章兴修

浙江平湖县唐代所筑宝兴双塔为拆卖问题，曾由冯衡、吴京顺等联电内政部反对，旋由沈颂清等呈省，请改拆为修。无如县长方立亦主拆毁，以故引起旅杭、旅沪各同乡会全体反对，电函纷驰。结果浙民厅长朱家骅派员查勘，查得该塔确系合于保全古迹条例，回省复命。后即令仰该县长切实筹修。乃方县长经十余日未办，复由沈颂清等电省请示。兹奉省批云：代电悉。此案前据委员查明，当经令饬该县县长照章切实筹修，一面并呈奉内政部令准备案各在案，仰即知照沈等奉批后，即邀县长集议。县长届期未到，群认为此乃无意识之抵制，决计遵章兴修。业于五日起动工兴修矣。

——1930 年 8 月 9 日

北寺双塔开工有期（地方通信 · 平湖）

平湖北寺（即“德藏寺”）前双塔年久失修，势将倾圮。曾由款产会等各机关主张拆除，而地方耆老则主兴修，聚讼纷纷，莫衷一是。上月经民厅派委张廷华来平详细调查，与主兴修者订立兴修条约，并由莫孟考等，负筹款之责。现悉已有的款，定于月终动工。样已打就，用水泥筑脚，塔周围之铁链。

——1930 年 8 月 11 日

改建平湖城厢街道（地方通信 · 平湖）

平湖城厢内外街道式样陈旧而又仄狭，曾经县政府拟具改建草案，提交建设委员会修正通过，计分四等。一等干线二十八市尺，二等十八市尺，三等支线十六尺，四等弄道计十尺。

——1930 年 8 月 11 日

方前县长押解晋省（地方通信·平湖）

新任县长方壮猷进府后，即请前任县长方立办理移交，迨新县长接印后，即拟遵照厅令，将方前县长于下午一时趁西门轮班解省，当由新任秘书朱文伯代为请求，准于三日内由方前县长自行到杭，向民厅报到。遂由新县长电厅请示，施得复电，仍令即日押解来省，听候办法。新县长奉电后，遵于昨（八日）上午，派第二科科长潘震伴同方前县长晋省听候处置。

——1930年8月11日

新仓又有绑票勒索案（地方通信·平湖）

新仓北放港村顾新荣家前日接到土匪信，索借洋一千五百元，顾以无力，置之不理。次日，忽有持枪匪徒七八人将新荣之子绑去，向东北方而逸。迄今尚无消息。

——1930年8月11日

彻查县长侵款案（地方通信·杭州）

前平湖县长方立因案被控，调查属实。经省府议决，撤职查办。兹该县人民又以侵款舞弊，呈控省府。省府据呈后，将特委杨修彦前往严密彻查。

——1930年8月29日

落苏小识

乙乙庐主

昨读某报，见曹子绣君纪幼时食落苏事。畏其腻滑，泪随箸下。其事甚趣。间尝考之。落苏即茄，随地产之。色紫，故一名昆仑紫瓜。然亦有淡绿色者。形亦不一。普通者，状如马铃。海盐县产者，长而略曲，嫩而无子，其品最上。平湖县产者，浑圆如球，品次之。乡人诩为特种。余历地少，未稔他乡有类此者否。上海菜摊列售者，粗长而直，似王瓜。虽未一尝，逆臆必不佳也。至如曹子所言，有扁圆者，则洎今未得一见。烹饪之法，或炸或蒸，或碎姜杂盐渍、马鲛同煮之，味皆肥腴。古以其肥腻如酪酥，故俗名“酪酥”。若酱渍生食，品斯下矣，然而嗜之者亦不在少数。吾县有镇名新埭，擅制酱茄。酱之之先，盐渍使软，榨压使扁。所以然者，欲令苦汁从蒂中出，复令酱汁从蒂中入也。制不如法，即带苦味。此新埭酱茄所以名闻远近也。余平生最爱食茄。见有狼藉，辄为叹惋。尝阅某笔记载，有狂士喜啖鸭尾。其邻固富室也，日宰多鸭而弃其尾。某辄长叹，甚至顿足大詈。传以为笑。盖爱由乎衷，情勿禁焉。或云，酪酥有毒，食时必和以姜。或云，酪酥含硫质，宜于衰年。凡嗜韭薤者，亦必兼嗜酪酥。言之成理，自可置信。至谓茄本毒草，来自鞑靼，金乌珠入中原，遍植各地，冀以毒人。宋人姜煮而食，皆不死，反得其种，相为传播。则无稽之谰矣。

——1930年8月29日

宝兴塔内发现藏经（地方通信·平湖）

本邑北寺宝兴塔奉省令兴修后，兴修委员会先将东塔于八月五日动工，现在最上一层已告修竣。讵知当拆卸期间，塔内发现檀香经匣，被泥工潜取回乡。近日被人举发，兴修委员会着工头追出。闻匣内藏佛画一张、《妙法莲华经》七本，系明永乐年间，该塔重修时所置放。画为如来佛护法韦陀，嘉兴人所绘，经由我邑陆基忠楷书恭写。历时已六百余年，现悉暂由兴修委员会保存，往观者颇多。

——1930年8月30日

贾家浜五家遭匪劫（地方通信·平湖）

距新仓三里许之贾家浜，于二十六日深晚忽来匪徒三十余人，手持马刀、扁担、铁尺等，蜂拥至贾阿大、贾阿全家，将阿大、阿全捆打，逼指藏银处所，并大肆搜劫。后又往邻近张金生、张怀生、缪彭坚三家抢劫。结果，贾氏损失较巨。及镇上军队闻讯到来，匪等早已远扬。

——1930年8月30日

股匪劫械杀人案遗闻(地方通信·平湖)

太保阿书股匪前日劫杀廊下、吕巷两镇及胥浦塘轮船等情,已致本报。兹悉此次该匪劫掠两镇,实系报复主义。缘吕巷公安局长郭鹏(字翼九,皖人)曾捕获太保阿书之伪团长杨阿金,遭匪仇恨。区长蒋廷彦(字连均,本镇人),匪方以为与公安局有连带关系,实行报复。故用麻绳绑在电杆,鞭以藤条,遂与郭局长一并遇害。轮船则匪上轮后,船老大将客所装之西瓜数担、香烟数大匣,悉数与匪,该匪大吃特吃,极为满意,故船上游客,免遭劫害。惟黄某欲搭小舟图逃,故劫去洋夹。

——1930年8月30日

吴建设局长谈闵平路情形

全国道路协会兹拟建筑自上海闵行至浙江平湖汽车路,以作该会十周纪念路。当经函致上海县政府,训令建设局,拟具计划,业由吴局长派员察勘并征询金山、奉贤、平湖各县意见,据情呈报县府,已函复该会矣。昨据吴局长谈察勘路线甚详,据云:对于路线,归纳言之,约有二条:

一、由闵行渡浦南行,经南桥、柘林折西,沿海塘至平湖线。此线自闵行渡浦,迤南至萧塘约四里余,系属南汇县太平乡境。询得将于本年秋后,征工兴筑。自萧塘南行至南桥计十二里,其路基业经奉贤县建设局于十八年度征工筑竣,桥梁、涵洞等亦均拟就计划,定于年内施工。惟自南桥至柘林一段约十七里,短期间内恐无兴筑之望。至柘林折西,经河缺口、金山嘴、金山卫、徐[全]公亭等处,约计五十余里,原有海塘,可资利用。再由徐[全]公亭西北,经平湖之赵家桥、周家圩镇而达平湖,计四十六里。此线之利:(一)可利用闵南路。(二)可利用海塘、桥梁、涵洞,地价均可省,计全待兴筑者,仅南桥至柘林之十七里,与徐[全]公亭至平湖之四十六里,两共六十里而强。惟弊害亦有三端:(一)路线线长达一百三十里;(二)路线成大弧形;(三)沿途所经少繁盛市镇,出产除鱼盐外,粮食、棉花等较少,营业难期发达。

二、由闵行至南桥折西过庄行,经松江县属之亭林、张堰,金山县属之秦望山等镇,而达平湖之东门,此线自闵行至南桥,与第一线同。自南桥折西经庄行至烟墩镇,约三十一里强,属奉贤县界。自烟墩镇渡龙泉港(河宽约二十公尺)入松江县界,西南六里为亭林镇。南行十四里为张堰镇,越该镇西市之张泾入金山县境西南行，经秦望山之麓北，而至平湖县属之新庙镇，约十六里强。再西十一里，为平湖之广陈镇，地形较形低洼（湖泽众多，施工不易），再西二十五里为平湖县东门。此线之利：（一）可利用闵南线；（二）路线较直截，全长一百十里，较第一线减少二十里；（三）沿途多繁盛市镇，棉、米充斥，营业当较发达。而其害处，则桥梁、涵洞较多，且除闵南线外，无可借用。全须兴筑，地价工费需款较巨。以上两线各有利弊，惟经费计划等项，必先明了路面之宽度、路面之种类，而后施以概计。若求预算之准确，更须明了各处之地价，确实桥梁之种类，施以精密之测勘，而后可以造具方案用作标准。路线经过江、浙两省，其在江苏界者，须经南汇、奉贤、松江、金山各县，非由会函商两省，特派专员组织测量队，断难集事。且所定路线起点，虽在上海，而经行之地悉在险境，故敝局派员调查，深感事权不属，诸多窒碍云云。

——1930年9月4日

剿匪指挥召集会议（地方通信·松江）

苏浙交界之松江、青浦、金山、平湖四县，迭被股匪窜扰为患，掳掠烧杀，惨不忍睹。军警疲于奔走，剿击颇难着手。各地民户纷向城邑迁徙，乡镇商业一落千丈。兹悉三省剿匪总司令熊式辉特委胡正济为四县剿匪指挥，负责督剿，限期肃清。昨日，胡指挥召集四邑县长、公安局长、苏水警一区陈泽宽区长、浙省水警区长徐朴诚等在洙泾开剿匪会议。胡指挥主席，本邑金县长、水警范子诚队长等均亲往参加，各报告辖境被匪骚扰情形。旋议决剿匪实施办法多起，散会。闻平湖县将建议联合四邑各界推举代表若干人组织团体，志备指挥官关于剿匪事宜之咨询，以免隔阂。现正派员分赴各县征求意见，以便早见实行。

——1930年9月19日

方立判处徒刑（地方通信·平湖）

六月前，平湖县长方立因渎职舞弊被人控告，奉民政厅令撤职，发交杭县地方法院依法惩办。兹悉此案业经刑庭检察官侦查明确，提起公诉。经陈化民推事两次开庭传讯，会计方会源等均供，公款支出均系方立主意，后即宣告辩论终结。昨日提讯后，即判处徒刑六个月。

——1930年10月3日

卷款潜逃两起(地方通信·平湖)

东门外吕公桥堍万和协米行账房王仲萼平日尚称谨慎。昨为城区各商店结账之期,而王因赊欠过巨,且行中薪金亦已支透,乃私向某钱庄支取洋六百元,潜逃无踪。又西门外干泰公米行学徒居君,俟昨日该行嘱其携款三百五十元交钱庄收存,即一去不归,杳如黄鹤。

——1930年10月3日

平湖划船抢劫续闻(地方通信·平湖)

平湖县属东乡冰厂地方十五日有划船被匪抢劫,已致本报。查平县商业繁盛,所有松、金浦南各码头银洋汇兑,均向平地周转。值此花汛,申客采办棉花,均携申票,托受卖各行家,由山阳班向平湖庄家代汇。十四日轮班名友根者,携有卫东门周剑康代恒源花厂兑现洋一千八百元,陆鸿泰与陈开太亦有代汇洋三千余元。十五日该船载运而归,时约下午一时,有匪五六人,持枪喝令停船,上舟查抄,约共损失五千元之数。惟彼代领汇款之周剑康等均属清平,嗣后恐难解决,从出事日后,该处时有枪声,致往来者咸为裹足。

——1930年10月21日

平湖周家圩镇被匪洗劫(地方通信·平湖)

本城东门外周家圩镇,于前(三十)日晚九时左右,忽来匪徒三十余人,或穿灰色军服,或穿中山装,均身佩木壳枪,口操北音。一匪首命手下东、西把守,鸣枪一响,即分途抢劫。首劫王同茂义昌肉店,次为东、西张新昌花米店、王协昌杂货店,损失约二百余元。丁洽兴南货店及张永盛损失约四百余元。新昌丰洋布店被劫一空,顺兴店、姜同顺、西同茂染坊等共计损失三四千元。张永昌之店主广明被匪□□□刑,伤势颇重。总计全镇损失约一万余元,洗劫有二小时之久,一时警笛之声不绝。匪等遂向东南而去,翌日由该镇被劫各商报县通缉。

——1930年11月2日

1931年

巡察队索诈案开讯(地方通信·平湖)

平湖县政府巡察队前向书院弄钟慰萱家,借搜土为名,敲诈洋三百五十元。经钟姓向县政府告发,由承审员开庭侦查,呈由高院指定杭县地方法院审讯,定一月十日开审。被传人原告王品书、戈郁文、姚克成、褚戴氏四人,被告杨道昌、胡镇岳、沈德祥三人。闻杨道昌业于八日赴杭投案。

——1931年1月11日

夜班轮撞沉米船(地方通信·平湖)

平湖庆记轮局之夜班轮,于廿一日由沪开来平湖。驶至吕公桥外花园港附近,适有乡船一艘满载白米,至城粜售,因不及避让,遂被轮船之拖船带翻。船子二人,亦落河中,幸即救起。惟米受水浸,已经损失,故向轮局交涉。

——1931年1月22日

县长已改委吴文泰(地方通信·平湖)

平湖县长沈士华,前奉省令,调充民政厅特派员,遗缺委闾幼甫接充。因闾久未到任,兹闻民政厅乃改委吴文泰接充。吴现在余姚任统捐局长,不日即来接任。

——1931年1月22日

朱来荣被绑脱险(地方通信·平湖)

平湖东乡杨家库乡民朱来荣,家颇殷富,曾于月中接得土匪恐吓信,索诈巨款。朱遂合家迁避他处,家中雇人守望。十九日上午,朱闻全公亭方面匪已退去,乃潜返家中省视。不料匪徒耳目甚灵,已被侦悉,突有持枪匪徒五人拥入朱家,将来荣捉住，迫令东行。至全公亭镇上，匪等正拟将其藏匿，适驻于新仓之省保安队开到。匪等闻讯，仓皇逃避，置肉票于不顾，朱始得脱离虎口。

——1931年1月22日

土匪发现于乍浦洋面（地方通信·平湖）

乍浦洋面于上月底发现东乡著匪刘德兴部匪船三艘，匪徒约一百六七十人，曾经在蔡岐港登岸。惟因去时匆促，留落匪徒四名，投宿外蒲山庙中。该庙僧众知系匪类，拟至乍浦报告，卒被匪威胁而罢。至昨（三）日，始渡海登岸遁去。当其去时，匪等出钞票一包，授给住持，以作报酬之费。

——1931年3月6日

乍浦捉获匪魁（地方通信·平湖）

乍浦许槐林之子全官近来混入东乡匪党，已为匪之头目。三日下午，在岔路桥陆小妹烟灯上私吸，被水警侦悉，率警前往，当场将许获住，复将其同吸一人，共捕押回。翌日解送平湖县政府法办。

——1931年3月6日

公安局长更调（地方通信·平湖）

平湖县公安局长王公权莅任以来，已有年余。近奉省民政厅令，调往桐乡县公安局长。平湖遗缺由民政厅委任姜宏勋试署。闻姜不日来平接事。

——1931年3月28日

烟犯装病脱逃（地方通信·平湖）

平湖监狱署烟犯新埭人钱阿根前以犯烟案判处徒刑六月，执行已有三月。惟钱在未拘案时，行为不正，故被人控告其有为匪嫌疑。钱闻此风声，恐遭重刑，乃伪称有病，要求看守带送医院诊治。看守夏某信以为真，当报告署长由夏带往汤家浜德济医院医治。行至中途，该犯乘机脱逃。夏追赶无着，乃投案候质。经宋承审员讯问一过，着署长担保迅将该犯寻获归案，否则交公安局看守，候请示省方再行核办。

——1931年3月28日

大庙住持窝留土匪（地方通信·平湖）

平湖东乡土匪中有小头目名泗水阿德者，为悍匪之一，与全公亭大庙住持明山为兄弟。行前被军队痛剿，阿德乃潜至该庙窝藏。明山竟给与僧衣一袭，令阿德扮作和尚脱逃。旋被驻全水警探悉，乃于三月三十一日至该庙拿捕，阿德已经逸去，明山亦早避匿。当将客师七人捕去，嗣讯得该僧等均系安分僧众，令各觅保释放。

——1931年4月3日

县清乡局成立（地方通信·平湖）

县政府昨奉清乡总局感电内开：查《清乡条例》规定，各县清乡局局长由县长兼任，副局长由县公安局长兼任，合先电委，仰各遵照，依期成立县局，宣誓就职，并就近请县党部监誓具报等因，吴县长等奉电后，遵于四月一日成立清乡局，并用木刻平湖县清乡局关防，即日就职视事。

——1931年4月3日

绑匪王阿金解平湖讯办（地方通信·嘉兴）

嘉兴二区水警第七队拘获绑匪王阿金一名，解由区部转解地方分院讯处。嗣经检察处开庭侦讯，以该犯所绑之肉票系平湖金丝娘桥冯姓，其犯罪地点在平湖县辖境，依法应归平湖县政府审讯。爰于昨日备具公函，提同该犯解送平湖归案。

——1931年4月4日

闹监犯加处徒刑(地方通信·平湖)

平湖县监狱罪犯王金泉,在狱中因夺做□,大闹事端,为署长王某所悉,当调查确实,并有同犯裘培春证明,遂报告宋承审员将王、裘二犯提讯对质。王犯无可抵赖,供认闹事不讳,加处徒刑三月以儆。

——1931年4月6日

指挥部枪决湖匪(地方通信·松江)

松、金、嘉、平四县剿匪指挥部前据水警第一区拘获猪猡阿美(即"王启明")、匪秘书朱振新(即"朱芝臣")二名,又据第一营拘获匪王阿二、俞阿三、陆阿根三名,先后解部。迭经研讯,供认结帮掳劫,骚扰地方不讳。经呈奉省政府江电核准,执行死刑等因到部。除匪首猪猡阿美一名,派队押赴犯事地点执行外,其匪秘书朱振新,匪王阿二、俞阿三、陆阿根四名签提至案,验明正身,绑赴犯事地点枪决,以昭炯戒。当各犯绑缚后,由大中华照相馆为之摄影,旋押至西大街游行示众。计匪秘书朱振新即朱芝臣,年二十岁,平湖县北乡人。王阿二年三十三岁,俞阿三年二十八岁,陆阿根年四十五岁,均金山县典人桥人。

——1931年4月10日

救济本邑售茧会议

平湖县政府于二十四日召开救济售茧会议,各茧厂互派代表到会,由吴县长主席,沈世昌纪录,议决如下:城乡养蚕繁盛区域,每区至少应设茧行二家收买鲜茧。现已决定开秤者,计东门湖丰、振业、大茂三家,西门利平、利源并为一家,东西公平并为一家。乡镇四顾桥经昌、大盛二家,新埭正新一家,其余各厂由县政府劝导开秤,以资救济农家之蚕收云。

——1931年4月28日

善平桥恢复交通(地方通信·平湖)

本邑与嘉善县分界之善平桥,前因匪势猖獗,军事当局令饬双溪村里会将水路用木桩堵断。地方虽暂得安宁,而交通则大感不便。现匪势已杀,该村里会已呈准上峰,恢复该地水路交通。所有木桩于十三日起开始拔除。

——1931年5月11日

茧捐改征营业税(地方通信·平湖)

平湖县营业税局奉财政厅电令,略谓:部定浙省营税税率表内,现定丝茧业课税千分之二。本届丝茧现将上市,仰各县局依照定率,分别核实征收云云。至往年茧捐一项,本年起,已遵国府通令,一律取消。

——1931年5月11日

王镜清上诉消息(地方通信·平湖)

本城推拿医生王宝贤之次子镜清,前以强奸盖某之妻,致使羞愤自缢,经本夫告发,由县判处无期徒刑。王奉判不服,上诉地方法院。前日杭讯,王已改判绞刑,王之家属,闻讯大惊。当即趁火车赴省,决计再为上诉。现王尚羁留杭狱,未经发回执行。

——1931年5月13日

轰传一时之盛案结束(地方通信·平湖)

全公亭盛某,被妻黄桂英通同小学校长顾葆基毙一案,经县府判决,黄桂英处无期徒刑,顾葆基无罪。尸属以顾实主谋,反得无罪,心大不甘,遂延律师上诉。昨日奉批,原判撤销,顾、黄各处有期徒刑十五年。已发回平湖县监狱收禁。

——1931年5月13日

县警察队出发剿匪

浙江平湖县属新仓镇驻防之浙江省保安队四营十六连兵士突于前晨哗变，围缴警所枪械，枪伤区长及党委两人，继又洗劫全镇，形势颇为严重。当经苏浙剿匪指挥官朱绵密令各县警队严密防堵，相机协剿。无锡县警察队大队长王伟奉到密电后，昨特带领第一中队全部警兵出发至北望亭一带防守。

——1931年6月26日

指挥部截获变兵（地方通信·松江）

浙省平湖县之新仓镇日前为浙保安队七团四营十六连兵士哗变，驻松曹指挥官即拨队驰往追缉镇慑，一面密派谍报，分赴各埠侦缉变兵，以杜流窜。昨据指挥部谍报员马安甫在张堰之沪张轮船上截获形迹可疑旅客两名，带松解部讯究。据供，一名张世镛，甬人，确系该连士兵，抢劫结果，只分得每名五元，枪械已弃置水田中等语。一名方凤田，江西人，供与张世镛同，曹指挥官据供后，饬押候解浙，归案核办。

——1931年6月29日

拐卖妇女被查获

修筑新埭大村张恩桥石匠盛春生、顾杏林，引诱乡女张桂宝、张五宝、钟文宝，发生肉体关系。近日石桥工竣，盛、顾二人乘机利诱三女，意图往申贩卖。三女为其所惑，席卷所有，于昨（十四）日同乘轮船赴沪。讵在轮中，遇新埭公安局警士，见彼等形迹可疑，上前盘问。男女均现惊慌，遂被扣留。押送平湖县公安局，由陶事务员讯得实情，移送县政府核办。女姓家属，亦已具呈县府严究。

——1931年7月17日

嘉平划分县界问题（地方通信·嘉兴）

嘉兴、平湖两县县界尚未规划定妥，曾经省厅令饬划分，藉以整理行政区域。兹悉该项划界问题，平湖县府拟援照海盐县府办法，由两县县府委派毗连之各区区长为县府会勘代表，各自邀集边界村里长、副或乡镇筹备会委员，指定会议处所，公同会勘，决定两县界标地点。前日，已征得嘉兴县政府同意，后不日将由平湖县府订定日［期］，召集会议，以资早日订界。

——1931 年 8 月 2 日

逆伦案凶犯已获（地方通信·平湖）

平湖东门外石燕头裁衣陆德元被子阿龙殴毙，凶犯在逃未获。兹悉阿龙逃匿于西乡嘉兴县属之新丰镇□户范二和处，旋被平湖县府探悉，乃饬法警至新，会同该处水、陆警协拿。适在西市撞见，该犯即跃入河中，沉匿水底。因其水性甚佳，险被遁去。幸经该处渔夫帮同捉捕，卒在水中获住，解来平湖。经宋承审员研讯一过，阿龙供称亡父嗜酒体弱，跌仆致死。问官见其一味抵赖，遂诘问其尔父死后，你何用出逃，显系情虚，且验得身受伤痕，委系生前被殴致死。无容推诿狡辩，当谕阿龙发押。候侦查讯核。

——1931 年 8 月 12 日

冒充招兵主任被捕（地方通信·平湖）

平湖西门大街王义等四人，在陆姓家作方城之戏，被自称海盐招兵主任张剑洪闯入捉捕，解送公安局罚办。嗣被盐平招募主任朱彦璩闻悉，当将张某捕获，送往杭州总处法办。

——1931 年 8 月 12 日

浙江省平湖县政府通告（1931 年 8 月 20 日）[1]

为通告事。查敝县前设省立民生棉织工厂，业经奉令停办。所有各项机器、生财，兹拟一并廉价出售，计女袜机一百二十架、男袜机四十架、童袜机四十架、中人袜机一百四十八架、尖夹底袜机一架、提花男袜机九架、提花女袜机九架。又大号机十九架，又二号机十七架，又三号机十八架，跳舞女袜机三十六架，罗纹袜机

1　标题经编者调整。

三架及生财、零件数百件。其最低价格为三千六百四十元，如有人愿意价买者，请备款径向敝政府接洽可也。特此通告。

——1931年8月20日

浙江省平湖县政府通告（1931年8月22日）[1]

为通告事。查敝县前设省立民生棉织工厂业经奉令停办，所有各项机器生财，兹拟一并廉价出售。计女袜机一百二十架、男袜机四十架、童袜机四十架、中人袜机一百四十八架、尖夹底袜机一架、提花男袜机九架、提花女袜机九架，又大号机十九架，又二号机十七架，又三号机十八架，跳舞女袜机三十六架，罗纹袜机三架及生财、零件数百件，其最低价格为三千六百四十元。如有人愿意价买者，请备款径向敝政府接洽可也。特此通告

——1931年8月22日

各业踊跃助赈（地方通信·平湖）

平湖县筹募各省水灾赈济会，前日召集地方士绅及各机关团体代表，在中山纪念厅举行赈济水灾会议，议决商借新民戏院演剧筹款，自动捐助者，有平湖饭店、养和茶楼，于今明日连本五成助赈，米业公会亦有救济水灾募捐会之发起，即发捐册分头劝募，县商会亦已议定将本月份全县商铺伙友工资，抽捐二成，以资救济灾民。

——1931年9月6日

洋蜂伤禾农民呼吁（地方通信·平湖）

韩庙镇蜂场蓄蜂一百三十桶。近当田禾吐秀，蜂涌四出，摧残不少。农民大为恐慌，当即召集全村，向蜂场交涉，并无结果。经农会张指导员报请县府派员调处，农民要求将蜂桶发封，场主不允以，致发生冲突。农民三四百人一涌而入，纷将蜂桶搬运。乃由公安局长警到场弹压，一面呈请出示布告。农民方面亦于今日

1　标题经编者调整。

（四日）来城向县党部、县政府、区公所呼吁。

——1931年9月6日

逆子杀父案判决（地方通信·平湖）

平湖东门外石燕头逆子陆阿龙，因向父金昌索银不遂，酿成逆伦案，阿龙当场逃去，嗣在嘉兴新丰镇捉获，羁押县府。前（四）日上午，由宋承审员传集人证，开庭讯问。经承审员再三研讯，逆子阿龙见证人咸集，无可抵赖，始供认不讳。宋承审当庭宣判陆阿龙过失杀父之所为，处无期徒刑。

——1931年9月6日

1932年

组织国民救国会议促进会(地方通信·平湖)

平湖丁济美、陈惟俭等发起国民救国会议促进会,于前日在新民戏院开成立大会,到农、工、商、学各界七百余人,由陈惟俭、史元培、陈迪等演说。全场一致议决:(一)电请中央克日颁布国民救国会议组织法选举法;(二)确定召集日期案;(三)电请中央迅准张发奎统兵北上抗日案;(四)通电各县一致奋起促开国民救国会议。情形极为热烈,最后呼口号而散。

——1932年1月10日

明华查电案扩大(地方通信·平湖)

平湖明华电灯公司迩因常有用户偷窃电气,特派便衣职员,闯入各用户家查勘。时起纠葛,激成众愤。邑绅莫寄苹、葛景伊两君尤为激昂,发起组织用户后援团,以谋对付明华方面,业于前日通告各界,略谓:葛、莫两人前会窃电,经本公司查得证据,送交公安局存案,显系挟嫌架诬,定予呈诉究办。故目下两方已在进行诉讼。

——1932年1月10日

大批难民过境骚扰(地方通信·平湖)

昨日上午,小南门外排沙地方到各籍难民四五十人,挨户硬索食物,态度强硬。公安局闻讯,即派四分所警长率警前往弹压。同日,东门外福臻寺亦来大批难民,一百余人就村借宿。公安局五分所警长周伯良深恐发生不轨行动,星夜率领警士弹压出境。

——1932年1月14日

日机侦察各地（节录）

平湖前、昨两日均有灰色敌机翱翔县境，一翼自新埭过新仓，向乍浦南去；又一翼自东北飞来，向西南而去。在城外郊野，则飞行甚低。过城市时，则飞入云际，机声难辨。

——1932年3月26日

日机日窥伺平湖（地方消息·平湖）

平湖县日来常有敌机过境，并曾在蒋家浜开枪射人。十九日上午十时，又来银灰色飞机一架，绕城数匝，窥伺我方防御工作，忽高忽低，终日盘旋不去。最低时，仅二三百米左右。

——1932年4月22日

省令国难特捐征收办法（地方消息·平湖）

［平湖通讯］平湖县政府前奉令征收国难特捐，依照房租征收二成，由房主、房客各半负担。昨日，县府复奉财厅令，本省国难特捐现经省府议决变更办法，专收房租一月，完全由房主负担，限五月十五日前如数汇解。其余对于各业附属之国难特捐，一律截至四月底停止征收。

——1932年4月27日

平湖百果饾饺之畅销

平湖粉食及糖果早已驰名于大江南北，兹闻S. K. S家庭食品社主人，以平日之心得，延请该地技师，监制平湖百果饺，质发味美，不但富有滋养，抑且易于消化，可以储藏，冬燠宜食，实为点心中之珍品。现托南京路浙江路利利土产公司经售，销路颇广，时感供不暇接云云。

——1932年4月27日

平湖蚕汛悲观

近日平湖大易各乡，以天寒关系，春蚕发育阻滞，其程度各处互殊，早帮已大眠开叶，迟者尚在二眠中。天气不佳，致碍眠汛。今岁遭沪战打击，育量已逊往昔，又经济困难，近日甚致无钱购叶，纷纷将蚕倾弃。桑叶出产过剩，无人问津，故均下乡兜售，叶价在一元左右。本年蚕业歉收，已证事实，影响商业，实非浅鲜，望当局设法救济云。

——1932年5月19日

渔舟遭盗覆溺八人(地方通信·平湖)

乍浦外海勒鱼船一批，约二十余艘，于前日预备进口时，忽来海盗，鸣枪围劫，其十五艘，扬帆四散，余被搜劫。临去时，又攫取勒鱼四千余条。又另一艘，遭风覆没，船户八人，一齐落海，无一生还。

——1932年6月4日

江北小孩贪小丧命(地方通信·平湖)

北寺内新民戏院附近有电灯皮线时久皮烂，已经漏电。昨有江北十四岁小孩萧庆元乘晚上人静，前去抽取，顿时触电，指黑肉攜。旁人纷救无效，比德济医院医生应召赶至，已心房停跳，魂游地府矣。

——1932年6月4日

呈请取缔行驶快轮(地方通信·平湖)

往来平湖、上海间之平沪、闵南两轮局，年来以营业竞争，添增船数，加快速率，致新埭一带农田，冲毁甚巨。前经本县第一次代表大会议决，取缔行驶快轮，阳奉阴违，日久玩生。现经沿线各村委会将冲毁农田情形，摄影数十帧，并轮船逾载重量各情，呈请建厅严禁行驶快轮，以保农田。

——1932年6月12日

率警殴民激动公愤(地方通信・平湖)

新仓公安分局巡长陈竦前日与徐姓妇人擅自闯入西市范来荣理发店内房,窃窃私语。范大为不然,口出烦言,致触陈巡长之怒,立即返局,率领警士六七名,将范逮捕带局。沿途痛加殴打,判处拘役十二天,目睹各警行凶之商店,咸为不平,乃由太乙堂等商号联名呈请县府将不法巡长惩办。昨由县府饬吏到新,将一干人证传到县质讯。

——1932年6月14日

登瀛学校停办消息(地方通信・平湖)

本城登瀛小学原名第一初等小学校,拨胡姓捐助科举时宾兴费开办,已经二十余年。自张、徐两校长接办后,张以刑事案撤职,徐以亏空出走,校务日益颓败。去年,由冯福奎接手,亦无起色。现经省视学视察后,呈厅请令停办。其学生即归并于附近当湖小学,以节浮费。

——1932年7月19日

开售日货之怪状(地方通信・平湖)

抗日救国会为体恤贫商起见,准许本县对有日货商家,尽于月内拍卖净尽,以后永远不准再进,并抽若干为抗日办公经费。无如开卖以来,愈卖愈多,不可究诘。尤奇者,原价较贵,而标价低廉者,皆挽亲友出面买去另贮,以为日后改换头面再卖张本。其销场较滞之国货,则充入日货中发售。又大都置备账簿两份,从中作弊,希图不付捐款。东门某衣庄主许某,则更明目张胆。自上海批进日货衣料数千件,公然叫卖,刻经同业报告抗日救国会办理。

——1932年7月19日

城厢又出拦路劫案(地方通信・平湖)

住居汇上之姚一泉,上月间被暴徒劫去洋三百元,至今尚未破案。而昨(十七)下午,县西开设剪刀店之顾志拯,收得某项款洋五十元,行经北寺内东石街，又有暴徒六人，将顾乱殴，乘势将钞洋尽数攫去。顾力与格斗，扭住一人，其他暴徒拔出尖刀，顾大呼救命。市人闻声赶至，暴徒一哄而散，遂将扭获之匪，押送公安局，由杨科员预讯。据供名刘成龙，前在缉私营当过弟兄，此次实系受人指使云云。当即移解县府法办。

——1932年7月20日

警察纠众猛戳妇女（地方通信·平湖）

本县人郑姓向服务于上海公安局，前数日由沪回平，侨寓于东门客栈。前夕，郑挈妻出城，守城警不肯开门，遂起冲突。旁人不平，将该警掌颊二下，于是一并扭至县公安局。经黄局长讯问之下，薄斥外释。不料郑等回抵桑园弄口，突来暴徒多人，内穿警察制服者二人，迎面痛殴，并掣刀猛戳，郑受拳伤多处，其妻头部被戳三刀，伤势甚重。当出事时，已在午夜，郑乱吹警笛求救。东门一带商家疑为火起，纷纷趋出，极受惊惶，事后咸抱不平。除扶受伤人赴公安局告诉外，更联名具呈，请求查明严惩，为目无法纪者戒。

——1932年7月20日

抗日会发现收贿黑幕（地方通信·平湖）

抗日救国会此次为体恤商艰起见，特准各店将旧封日货于本月内销尽，无如外间忽有流言，谓抗日会收受各店贿赂，传说不一。该会极为骇异，乃派人赴各店查阅账簿，果有是项支出，且均于本月十三日付款，总计有一千数百元之巨，并佥谓系绸布业商鲍某及程某二人收去。该会得讯，即片邀鲍、程。皆畏罪潜避，乃函请县府拘究。昨日，经法警将鲍拘案，旋由商家暂保外出。闻鲍供辞游移，牵累多人。

——1932年7月23日

盐枭纵火焚毁盐廒（地方通信·平湖）

新仓全公亭前清时曾有盐廒之设置，经当地士绅反对而撤销。近日盐运署重设该廒于旧地，二十日成立。不意甫经挂牌，即有监枭借口妨害盐民生计，聚集二三百人，议拥而来。廒中人员四散奔逃，遂被纵火，将该廒焚毁一空，所幸邻里未受波及。然适值亢旱,附近各家,无不饱受虚惊。

——1932年7月23日

抗日会查获大批日货(地方通信·平湖)

平湖县抗日救国会自被鲍孝苍借名收贿后,名誉锐减,各奸商遂乘机到沪,批购日货。昨日沪讯,有东洋鱼三十五担装轮带平,已在途中。抗日会即派职员俞品璋带同警士在埠守候,黄昏轮到,即有脚夫数十名一拥入船,搬取日货。俞往阻,几被脚夫围殴。幸警士见机,掣枪在手,拟其凶魁,众始垂手呆立。结果将东洋鱼全数抄获解会,同时更往各店搜查,计获东洋鱼一千数百斤、仁丹无数、绸布数匹、明华袜厂三虎牌东洋纱数件,皆系新进之货,亦一律封扣。俟下届开会决议,照章严惩。一般奸商大恐,纷将私货藏匿,状甚狼狈。

——1932年8月31日

新民戏院捣毁(地方通信·平湖)

北寺内新民戏院因生意亏折,议定出租于新组织之共乐公司营业,另聘戏班,于十日夜开演。当日戏开锣时,有某某等公务人往看。守门人坚劝买票,不悦而去。夜分,卖座极佳,演戏尚未及半,突有短衣袴者三人,由门外冲入门内,将守门之山东人扭住痛殴。斯时楼上楼下预伏之同党,约五六十人,一齐响应,纷将茶壶坐椅,向戏台及头等客座上掷去。一时秩序大乱,纷纷夺门逃出。同时又有捣乱人一起,自院西涉河而来,找寻领班殴打,误将本城前任江西税务局长沈蘅波之子扭住,用木柴乱劈,致遍体血污。于是戏院中人,奔避一空,守门人三人及沈某受伤甚重,已赴县乞验。

——1932年9月13日

外人购买乍浦山地(地方通信·平湖)

乍浦为浙西重要海口,且风景幽美,早为外人所觊觎。法教士在陈山购置山地,建筑大规模教堂,虽经政府交涉,迄今多年,仍未解决。顷得乍浦消息,近有外人先在高公山、马鞍山一带视察形势,旋挽乍人许某出面托居间朱德昌,收买长山乡人胡关和、梁庄乡姚圣和等数十户所有山地三百余亩,每亩价格自三十元至百元不等，已订立草约，择日成交，初步计划即以成立之契据，向各该属乡公所缴纳中资捐，加盖图章，然后报销县政府照章验契纳税，以完手续。

——1932年10月1日

东乡匪势复炽（地方通信·平湖）

东乡土匪自太保阿书等伏法后，一时稍为敛迹。乃迩来余孽潜聚，死灰又燃，声势不减前年。五日夜，曾将全公亭姚稚明家之老祖母绑去。昨日，新仓北张家桥又发现匪船一排。兼以数日来，新仓至乍浦一带，□传有白衣飞贼，能飞檐走壁，专以行劫富户为事。东乡民众，咸有戒心。今日，县政府为镇慑匪徒起见，特派县属警察队士兵三十名，交周鹏飞领带，开往新仓驻防。

——1932年10月15日

大批伪钞入境（地方通信·平湖）

霜降在望，平俗为农民粜米还租之期。不意日来忽有大宗伪钞混来，受害者无数。最近农民张文和卖牛一头与梅某，得价三十七元，悉为钞票。翌日，张往还租，乃悉全系伪钞。□偕中追寻，当将梅某扭获，交褚泾坊坊役看管。一面撰状诉录，请求根治。是项伪钞来由，当不难一鞫而得矣。

——1932年10月16日

枪伤农夫之英人省令移沪（地方通信·平湖）

英人马丁于上月三十日乘船至平湖县南扶行坊狩猎，误将正在田中刈草之农民费金奎击中颈项，应声倒于田中。当经附近乡民将马丁及另一同猎西人拥至乡公所，当晚转送平湖县政府，暂行看管。受伤农夫抬赴南门医院求治。驻沪英总领事得讯，特派副领事赴平湖调查，后即电请浙江省政府转饬平湖县长将该英人马丁释送至上海英领事办理。省府据报，昨已电饬平湖县长迅将该领事英人马丁等二人连同一切证据送交上海市政府转送驻沪英领事馆，并代被害人保留一切权利。至受伤农人在院医治，应取具诊断书，以凭交涉。

——1932年11月4日

1933年

平湖著匪颜书绅就逮

东乡土匪自太保阿书伏诛后，部下各首领亦经本县基干队先后弋获，惟伪参谋长颜书绅虽经县府悬赏通缉，查无下落。近由金山县西门保卫团侦悉，颜匪匿迹高家桥地方。前日，会同扶王埭保卫团前往将颜匪擒获。本县县政府得讯，业于三日备文前往迎提。

——1933年1月7日

局长就职　队长更调

平湖县教育局长陈恢经厅令免职，遗缺由黄庆瑞接充，业于元旦日就职。又水警第九队长吴镛纯奉令调任第六队，遗缺由第二区部督察员陈汝民补充。

——1933年1月7日

县基干队开防广陈

平湖县保卫团总团部据广陈第十五甲甲长陆殿魁电呈略称，六日下午，有水警数十人捕捉乡民十六人，其余农民有如警弓之鸟，离乡远去，情形甚为紊乱，请派队伍，以维治安等情，当即电令县基干队抽调一部，前往镇慑。县基干队奉令后，即派第一分队长马千行率领所部两班，开抵广陈布防，一面并召集各乡长筹商抚慰方法，招集逃亡，俾安生业。

——1933年2月15日

开辟东方大港的重要及其实施步骤（四）

上海市建筑协会　杜彦耿

关于开辟乍浦商埠，中央与地方间的主张至为歧杂，未有统一的整个计划，以致迄无成绩。民国二十年，曾有东方大港建设委员会的组织，并在人山顶巅等处设置三角标杆，原拟从事测量工作，惜迄今已无形停止。自沪杭公路通行之后，乍浦之交通便利，各方乃渐加注意，然尚未有人发起开辟。

浙江省建设厅公路局拟将独山起至乍浦镇一带之沿海山麓辟作避暑区，中央政府总参谋处则拟划为要塞区，曾派参谋袁某一度前往观察。浙江省民政厅现正派遣测量人员四名从事清丈，或有他种企图。沿海塘一带之沙田更有沙田局正在计划支配。至于负有地方建设直接责任的平湖县政府亦曾具呈省政府表示主张，公路局也曾具呈建设厅请示开辟意见，然均遭批驳，未尝核准。总观上述情形，尚无统一的主张与组织，将予开辟的前途以很多的障碍。

乍浦现属平湖县第二区，面积约二十万亩，可耕的农田占十六万零五百亩。全区划分为二十四乡镇，共计户口一万五千三百三十三户，人口七万四千三百二十一人。作者以为将来实行开辟乍浦商埠时，可将市区加以扩展，东至江苏省属之金山，西至澉浦，南至海滩，北至海口迤北二十里。在此范围以内者，统共划归乍浦市政区内。

统握商港之开辟与市政之建设者，则须设一市政机关，或简直设一乍浦市政府。市政府能直隶中央政府行政院则更好。市府可附设各局，分主各种行政事务，庶几事权统一，办事易于着手。总理的遗教既可实现，工商实业的凋困也易苏醒，对于御侮的战争上更将有很大的帮助哩。

——1933年2月21日

英人马丁打猎

在平湖县伤人案解决

英人马丁昆仲二人于去年十月三十日在浙江平湖县境内行猎，误伤乡民费金奎及周潘氏二人一案，当时经平湖县长及本市市政府与英国总领事公函往返交涉，并要求赔偿被害受伤期内工资损失一千一百四十元及医药费一百四十二元，英国总领事当饬马丁自行与受伤者接洽。据复称，现经本人与费金奎及周潘氏交涉，已承认接受五百五十元之费，作为解决。现正拟交付云。

——1933年3月27日

平湖线袜厂一律停工

本邑各袜厂近因购进纱线须受检查，且银根步紧，贷款为难，已无法再为维持。爰于昨日下午一时，召开同业会业，出席厂家计有光华、华同、同益、裕华、一新、顺丰、震丰、明华、民生、民强、振和、日新昌、勤工、蓉记、恒久、振兴、鼎成、裕成、同源、久和、大华、协兴、勤余、轮新等二十四家，决议一律停机，出售底货。如各厂尚有积存纱线，须在至短期内做完，不得再办纱线，以示坚决。

——1933年4月30日

日人窥探沿海防务

乍浦汽车站接海盐站电话，谓顷有日人四名在盐境沿海窥探防务。发觉后，乘汽车东遁，请为扣留检查等语。因即报告保安队士在站守候，未几，果见有四人乘坐汽车驶来。队士喝令停车，竟置不理。因擎枪瞄准，始开慢车。斯时适有某副官前来，挥令东驶，日人等遂不停车，疾驰东去。旋海盐方面悉该车并未在乍扣留，又发电至金丝娘桥车站请扣。刻讯，该车已在金站扣住。

——1933年5月17日

平湖县长易人

本县县长吴文泰迭向民厅辞职，均未照准。兹又到省恳辞，经省府议决，准予辞职，遗缺委张清泽充任。业于昨日（十二）正式发表。

——1933年5月17日

日本兵舰驶入乍浦（地方通信·平湖）

十五日濒夕，乍浦海面发见兵舰两艘，自蔡歧门外疾驶而来，船身均黑色，渐入警戒区域，卒□海塘天妃宫外停泊，乍人意为本国巡舰，比细加谛视，则舰尾皆悬日本国旗。一舰尚明书“大日本第二十七号驱逐舰”十一字。每艘各装大炮四尊、小炮八九尊之谱。舱内兵丁极多。乍人见之，大为惊恐，纷纷走告当地保安队兵。时舰上放下舢板，公然载兵登岸。计兵士四人、水手一人，但均着便服，队兵上前婉劝归船，若辈均怒目狰狞，不可理喻。内有操华语者，谓欲延医及买水果。队兵不得已，乃陪赴大街，购去橘子等物少许，但并未延医，徜徉多时，始悻悻回舰，启碇而去。或谓尚见巨舰停在外海未曾驶入，当夜本县各区闻讯，皆加紧戒备。

——1933年5月18日

公民环控吴前县长

本县收发主任郑重因故为县长吴文泰掌颊威逼，吞烟自尽，已致本报。现吴已交卸赴沪，尸属由旁人调解，撤回告诉。公民林达伦等闻之，大为不平，立电高等法院，请求依法核办。觅录其原电全文如下：高等法院钧鉴：前平湖县长吴文泰于卸任时，迫教收发主任郑重自杀一案，本邑及沪杭各报舆论哗然，业经尸属郑胡氏诉请陈承审员检验属实，并电诉钧院彻查在案。兹悉吴文泰自知法所难容，唆令土劣徐眉轩等威迫利诱该尸属撤销告诉，显属私和人命，大干法纪。查本案纯属刑事范围，不得自由起灭。诚恐官官相护，法律精神因以扫地。公民等不敢缄默，用特电请驳斥。请求撤□告诉，一面迅予指定管辖，秉公讯办，以慰冤魂，而肃官箴云云。

——1933年5月29日

平湖县长兄弟同时被控

县长张清泽接事未久，有胞兄张益恭亦来平湖，寓小街同安旅馆。一夕后，忽他适。旋有法警往彼清付房金，嘱令退租。不意是夕张又赴旅馆，大责账房，不应将所住之二十五号另租他人。账房婉求无效，乃商请二十五号客另迁。该客系一妇女，挈子来平医病，其子方服药入睡，不肯遽迁。张愈怒，乃电话县公安局派警立拘旅馆经理凌嵋亭、账房高祥生以去。到局后，转解县政府，由张县长亲自开庭审讯，责令负责寻觅乃兄遗留之公文及他物等件。凌等矢口不承，翌日取保释出。凌嵋亭不甘受屈，遂托人撰状，向高法院控诉。又张县长之弟，名张逖威，随兄来任，担任收发员之职，昨被公民吴桂森等以渎职、贪婪、诈财有据等词向司法行政部、监察院高等法院呈控。

——1933年7月15日

平湖县基干队全体辞职

平湖县县基干队成立以来，迭破巨案，斩获悍盗，为地方所倚赖。兹以一部股户反对亩捐，以致群相观望。而该款又为该队惟一之饷源，自有股户金笺荪等反对后，已四阅月不获一文。队中伙食，赖队长干凯军东西息借维持。兹以久困饥疲，第一、二、三分队及各班班长相继乞退。干亦乞贷无路，无法维持，业于昨日向总团部恳辞。辞呈送达后，即赴沪养疴。现队务暂由副队长樊礼明主持，樊除呈请省保安队俞济时队长请示外，并备辞呈与部属人等，向当道一并辞职。此后平县一切防务，将惟水、陆公安局是赖。邑人对此，咸甚忧虑。

——1933年8月5日

禾丰农林场提倡种植

浙江平湖县林家埭之中国禾丰农林场研究果树园艺，成绩卓著。提倡造林事业，尤为努力。今该场以普及良种，推广种植，以利国计民生起见，各种已经嫁接之果树及森林花木种苗，一律特价分让。印有目录，可向平湖林家埭该场函索。

——1933年9月3日

嘉兴计尚英案移转管辖

平湖衣商计尚英因不直前平湖县长吴文泰之施政方针，及其个人行动，曾胪列十大款，向民厅呈控，经厅委莅县调查，经有关系之各方一致否认，而呈控人计尚英又不能逐款举证，因此省委以所控不实具复，而民厅又令吴前县长将计询究，吴遂拘计到县，钉镣收禁，嗣由其家属声请移转管辖。荏苒多时，吴已去任，昨日始由平湖县遵照高法院之裁定，将计解送嘉兴地方分院侦讯。

——1933年10月28日

平湖各校教员大索薪

平湖县各校自嘉善黄庆瑞来邑继任教育局长，积欠学费，自三月至五、六月不等。又兼黄局长多用嘉善籍人，而教局善籍职员薪水已预支至十一月份。于是本邑各校大为不平，昨日各校校长、教员不期而赴教局坐索薪水者数十人。黄局长接见之下，言词各执。黄厉色谓："教育局并非造币厂，何能筹款。"某教员答称："教员等非机械人，何能系匏不食。"几至大起冲突，嗣经某科长调停，约于二星期后发欠一月。如届时仍无的款，大家一起辞职。各校教员乃声称遵命，悻悻而退。

——1933年11月7日

平湖县令通缉赌案主犯

本城东大街王公昌染坊内屋设有极大赌窟，历有年数。前数夕，经人报告县公安局，饬警往拘，计当场拿获四十四名，余七八十人于纷乱中四散免脱。送县后，经屠治通承审员分别判罚，自七十元起至五百元止，共计五千数百元。台面赌款没收。事发后，本邑计尚英等查悉此次提头头家系县政府前秘书左纯铮，因联名电请省当局查办。左于案发后之翌日，即乘平乍公路汽车南去。县长张清泽得悉，立电乍浦公安局拘回。不料此电甫到，左已乘车赴沪。现闻县政府已下通缉令，务获左等一干人犯，到案严究。

——1933年12月18日

1934年

平湖乍浦公安局长被拘

乍浦公安局第三分局长黄翀，自本县张清泽县长免职后，即奉令调充临海县公安分局局长。乃交卸未了，昨忽以私放犯案之前县秘书左纯铮案，被现当局拘扣。一说黄因亏空公帑四百元，故有此举。黄之属员某甲亦同时并拘，并于昨日递送县政府管押。

——1934年1月1日

松江县府迎提剧匪归案

剧匪夏大三麻子等集伙行劫浦南朱家行吴友兰家等各案，经前公安局长沈靖派员杨士杰率探在沪购线，于虹口丝厂工房内拘获夏大三麻子夫妇等解松，供出同伙夏三小麻子等尚匿迹浙境平湖县地方。经派前督察长陈叔良携文赴平，按址获夏小三麻子、其母王氏及伙匪王三三名，搜得号盒子枪、六寸手枪各一枝，子弹一百六十一颗，匪船三艘。因其时平湖县长新旧交替，无人负责，遂未提回。现羁松之夏大三麻子妻身怀六甲，已于前日在县立医院分娩，县政府特派水巡队巡官费公侠携文赴平，将寄犯迎提，业于本日由费巡官将三匪及起获枪弹一并押解来松，奉谕暂寄禁于县监狱。匪船三艘，亦可于今晚抵松。

——1934年1月25日

平湖城区报馆又封一家

本城《社会日报》《大华报》两种，前奉省令勒停出版。兹县政府续奉省令，以《平湖报》一种乃张松年所主办，认为文字秽亵，勒令停版。前两报为县代表大会所检举，后一报为前县长张清泽所举发。现《平湖报》已遵令自动停歇。今日(二十八)起，不再出版。

——1934年1月29日

泖口镇误会纷扰

本县公安局得有密报，谓夜班轮又进大批私土，乃派干警八名，往泖口堵截。该警等雇一小舟前往，恐漏消息，皆服便衣。甫登岸，即闻锣鸣远近，保卫团丁大队赶来，枪声甚密。警等不知所为，幸船户机警，大呼系平湖出差警士，乃始停击。一般居民，已惊惶无措，四散逃避。旋由该团丁上来搜查，并声明因近日屡有盗警，本地乡民误会报告所致，道歉而去，警等亦饱受虚惊而回。

——1934年2月2日

筑路工人迭肇事端

沪杭公路工人前数夕往新民戏院无票入场，致与该院职员周某卫冲突，结果周被攒殴，受有巨伤。前夕，又往该院，遂被鸣警拘住袁某等凶手五人，送县押究。汽车站同人遂藉端罢工，平杭、平沪两路汽车皆断。昨日，乍浦恒甡祥烟店之广告上，书有“毛非山山土四贝”“西女王见金戈戈”十四字，并书“如有拼成六字者，可向本店领取香烟四包”。筑路工人某，暨成往兑，店主大怒不认，遂起冲突。工人愈聚愈众，几将该店捣毁。后由中邻人劝令给烟四包，始号叫散去。现二区区长施正，因该工人迭次肇事，决请上官严惩。

——1934年2月2日

曾养甫谈浙省建设与政务（节录）

（杭州）乍浦东方大港建筑海滨公园，其经费布置，业经平湖县第二次行政会议议决通过。（三十一日中央社电）

——1934年4月1日

平湖四乡火蚕颇佳（丝茶·苏浙春蚕汛汇志）

平湖四乡农民近年来信仰洋种，故今届大半饲育改良种，间有因经济关系孵育自留之土种，奈天时不正，土种种子不健全，抵抗力薄，中途发现蚕病。新埭及沿太湖一带，侧重火蚕，均用火力补温，成绩最佳。现已三眠旺叶，日来天转晴暖，发育顺利。

——1934 年 5 月 16 日

车站截获被拐少女

平湖风俗本极醇朴，近来青年习尚虚荣，风气大变，乡间少女被拐出外，迫操淫业者，在沪埠亦不乏其人。昨日下午，平湖至上海车将开时，汽车站前有一少女形色仓惶，若有所待。适为该处岗警瞥见，上前盘诘。据称姓陈，家住本城西门，刻将偕胞兄赴乍游览。询问其兄何在，谓在附近茶店啜茗。警令证实，女指一面麻者称是，警诘其姓氏，据云名周明翔，并谓女乃系邻居，因事同赴上海云云。警以双方言语不符，显有诱拐嫌疑，并拘公安局根究。

——1934 年 5 月 18 日

沈宝基学成归国

沈君宝基，浙江平湖县人，将于本月二十一日搭法邮船 Aramis 回国。沈君在法多年，专攻文学，已得里昂大学博士学位。回国后，于吾国文学界当有新的贡献。闻国内某大学尝挽友函聘，但沈君以去国多年，对于祖国教育界十分隔膜，故尚未应允。

——1934 年 5 月 18 日

平湖茧行收数已足（苏浙茧市将次结束）

平湖新埭等处，今届改良种蚕汛颇佳，茧产丰稔，茧身亦优。茧行全邑共开十余家，茧价不高。改良种茧平均扯三十元左右，土种十八、九元，各行收数已足，预备停秤。蚕户莫不亏本，自行缫丝者不少。

——1934 年 6 月 10 日

教师节大举索薪

本县各区小学经常费，被教育局积欠一年至四月不等，教员生活艰苦异常，本月六日为教师节，一、二、三、四各区教职员，推举代表数十人，以旧历端节将届，节账亟须归付为词，齐赴教育局索薪。当由局长黄庆瑞接见，一一承认，各代表始散去。又闻教育款产会本为筹划本县教款而设，决非虚行故事之机械机关，各代表等对此只知应教育局请款而发款之款产会，甚不满意，将定日向该会请愿。该会常委徐清扬闻讯，深恐届期受人留难，已向该会辞职。

——1934年6月10日

盐枭生吃活人

本县金丝娘桥一带向多盐枭，几于比户皆是。该镇有冯文彬者曾将后埭房屋出租与缉私队部，因与盐枭积有宿怨。近日，复有缉私士兵在该地查缉，枭等疑冯所邀请，怀恨益深。昨日，缉私队去后，盐枭即鸣锣集众，到有男女老小三百余人，一齐拥入冯家，将文彬于床上被中拖出，声称“活吃他”。随即众口齐下，浑身乱咬，血流遍地，骨肉狼籍。枭等见冯已晕死，遂一哄而散。现乍浦诚济医院接冯宅电话报告，已急派医生严介生前往救治。

——1934年6月15日

王申夫杀妻自缢

乍浦北河滩商人王申夫娶妻居氏，苏州籍。该氏形迹放浪，极为其夫所不满，屡次申戒无效。十日前，平湖悬灯庆祝霍诞，氏又不告其夫，私偕女友数人入城看灯，在小街屡窝娼妓之同安旅馆宿夜。事为王所侦悉，气忿填膺。候氏回家，一言不合，即掣菜刀，劈头乱斫，氏受巨创逃走，王亦追出，跃入河中图尽。经旁人捞救上岸，旋又至四明公所缢死。其妻则奔至久大烛店前仆地，经人车送诚济医院，恐亦有生命之虞。

——1934年6月15日

小学罢教空气紧张

教育局长黄庆瑞因积欠教款，与各区小学感情破裂，自县教育会连同各区教育会遍发宣言，声明不与合作后，黄又误听人言，竟具书向县长告诉，大意谓有二区区教员毛友伦煽动各小学一齐罢课，请求如何如何等语。各小学闻讯大怒，果有立时实现罢教之势。空气突然紧张，张县长急延各校代表极力抚慰，并担任筹发积欠经费一月，始寝其举。

——1934年6月20日

西装青年投河图尽

昨日（十五），东门外吕公桥旁，有一西装青年手提大小皮夹各一，徘徊河干，旋即跃河图尽，当由旁人瞥见，赶往拖住。时有三所警士数人经过，上前再三慰劝，始收涕携物入城。警等欲探究竟，遥尾在后，见该青年步入小街同安旅馆，开三十八号房间店住。遂入内告知账房，账房甚骇，入室盘诘。该青年自云四川人，名郭林，曾毕业于法国巴黎大学。回国后，曾充云南某市市政府秘书。此次到沪，知妻已亡，心极不悦。闻其知友汪某在平湖县府充当秘书，乃来平访问，又无其事。船中复失去皮夹，中有银钱要件，数愤交迫，遂起厌世之念云云。旋公安局局长吴三青得悉，乃赠以船票，派警护送到埠，乘轮沪去。见之者均谓人甚漂亮，英语娴熟，似非□秧者流，然莫知究竟也。

——1934年7月18日

因亢旱继续断屠

本邑入夏久旱，河干水涸，播种为难。前有各乡好事之徒，迭次抬舁土偶，蜂入县府，强请县长焚香顶礼。但炎日杲杲，毫无效果。城乡各地，遂自愿断屠三日，冀获甘霖。乃三日既满，酷热如故。昨日县府奉省令，继续禁屠三天，当即连夜派员分赴各犍堂（即屠宰场所）通知。惟同时又奉省令，严禁好事之徒，利用时机，骚扰图利。竟有不良份子，唆使骚动，乘机图利，是直为农民蟊贼。此而不惩，何以保农，应克日严禁云云等语。

——1934年7月24日

平湖的传说

穆　因

平湖县本来是海盐县里的一个镇，起先的名字叫当湖镇。后来因为繁盛的关系,明朝才改称平湖县,和海盐县脱离了关系的。

小朋友们！这历史我想一定有许多小朋友没有知道,所以我在这里先把它述说了。现在我要讲一段平湖的民间传说给你们听。

当湖镇在汉朝的时候,是一个很富庶的地方,居民向来安分守己,度他们快乐的日子。据说有一天那里忽然来了一个将军,头戴军冠,身穿军服,骑了白马,提了宝剑,在当湖镇的四面跑了一个大圈子。后来一个圈子跑完了,他便止住马用他手里的剑,向这个圈子里一指说道:“此地当为湖。”他说完之后,回身加着鞭子又跑了,但是结果,就不知道他跑到什么地方去了。

当时有些居民看见他的,都当他是疯子,毫不介意。可是在这天夜里,忽然狂风暴雨,飞沙走石,闹了一整夜,到第二日大家起身开门一看,才不免惊讶起来。原来昨天那人环绕的圈子,现在都变成湖了！那个地方的人也都给水埋没的死了。

从此这个地方就叫当湖镇。但是因为它的湖水平稳,就称它为平湖了。

——1934年9月16日

违法索款解省严办

平湖县公安局巡官黄国基、警长吴禄夫拘捕烟犯、违法索款买放,经人向省府民厅告发,派员密查属实,将该巡官、警长等押解来省,移送法院依法予以严办。

——1934年11月1日

1935年

广陈镇匪徒纵火

广陈北半里许之袁姓家，近忽有匪徒乘夜前往纵火，沿屋积柴，尽被焚毁。隔邻杨姓糖坊积存之旧布二大件，亦遭池鱼之祸。幸发觉尚早，奋救得熄，未成巨灾。

——1935年1月10日

恒升钱庄倒闭

本邑城隍庙前恒升钱庄，开设已有三十五年之久。近因营业不振，连年亏折，此次大结束时，计算短折已逾八万以上。股东俞某，不欲赓续垫木，遂议决停业清理。前日（八日）起，开始登记债权，并函促各债务人，从速偿欠。

——1935年2月12日

平湖的鹞子

行 之

一到春天，各地的小孩子都高兴起来了，在春草如茵的平原上，携着像蜈蚣的、蝴蝶的、老人的，以至新式的飞机的纸鹞，结伴高放，这是多么有味的事呢！我乡有“正月轧瓜子，二月放鹞子”之谣，就可知这个季节的乐趣了。放鹞是小孩子们的娱乐工作，想不到平湖的农夫，也有这种雅兴！

我闻同事蔡君说：“所谓鹞子，最不能忘怀的，是平湖的鹞子了。”

“平湖每到二三月的时候，桃花盛开，菜花像黄金般的铺满地上，绿草无际，从茅舍里走出了一群农人，手里各拿着大纸鹞，——虽然这纸鹞是并不装扮得十分美丽的，但面积较普通为大，制造比市中所买来的要坚固万分。通常以蜈蚣式、蝴蝶式为多，拿出以后，便趁风把它放上去。鹞绳很长，大都是他们闲暇时所搓起来的，质地多用麻，所以很韧很粗。一般人所用鹞绳只有一团，而他们常是一箩。

“你想！鹞绳要一箩，其数量不是很可观了吗？”

“他们出去工作时，常将鹞子放起，任它们高漾天空，一只只的逍遥自在。而将鹞子的绳索，拴于树上。在灿烂如锦的平原上，点缀着几许的人工飞鸟；在将出去劳作之前，悬挂起安慰心神的旗，你想这是多么有意义的娱乐！等到日暮回家，方把所放的鹞子收起。

“这鹞子还有特别感到一种兴味的，就是每具鹞子里有一架弓。这弓是用细竹穿通了中间的节，再把它拗弯的，配以薄铜片或薄白藤所做成的弦，高挂在鹞尾绳上，临风振荡，发微妙之音。郎郎朗……，铃铃铃……，鐃鐃鐃……，疾徐高下，随风而出，好似天上的仙乐、人间的雅音，真能吸住人的灵魂似的！

“数年前我走过平湖，常见这样好玩的农家的鹞子，所谓鹞子，是最不能忘怀平湖的了。”

他说了这样一大段关于平湖的话，使我不禁神往。想不到劳苦的农人，也有这样的雅兴！不过，近来农村破坏的日子，不晓得平湖的农人，还有从前放纸鹞的雅兴吗？

——1935年3月20日

大沪银行平湖办事处开幕

本埠大沪商业储蓄银行，自迁入南京路梨粉弄口新厦后，业务日见旺盛。其创设之新生活储蓄，办法新颖，手续简捷，颇得各界人士之信任。该行鉴于浙省平湖地方商业繁盛，复循该处金融界之请，特在平湖城内东大街设立大沪银行平湖办事处，已于前日（十九）开幕。各种存款储蓄，在开业纪念日内，加息一厘，以示优异，闻营业甚为发达。

——1935年4月20日

大沪银行昨开股东会

金润庠等当选监察

本市大沪银行昨在本行二楼会议室开第三届股东常会，报告营业，改选监察，兹分志如下：

会议情形

到会股东：竺梅先、骆清华、郑筱舟、沈金甫、郑泽南、郎志豪、李租卿、俞国珍、王鸿□、马少荃、边崇贤、林琼宴等七十八人，股权二五四二权，由俞国珍主席。行礼如仪后，首报告营业状况。次由监察人李和卿报告账略毕，即改选任满监察人。当选监察者李和卿、金润庠、邬志豪三人，顾振民当选为候补监察人。

营业报告

本行开业之初，适丁沪战之后，商市金融，均呈衰颓之象。迨至去年，更因受美国白银政策之影响，银根奇紧。岁阑将届，深具历史信用之银行、钱庄清理倒闭者，层见迭出。而本行营业迄今，为时仅岁序三更，独能屹立于惊涛骇浪之中，措置裕如，稳渡难关，虽由于本行向来稳健政策，得社会之信仰，要亦上叨股东诸公指导之功，下赖诸同人协助之力，此后市面稍有转机，则本行业务之开展，自不无希望，此则堪为股东诸公告者一也。本行去年以业务渐盛，收付频繁，原有山西路行址，不足以敷展布。爰择址于南京路五一〇号，鸠工兴材，至去年十二月一日始克迁入。以交通便利，行基宏伟，业务遂大见兴旺。年终决算时，所有本行资产总值，储蓄部、总分部资产总值，均较上年度增高，此则堪为股东诸公告者二也。本行于第二届第三次董事会议决，设立杭州分行，遂着手筹备，于去年九月三日开幕，营业时间为时虽仅三个月余，而各项存款之收受，已达十余万元，如能给以相当期间，则业务之得逐渐开展，自在意料之中，此则堪为股东诸公告者三也。本行以本埠各重要区域，各银行均遍设分支行，业务方面，竞争甚烈，爰为避重就轻起见，择内地商业繁盛之县市，设立分办事处，以期多得服务农村之机会，因鉴于浙属平湖县，交通便利，居民殷富，而该县除有旧式钱庄执金融枢纽外，新兴之银行组织尚未见设立，遂择址于该邑东门大街，以极简省费用，设立平湖办事处，于四月十五日开始营业，深荷当地人士信仰，尤得平湖舆论界之好评，此则堪为股东诸公告者四也。本行此后营业方针，自当秉向来稳健进取之旨，努力向前，并仍当择商业兴盛之内地县市，而为他行所未及注意者，逐渐设立分办事处，以扩大本行服务社会之金融网，而有以仰副股东诸公之雅望焉。

——1935年4月29日

平湖轮船泼溺游人

乍浦机绳业某甲，年二十二岁，擅游泳，今年来城，在东门外湖越仙酒店邻居之机绳店为伙。昨日，天气骤热，下午升至华氏表八十三度，甲往东湖洗浴游冰。适海盐班小轮抵埠，轮尾水潮，冲激及身，甲竟不支下沉。比店主马姓得悉，□人捞起，已气绝毙命。现陈尸于竹排之上，俟其嫁在上海之姊来平收殓。方轮潮冲激之际，甲曾连声呼救，岸边之人，疑其游戏，未与理会，竟肇此祸。

——1935年5月12日

平湖国货展定期开幕

参加厂商已达七十余家

今在闵南码头整队出发

上海国货推行协会主办之平湖县国货展览会，筹备已将匝月，沪杭各厂参加者已达七十余家之多。昨日早晨九时，由该会领导各厂商在十六铺闵南码头登轮出发。到场欢送者，有国产报馆及市民联合会八区分会，并国货界曹志功等。闻该会已定于本月二十五日，在平举行开幕典礼。预料届时必有一番盛况。

——1935年5月24日

平湖第一区罢教（教育新闻）

平湖县第一区即城区，包括城厢内外及东北之周圩、西南之将军骑塘各坊，辖地甚广。其县区乡立各校，积欠经费，多至十月，少亦七八月，教员生活为难。端节前，曾合词吁请教育局筹发三个月，苟延残喘。教局延不置答。前日，各校联合会议，以县政府及县教育局全无诚意维持学校，决即罢教，并发出宣言，首述教费之不应困难而困难，次讦征收员厉□如之荒谬，更次述教育当局之无诚意，末请全县父老原谅云。十九日，记者询诸教局人员，据谓教局已竭绵力，筹得七千八百元，暂为杯水之救，准定月终先发一个半月，但各校不能谅解，以故形态日臻严重云。

——1935年6月20日

教育风潮仍严重

本县第一区各学校因教育当局积欠经费达十个月之多，而征收员厉□如已收教款十万元余，推延不解，群情愤怒，激成罢教。教育局长乔殿祥奔走疏通，许于本月底，措交一个月，暂救眉急，始允复课。惟第二区学校，亦感同样困难。前日各教职员会议，如当局无诚意维持教育，听征收人员舞弊误公，决取一致行动，援助一区。故目下形势，仍甚严重。

——1935 年 6 月 24 日

烧人案捕大批盐民

乍浦方家埭方官因结怨盐民，被盐民活烧成灰，迭纪沪杭外报，六日省方密令乍浦常驻炮兵会同海盐县公安局、保卫团、侦缉队全体往捕凶手。当即派兵一连，会同兜拿。该盐民等因事出仓卒，不及走避，计被拿获三十七名，连方家埭乡长一并押上汽车送究。尚有漏网各凶，现方继续购缉。

——1935 年 7 月 9 日

黄山风景区一部开放

乍浦黄山本定为风景区域，旋改为要塞区。今复以时局好转，要塞区之东部重复开放。京派委员数人前来察看，昨由地方人士徐眉轩、王眉孙等邀宴，晤谈甚久。

——1935 年 7 月 29 日

平湖同乡电贺

奚可阶任县国医馆长

平湖儒医奚可阶为已故朱家角名医赖松籁先生之心传弟子，学湛术精，胆大心细，悬壶济世，迄今三十余年，所活无算，早已蜚声艺林，腾誉乡国。挽近中央国医馆采其声华，委令组织平湖县国医支馆，并畀以馆长之职。自奚氏通电就任后，该县各界及各团体均函电纷驰，交相称贺，为桑梓深庆得人，迭志各报。昨复有该县旅沪同乡会及马骥良、阮季贤、戴履纯、杭明台、崔奇峰、殷廷骧、陈冷僧、戴桐秋、殷寿璋、姚卖善、姚仲轩、殷寿成、姚希成、苏秋心等联名电贺奚氏，热烈表示欢迎，足见众誉载道，舆望攸归。方今国是凌夷，财竭民困，言医则民族积弱，贫病塞途；言药则外货充盈，漏卮日溢。奚氏于此将何以上副中央委任之重，下慰邦人属望之殷耶，兹探录其电文如次：（上略）顷阅京抄，欣谂先生荣膺宠命，出长吾湖国医支馆，逖听之余，雀跃无已。夙仰先生灵素学邃，岐黄术妙，风声所播，朝野同钦。会看春暖青囊，陆宣公活人活国；烟浮丹灶，范文正为相为医。作后进之导师，复兴国学；补漏卮于药业，领袖群伦。遥企清辉，弥殷贺悃。谨电欢颂，尚希亮察。（下略）

——1935年8月8日

沪杭路两汽车肇祸

沪杭公路平湖县境柘林站附近之陆家码头地方，昨晚七时，有法国人福来乘自备五（一）一四号汽车赴沪，驾驶不慎，辗伤孕妇杨张氏一名，已送南桥医院救治。又有德国人克来格，于下午六时半，乘自备八九六四号汽车赴沪，撞毁柘林桥栏三尺，均由路局将执照扣留核办。

——1935年8月10日

乡镇长讲习会开幕

十二日下午一时，平湖县乡镇长讲习会在孔子庙举行开幕礼，到会者计有县党部、水警队、保安队来宾及乡镇长共六十余人，颇形踊跃。主席汪县长领导行礼后，报告本讲习会的重要意义为培植运用保甲的力量，以为改革县政的准备。本讲习会的主要内容，为统一我们的意志，注重理论与实际的联系，和我们应有新的方向。报告毕，接着县党部陈委员、保安队赵队长及民政科张科长均有演说词，最后由汉塘镇王镇长、启元镇鲁镇长代表全体会员答词，对县长及来宾之训词，表示极为满意，并诚恳接受，礼毕摄影，尽欢而散。

——1935年12月14日

1936年

当湖女校起大风潮

本县当湖女校自校长张某辞职后，一时校长人选，不易物色，即由乔教育科长代理。乔聘他科科长之夫人两位，充当教师。其一刘姓，系四川人，口音不通。曾经误会，用教鞭将学生楚挞，致小起风潮，幸即平息。前日，刘与他教员奚某口角，奚负气出走，学生挽留之，刘遂又与学生冲突，校外观众如城。乔代校长接电话后，随带警卒到校，将学生驱入天井监视。至夜八时余，始由县政府秘书伍受真，前来采解释放。闻乔到校时，曾骂女学生等为共产党及反动份子。故一般家属，咸抱不平，日内将有表示。而学生等竟三三两两，在街头分发哭告书，风潮正方兴未艾。

——1936年3月14日

平湖高唱禁烟中之怪剧

本县月来烟禁，虽极端严厉，各区查获烟犯，汇解到县者，日数十人。但积习已深，吸者自吸，贩者自贩。前数日，女监有守吴沈氏，忽发异想，私蓄鸦片烟枪两支，烟泡若干，供给女烟犯轮流吸食。事被管狱员查悉，入监搜获。当将人证备文呈县，庭判该公务员吴沈氏处徒刑一年十月。前夕，有人向汪县长密报，谓县立戒烟所中，有人灯吸，汪遂于二更许，前往敲门，入内搜查，觉烟气扑鼻，烟犯等藏匿不及，即被查获烟枪、烟泡、鍮杓等多件。又在强迫戒烟之李掌林身上搜出烟土；某甲等二人身上搜出烟泡，乃当夜提回发押。此两大烟案，在前后数日中破露，又均为公务员舞弊，民间咸为讶异不置。

——1936年5月18日

平湖县长发封民报馆

平湖民报馆馆长毛圻，昨被县长传去拘押，禁止接见宾客。被逮原因未明。该馆亦由县府封闭，故今日（二十一）起已停版。该报曾向中央宣传部及内政部登记，发行已有数年之久。

——1936年5月23日

苏浙渔区纠纷

苏属金山渔民拦堵赴浙鱼产　平湖渔会分电沪上各方呼吁

浙江平湖白沙湾海滨，居民均赖捕鱼为生，其鱼产来源，多自苏境松江县属金山嘴附近之滩墟岛、野王盘一带上游而来。近因金山嘴渔民在野王盘一带，用毛竹横筑窗网，拦断鱼类去路，于是鱼类尽为苏民捕去。平湖渔民望洋兴叹，乃特电本市平湖旅沪同乡会各团体呼吁，原电略云：窃民等世居浙江平湖白沙湾海滨，捕鱼为业，邻境江苏松江县属金山嘴，距本乡约数十里，两处渔民，乘船入海捕鱼，向以省境为界。不料去年春间，金山嘴渔民又在本省领海滩墟岛、野王盘筑网，近且变本加厉，将所筑窗网加阔面积达一百四十余里，查白山以西滩墟岛、野王盘一带，均属浙省领海，松江渔民逾越省界，筑网捕鱼，不特断绝鱼源，抑且阻碍交通，当为法所不许。又查《渔业法施行细则》第四条第一项第一款，及同法第六条，明定于一定水面敷设渔具之渔业，须呈奉主管官署核准登记，方可入渔。江苏渔民既未呈请登记，又复越界筑网，延不拆除。民等生计，被其摧残净尽，数千渔民，势必流为饿殍。素仰钧会主持公道，对于邻省渔民仗势越界，擅筑窗网，妨害本省渔业，当难坐视。用特电请钧会，迅赐转咨主管官署，令饬松江渔业公会拆除窗网，并禁止以后再筑，以维生计而利交通。临电不胜迫切待命之至。谨电。浙江平湖县渔会筹备主任潘企能叩。寒。

——1936年5月24日

平湖又一报纸被封

《平湖民报》因主笔毛圻入狱，牵累被封，尚未恢复。昨日，有省令到县，着将《平湖时报》勒令停版。县府随传该报发行人许某到案，示以原令，许唯唯而退。此报并未经中央宣传部核准，发行时期，亦不过数月之久。

——1936年6月5日

清军屠城纪念日

昨日（废历四月二十四日）为二百九十一年前之清军破城屠杀纪念日，当时有义民王四，据城门抵抗，被杀，剁成醢酱，杀至西太平桥，有冯祠土地显灵，始得封刀。以故，邑人每于是日醵祭土地与王四，以志痛思。昨日，往两处焚香叩拜者为数寥寥，而附近之佑圣宫内，有黠民设一朱天君神位，吸引香客，妇女前往求福者甚多。乞丐据地乞钱，几于交通断绝。

——1936 年 6 月 14 日

新埭镇迎灯肇祸

本县新埭镇，因城区三度提灯，宣传禁烟，遂亦急起直追，联络各机关，扎成彩灯无数。该镇民众，素喜奏演神戏，迎神赛会，一闻迎灯，镇民几于全数加入。于是虎豹狮象，群丽蛟龙，各式灯彩，怪怪奇奇，皆与禁烟宏旨无涉。复益以祭神用之流星花炮，大架焰火，在中市港南牛场，聚集点放。场北正对一桥，群众齐欲挤登此桥观看，桥上已有百余人，被前后挤住无法避让，遂加力拒。忽然人声鼎沸，桥上石栏连同观众，纷纷坠水，受伤人数未详，只传七人伤势最重。翌日，改在仓基白场举行。愚民围看焰火者尤多，四周农作物蹂躏殆尽，损失不赀。

——1936 年 6 月 16 日

发明无线电船

本邑人朱雄林开设银楼为业，性好研究，尝昌言欲以无线电力驾驶船只，闻者笑之，咸不置信。今年，朱自造小船一只，中装电机，在小河中试验，成绩不佳。前日，制造较大船一只，在杭州拱宸桥河道试驶，较前大有进步。闻杭州航空署已准转呈中央，发交专科技士，为之修改，以竟全功。

——1936 年 6 月 18 日

新民戏院又肇事

北寺内之新民戏院，开幕以来，因龃龉而打架者，不下十余次。昨日，又有人发起开演京剧。有徐子鹤者在内收票，忽与座客冲突，双方各有帮手，遂打成一团，妇孺仓惶乱窜。其时，有军士在内观剧，亦被徐等波及。军士等不服，回诉上官，将徐子鹤传去问话。今晨，有士兵四名，查至徐家，将徐反绑拖去，迄午未释。徐迭次犯案，被判徒刑，数年前曾击死一学徒，后又持刀杀妻，前后均处重刑。此决被逮，闻曾被殴打，因不敌而始就弋云。

——1936年6月28日

公务员吸烟被获

乍浦区署以学谷捐积欠甚多，特派干警下乡催收。催至大亭坊时，悉该处某庙聚有多人，公开灯吃。乃掩往捉拿，烟犯等闻警，夺门冲出，逃去多人，仅当场扭获两犯，解送区署。讯供之下，知其一即系该坊第五保保长钱友仁。区长以钱身为公务人员，不应共人私吸，显犯刑章，故迭经钱姓缓颊，毅然拒绝，昨日已将该保长及另一沈姓烟犯，连同吸具一并解县，依法惩办。

——1936年7月3日

新仓全镇罢市

本县新仓镇于本月二十二日突告罢市。据党部方面调查情形，谓新仓区署滥作威福。有牵牛过其门者，牛偶遗失，拘牵者而挞之，罚重金，又痛挞其牛。署设戒烟处，处中职员、人犯，包膳于馆作，二月余不付一文。饭作不愿承包，被拘入署管押。原向饭作担保人被饭作方面质问，乃往向署长斡旋，亦被拘押。数日后，经耆老周桂庭往求始释，所欠仍不名一钱，坐是怨声四起。自城中厉行禁止赤膊后，新仓即踵之而行，拘到赤膊者，抽以藤条，仍局闭一宵，罚金一元而斥出之，亦不如城区之给与汗衫。有警士巡街，或曰即署长本人，见隔河有赤膊者，挖起路上石块力掷之。二十二日，警士握实弹盒炮，寻拿赤膊之人，闯入和康酱园，见工人全数赤膊，喝令停工，遂起争执。有在街吆喝快罢市者，果一唱百和，登时罢市。县政府劝慰无效，延至二十四日，县党部派员往查，民众之预站轮埠，欢迎者累万人。既抵镇，受害者露臂来诉，果伤痕累累。旋经党部人员决定，取缔赤膊一事，须俟平湖新运分会定有统一办法后，全县一致推行，不得各地自为法则。署长唯唯从命，而新仓亦于二十五日全镇开市矣。

——1936年7月30日

调查古迹古物

［平湖］县政府奉省令，调查本县古迹古物及保管情形。因即转令城区公安局调查去后，兹已查得若干，列表呈报。闻有关神话之古迹，均在删除之列。其材料以县修志局钞送者为多。

——1936年8月13日

新埭大屠耕牛

本年全县丰收，新埭镇竟有一般无赖，怂恿杀牛售肉。初时南乡盛设汤锅，近更延至北乡。售牛得款，藉供众赌之需。该镇自民国后，严禁私宰耕牛。二十年来，已有成效，不幸今年杀牛之风复炽。闻新埭镇区署，已令警士查拿。

——1936年8月29日

钮永建请维护松江渔民生计

苏、浙海界纠纷之一波

松江县金山嘴渔民出海捕鱼，其渔场向在白山一带海面。迩因苏、浙两省嵊泗列岛管辖问题，发生海面画界纠纷。双方争持，俨同国境，致金山嘴渔民之白山渔场亦被浙省平湖县白沙湾渔民指为地属浙境，不许外省人捕鱼，将渔场所设之渔具肆意捣毁，并以武力拒绝。考试院副院长钮惕生氏以此事关系松江渔民生计，特为致函江苏建设厅沈厅长，请主持维护，兹录原函如下："百先先生伟鉴：据松江县渔会张君明光函称，松江县南境金山嘴滨临大海，海岸线长有三十余里。居民均以入海捕鱼为业，鱼场在金山嘴东南白山海面，俗名'桁地'。每春打桩系索，张网捕鱼，迄小暑节方告停止。世世相承，各安生活。今年春间，突有平湖县白沙湾（在金山嘴西二十余里）人潘春富、潘福生等觊觎桁地，率领多人，携带步枪，驾船闯入金山嘴渔民桁地，将杨秋生、范阿德、陆葆根、吴阿桂等六十余人所设之渔具砍毁一百二十五付。曾恳先生电请浙省黄主席令饬平湖县制止，并由松江县渔会分呈江苏建设厅松江县政府，请予救济在案。讵意平湖县妄指白山海面为该县辖境，函请松江县令饬金山嘴渔民将所设渔网自动拆除。因此，潘春富等益横行无忌，陆续在金山嘴渔民桁地内大施破坏。六月十七日一潮，又在杨秋生桁地砍毁掠夺渔具五十九付，连同鱼类，损失追计在四千元以上。一年生计，于此尽绝。惟念海中面积辽阔，鱼产取之不竭。金山嘴渔民为数不多，允不致有妨浙省渔民生计。用再函恳转请江苏建设厅派员实勘，明令白山海面永为金山嘴渔场，一面请浙省饬属责令白沙湾潘春富等如数赔偿，以解金山嘴渔民倒悬等情。”查金山嘴与白沙湾渔民纠葛一案，前曾由建电，请浙省府饬属制止。兹据函称，此案延未解决，又酿成六月十七日极大损失。建以省县虽有经界纠纷，但两省渔民均属国家赤子，况金山嘴渔民据称为数无多，似不宜遽绝其生计。际此国难严重，海边渔民正宜加以训练组织，俾知一致对外。白沙湾渔民似此举动，迹近私斗，此风似不宜长。先生痌瘝在抱，用敢关情，转请遴派公平妥员，会同浙省实勘，妥商公平解决办法，俾两省渔民均受其福，地方幸甚。诸祈亮察是幸。纽永建谨致。

——1936年9月25日

县政府撤调人员

本县县长汪浩调迁之说，城中盛传已久，在于前月曾晋京一次，约十来日，旋又转省。顷又由杭返任，照常视事。他调一说，未见事实。惟自汪此次回县后，对公安方面，颇具改进精神。前日下令，督察员沙凝石撤职，遗缺调城区公安局长许竞生接充，许缺委公安科长沈时可兼任。侦缉组组长章梅卿撤职，另委张某接充。一时舆论翕然。并闻短期内，尚有改良他项政务之事发表。

——1936年10月3日

平湖实验地政将完成

（南京）中政校地政学院，前受浙省府托，于平湖实验地政，当派汪浩出任该县长，并调毕业学员多人，佐理其事。自本年三月开始航测，五个半月完成，即接办户地补测及求积制图，四个月完成。现土地登记，亦将于十二月底完成。（十四日中央社电）

——1936年12月15日

1937年

地籍整理完竣

平湖自前浙主席黄绍竑氏与中央地政学院主任萧铮商定划为地政实验县后，以数月之时间，完成航空测量、宅地补测、求积制图以及登记等业务。计航测每亩经费为五分四厘，补测每亩经费四厘，求积五厘，制图四厘，登记每亩经费为一分五厘，合计每亩单价不出一角。经测量登记之结果，陆地面积计七十六万五千五百余亩。按平湖原承粮亩分仅四十六万余亩，约溢出粮田三十万亩。以目前比额分担，每亩每年最多不过七角，当可减轻四角。该县现正赶办地价税，期于二十六年度上期开始征收。自后人民按照地价纳税，有田无粮、有粮无田之弊，可告免除。负担即可减轻，而政府收入亦可充裕。

——1937年2月5日

民族英雄王四官

小稗官

王四官，平湖东门外某面店切面老司务，姓王，行四，无名，人呼之曰王四。称王四官者，尊之也。性沉默，寡言语，略谙技击，而有兼人之力。当其为切面司务时，人莫知其为民族英雄也。

有明之末，满虏南下，江浙瓦解。平湖滨海小县，固在征服之列。清庭乃派知县来接收县政。行抵东门外，开锣喝道，声势炫赫，人民敢怒而不敢言。适过某银楼下，银匠某，见新县长红缨鞡帽作满虏装，与素见汉官仪状绝异，知为异族，不禁怒从心起。匠人无知，罔顾利害，遂举手中方用大铁锤，向知县掷去，中脑，知县死，匠乘忙乱中遁去。清廷得报，赫然震怒，以为平湖人民有异志，乃遣兵屠城。兵临东门外，城内民众犹罔觉。王四官乃跃然起，手执大面刀，急奔入城，大呼清兵来屠城，城内民众速逃避，复令闭城下键。门方半掩，清兵已拥至，王四官乃握刀隐门内相伺，兵入即被格杀，凡砍数十人，刀缺不可复用。大兵拥入，王四官被砍为肉泥。经此俄延时间，城内人民得走避而免于屠者，不可胜计。事后，平湖人民纪念王四官之功，然不敢公然勒石，乃砌墙附东门城，咸默称之曰王四官墙。民国成立，则公然列位以祀。父老相传，长谈往事，犹欷歔称王四官不置云。

——1937年4月19日

平湖妇女的生活

罗　正

平湖虽然是浙江省里的一个小县，然而它的物产倒很丰富，譬如丝、豆、米、麦、菜油等，都为著名的主要产物。它的位置在杭州的东面，离开钱塘江不远。在它的东南，就是乍浦和澉浦。那条正在计划着建筑的未来东方大港，便是在这里了。

那儿的交通相当便利。自从公路开辟以后，这里可通上海、杭州、嘉兴，以及乍浦、海盐间。水路更其不必说，小火轮、民航、快船，随便什么地方都可以去，因此旅行运输也非常迅速利便。

在这样一座小城市里，却没有一处崇山峻岭，那河川桥梁则随处都有。而且这里很少旱荒水灾的发生。因为天旱时，有河川可以灌溉；水大时，便藉河川导入大海。因此，丰收的年岁多而荒歉的年岁少。并且，那儿除了农产的收获外，还有育蚕也是一种主要的副业。不过，担任这工作的，应该是妇女们，每年的春、秋两季，就是伊们最忙的时候。

妇女们除了育蚕，平时的唯一职业便是织袜子了。你们只要有机会走到平湖去，那末在十家之中，至少会给你发现七八家有几部织袜机的。而在每一个村庄里，都能够听到一片摇袜的机声。据说伊们收入，平均每月至多只有十多元，但是十多元的收入在那儿是足够一个人的生活而有余了。

为了生产的富庶和生活的安定，尤其是乡风的开化，因此这里已充满都市的习气。男人好享乐，女人爱摩登。在城里的，烫发旗袍，长袜革履，居然成了十足的都市姑娘。绸缎衣服，也已认为是家常服饰，并且也染上了搽脂涂粉的习惯。至于乡村里的女人，虽然身上总不缺少了绸缎，但伊们下身仍系着一条蓝大布的围裙，不施脂粉，天然本色，那种健美大方的丰姿，却有其独特的风格。伊们除了帮助丈夫耕种外，也打袜子，但多数因为无力自备织袜机，所以只得被一般袜厂雇用。早出晚归，工作非常劳苦，每月的工资大约十元左右。

奸淫这一类事，虽然到处都不能免，可是在旧礼教势力浓厚的小城市中或乡村里，则“人言可畏”也许要比了法律制裁更有力量。因此，纵使有发生，也终究不会像文明都市里那样明目张胆的，于是破坏家庭的悲剧，也自然而然地减少了。

末了，我应该告诉读者的是，笔者自己不是平湖人，但曾经在平湖住过三年，现在我每年还须到平湖去两趟，所以对于平湖的情形是相当熟习的。

——1937年5月1日

平湖禁米来沪　豆米业公会请交涉

本市豆米业同业公会北市办事处据会员万余来号报称，平湖县政府现将米粮禁止输运出口，致该米号向平湖升元余米行定购之米粮千余担，不克驳运来沪，影响商业事小，妨碍民食事大。沪地民食，向赖内地接济。际此非常时期，如内地禁止粮食运沪，则沪地民食前途，将不堪设想，故特函请豆米业公会，转请市商会，设法交涉开禁，以维民食云。

——1937年7月28日

调查敌舰行踪

苏浙边境之金山嘴洋面，七月三十一晚，忽来敌舰五艘。本月一日晨，始他去。县府据报后，即派公安科长沈时可会同乍浦区署长马宝华，驾车驶往调查，至午始返，向县复命。

——1937年8月3日

江浙沿海形势图

［杭州］五日晨四时半，金山卫海面发现敌舰多艘。七时起，该敌舰等即以飞机重炮及机枪掩护陆战队一千余人，向平湖县之全公亭、金丝娘桥一带登陆，我防军立予痛击。迄发电时止，尚在激战中，敌我现对峙于新仓镇。

［五日中央社电］（本埠消息）中央社随军记者六日晚九时四十五分报告，敌军为求早日结束上海战事，及解除浦东我军之威胁，乃重演明嘉靖年流寇侵扰之故技，于昨晨在杭州湾金山嘴一带登陆。我军接到警报，即赶往堵截。惟以敌舰炮火猛烈，且敌机活动异常，故无法推进。敌军即据全公亭北进，在新仓被我军迎击堵住。其由金山卫、漕泾镇北进者，于昨夜在河黄埭会合北进，至今日午刻攻陷张

堰镇，掳掠纵火后，仍继续前进。迄晚，其先头部队已抵距黄浦江上游氽来庙约四公里之淞隐镇。惟亦已遭遇我军之迎头痛击，敌军进犯该处，非有雄厚之兵力，不克维持如此辽阔之战区。刻敌军登陆之部队，为数不多，故虽已深入二十余公里，亦不足忧虑。惟平民受其侵扰，殊觉可恨。现我军除在正面严堵外，并由柘林、乍浦两处沿公路夹攻，以断其后路，并阻其援军之登陆。深入之敌，将陷于四面包围，必全部溃灭。深信敌军此举，绝不致影响上海战局。（中央社）

［东京］陆军省今日声称，陆军一队，会同海军，已在杭州湾北岸登陆。（中央社六日路透电）

［杭州］五日晨一时五十分，敌舰二十余艘驶乍浦海面，向我防地发炮，猛烈轰击，企图登陆。我已严阵以待，敌决难得逞。（六日中央社电）

——1937年11月7日

平湖乍浦被炸详情

独山附近有激战

昨据平湖同乡会负责人戴桐秋君报告平湖及乍浦被炸消息如下：（该项消息由平湖逃来之同乡口述）本月三日，接金山卫、新仓等处警报，一部份商店停业。四日，敌飞机五六架，自晨至晚，竟日侦察城区。民众纷向西门及北门以外逃避。敌机未投弹。五日下午三时起，敌机开始自南门外及城区轰炸，共投弹三十余枚，邮政局、电话局、王公昌、王祥和及大小街弄，均被炸毁。其他各区，未目睹不详。乍浦方面，据自乍浦逃来之润余社社员述称，乍浦南门外车站、大王庙、迎龙桥及附近民房均被炸，城内三山会馆、中心小学、徐宅祠堂及西门大街、北门外吊桥，亦于四日被炸，死伤颇多。又该会昨得可靠报告，平湖、乍浦仍在我军坚守中，惟离乍浦东九里之独山附近有激战。独山有九个山峰，矗立海滨，敌图越山侵乍浦，必难进展。

——1937年11月13日

各同乡会征求桑梓消息

平湖县属新埭镇旅沪同乡，亦望各同乡中，如有新近来沪或知家现状者，通知爱多亚路六五号西门子床厂徐蓦觉君，或电话九〇七六〇报告，以便转告旅沪同乡。

——1937年11月27日

1938 年

我对东战场各线残敌

形成伟大反攻情势(节录)

京沪芜杭间我军反攻气势雄壮
我军占领芜湖东门并包围宣城
敌图巩固江南根据地已成绝望

(广德十二日电)我某军×师，于上月底全部偷渡钱塘江后，在沪杭铁路线以东地区，对敌后方大规模猛烈袭击，沪杭线交通截为数段，敌苦于应付，连日自国内调来大批援军到沪南下，企图将我军包围肃清。讵该师上下受我中路大捷之鼓动，加倍英勇，三日来已冲至乍浦、平湖、嘉兴公路以北，与我南京及浦东一带所潜伏之武装民众，打成一片，气势极为雄壮。十日、十一日两晚，曾突袭平湖东南门，将汽车站之油库整个焚毁，敌惊慌异常。同时，我各路生力军亦赶到指定地点，对沪、杭两线之残敌，形成伟大反攻情势。(中央社)

——1938 年 4 月 13 日

平湖乍浦被我军包围

[金华二十三日中央社电]平湖县城及乍浦镇现经我军某部包围，因守该城镇之敌附近各处之连络线，已被我切断。

——1938 年 5 月 24 日

传平湖收复　乍浦无敌踪

[绍兴二十六日中央社电]传平湖县城二十三日夜被我游击队克复，并获大炮一门，现乍浦已无敌踪。

——1938 年 7 月 27 日

生产协会公告各界书　三友实业社等厂商参加生产指导

自本市难民问题发生严重恐慌，虞洽卿氏出任救济协会以后，筹募寒衣运动大会及节约运动委员会等纷起响应。筹设已久之生产协会二月前即开始向各国货厂商接洽，先从教授生产技能着手，业承三友实业社、三星棉铁厂、通茂花边公司、平湖迁沪一新袜厂等，踊跃参加，指导生产教育事宜，间亦有供给原料，使内地避难来沪之仕女，得有机会学习有兴趣、合潮流之实用手艺。（下略）

——1938年10月12日

不堪回首话平湖

汉奸高鉴饱掠远　四乡游击队极活跃

平湖为浙西富庶之邑，惟其地迫沿海，明季嘉靖时，倭寇由乍浦入口，屠城惨烈，殉难者难以尽计。浙省政府有鉴于此，特将该地列入国防第一线，省立嘉兴民众教育馆特设总馆于该港，积极实施国防训练，抽调炮兵劲旅于乍浦。在沪战前三年，举世瞩目之东方大港，早禁人往游览摄影，秘密赶建强固之防线与炮位，外间绝无知者。讵料汉奸献策，金山卫日军登陆，从小港直扑新仓，接踵而陷钱家圩、全公亭、张堰、洙泾、柘林，平湖遂如瓮中之鳖，唾手可得也。平湖与嘉善，其失陷时期，相距不过一二日。当时住民仓卒避难，泰半暂避于新埭等处，十分之三四远走浙东金华、永康、新登、诸暨以及湖属一带。商业荟萃之市中心，如后街、横街、东门大街、小街、官河里，均被炸成一片废墟。所□者，仅西门外、北门，以及各小巷，得□□□耳。日军到平，□多二师团，留驻不久，随到随去，先锋队抵境时，以官河里民众殉难最多，河水尽赤。此外南河头、大南门城下，则多为日飞机投弹时炸毙，事后山坊役某，恻然怜之，雇工掩埋，军民尸首约一百七十六具，伪维持会由新塍郭剑石（即嘉湖□委员会委员长）指派嘉兴著名土棍律师高鉴主持。成立之始，规模极大，伪总务科长、伪建设科长均为沈姓，伪秘书黄兰生，助理秘书为周某，用人达百名以上，经费不大充裕，税收虽旺，大半充为伪准备队经费，伪维持会联员仅发半薪，实权操于郭剑石之小岳丈陈贻义之手，捐款收入，分房屋捐、摊贩捐、屠宰税、营业税等五种，伪警备队分三派，一由罗文梓统率，一由徐朴诚之徒党统率，一为全公亭一带盐民，暗斗颇为剧烈，到处抢劫。四乡乡民，亦结队入城，趁火打劫。商家货物，大家富户，洗劫一空，傥来之物，半途中转，被劫指不胜屈，□□□空屋中无不砖翻土起，满地遗弃锄锹、菜刀甚多，各当铺因劫者分肥不均，付之一炬，因之葬身火窟者不少。平地甚多科第之家，如葛嗣蔚，不特资饶一乡，且词林辈出，珍藏罕有古籍，如方志之书，誉驰国际，其他古玩书画亦多，讵为守者乘葛氏家人外出，悉数搜刮，临行纵火以灭迹。在“一·二八”时，葛氏在闸北沪寓，所藏古器书画，早化劫灰。至此遂全部俱尽，是亦中国文化之一大浩劫，知者无不扼腕痛惜焉。

平湖一城，几成匪盗世界，白日抢劫绑票，已为司空见惯，有商人某甲，挈眷避乡，偶回城省视其故庐，被匪捕去，百般拷讯，指为伙劫银楼，实则某甲人极谨愿，家本平庸，劫后尤孑然一身，后经人说项，以百元赎出。又一男子，被匪焚去肾囊而殪。又一男子，被匪烧去半身。平湖著名针科严某，被劫十余次，驯至求乞度日。劫风之烈，从所未见。五月中，高鉴串同匪棍，用种种方法，撬破著名钱庄同裕赓之秘密室库，除该庄全部钱钞账据外，更有各大户寄存之珍珠饰物，价值数千万，高鉴得赃十余万。但鉴于四乡游击队之众，恐危及生命，遂携款抵沪，转赴香港，作安乐寓公。是时，平湖日军甚少，驻守洙泾之日军常来平湖采办货物。嗣因鉴之请求，旋开到三百余，连日将西门、东门一带屋宇（均为米行、木行住家）一并放火焚烧，烈焰腾天者，达四五日，居留之民众，遂纷纷逃沪，船少人多，拥挤狼狈之状，非笔墨所能形容，竟有落水溺毙并践踏而死者。高鉴未走时，伪县已成立，高鉴一度任伪县长。高走后，继之者为胡树芬，曾在陆军五十七师任下级军官。九一八事起，匿居沈阳，故与日人认识甚多。伪司法处处长为奚剑侯，平日受理案件，不过小窃□名而已。伪货物捐税局、烟酒捐税局、公安局相继成立，各局各设伪主任一人。伪理租局亦成立，但无人前往登记。四乡游击队活跃异常，谣传正规军六十四师部队，从萧山、海宁隔江处渡江，分散于海宁、海盐、嘉兴之新篁、凤喈桥，以及平湖一带，伪□职员，往乡被枪杀者，日有数起。猪肉每元三斤，鱼虾蔬菜，价值低廉，米价亦贱，□□□沿途皆是，尤以布匹、香烟，消耗较多。

——1938 年 10 月 14 日

华军攻抵平湖近郊

日军由各处调兵往援

［嘉兴通讯］华军游击队 × × 师及爱国义勇军 × × 队等，自克复十八里桥后，

于十五日夜，续将平嘉公路之重镇新丰克复，并夺获轻重机枪、步枪等战斗品及粮食不少后，又于十七日会同平湖县属钟埭等处游击队×××部向平湖县分路进攻，即于平湖西南等门外××村遭遇日军，双方以机枪、小钢炮互射。旋华方壮士，奋不顾身，以白刃肉搏，卒将日军击溃，窜入城内，将四门紧闭。华军经即进抵平湖城外，现正待机冲入，再事歼灭。自华军进攻平湖后，日军由各处调集大军，拟从平嘉公路及水路开往平湖增援，但华军早已准备于该路顾家浜等处，潜伏重兵，嗣见日军轮车经过，即以枪炮、手榴弹痛击，使日军不能前往增援，惟日方以平湖事急，依仍顽强抵抗，故该路战事，双方正在相持中。

——1938年10月19日

平湖伪维持会长高鉴被乡民砍毙

凭藉外势苛征暴敛　乡民愤慨乘隙毙之

［嘉兴通讯］本报日前纪平湖伪维持会会长高鉴之恶行，谓高早已饱掠远飏，兹据确悉，高实在乡间，为乡人砍毙，特再纪其情节如次。

高鉴者，浙江嘉兴人，字廷芳，业律师，在原籍执行业务多年，因善词令，黑者白之，方者圆之，致生涯不恶，声名渐露。性喜活动，交际颇广，常周旋于政界各机关间，久而与当地军政官佐熟稔，于业务上得有莫大借助。惟鄙吝成性，视财如命，各界因有不齿之誉。沪战时期，日方对于汉奸，竭力收罗，以便随时探听各处情报。嘉兴乃沪、杭之中枢，日方对之极为重视，下令尽量收罗当地活动知名人物，会有与高鉴同业名周浃者，亦禾中律师，彼先为日方利用，时以地理军事上秘密泄于日方，致有嘉兴车站兵车被炸等事。后因事机不密，为当局所捕，因供词确实，资敌有据，即行枪决。同时，闻高鉴亦有通敌嫌疑，正待查缉，然高已闻风避匿矣。嘉兴沦陷后，高鉴避难乡间。嗣闻日方有组织伪嘉兴维持会消息，乃竭力钻营，意欲得任伪会长。终因逐鹿者众，高又未谙日语，致不能如愿。结果，伪会长为郭剑石所得。高失败后，殊郁郁寡欢，然终不因此死心绝意。当是时，有平湖县伪维持会会长王某，因不悦于日方，将有更调说。正在物色奴才继任斯职，高闻而喜极，急往营谋，并以贿赂，兼以素业律师，交友广泛，益为日方所注意，故能得任伪职，骎骎然为一县之主，而实行其囊刮敛收之计划。如设伪田赋征收处，以迫农民；创伪货物进口征收处，以窘商人。加以其他杂税杂捐，不下数十种，因是获财不资，商民怨恨已极。同时，高又创办《平湖日报》，任用无赖小人为社长，言论荒谬，意在使陷于水火之民众，不能自援。高每出行，必有日军二名前导，俨作监视，高反自以为得志。再，高每使人出探藏银，有则发掘之，闻某钱庄储有窖藏，惟坚固异常，非普通方法所能开启。高利欲熏心，即密至沪上，请得人手，藉电力启之。得款分赃后，即向日方辞职，回其原籍，殆以为拥此巨资，安享家园，岂知天网恢恢，掘藏消息，终为人泄露。于是众心愤怒，思有以对付之。因彼既已辞职，蟹爪尽去，无复常时之权威。乃有乡民若干，追踪赴禾，乘隙就其室内毙之。消息传出，一时人心大快，谚云“生既作恶，终必不善”，非偶然也。

——1938 年 10 月 20 日

新 游 击 战

据内河航业界消息，浦南叶榭、新埭，近来游击队甚为活跃，连日有小规模流动战事发生，形势突转紧张。昨日，由沪开往新埭航班抵达该处，忽闻密集枪声，致航轮临时停靠叶榭。往来南黄浦面各渡口者，均须有“通行证”，否则即被扣留。

——1938 年 11 月 19 日

1939 年

华军一度克复平湖

［金华］江浙边区之游击部队曾于廿日冲入平湖县城，将伪县署及日军司令部焚毁。旋于任务完毕后，即退出该城。（廿三日电）

——1939 年 1 月 24 日

浙西华军

进袭嘉兴平湖

嘉兴近郊成立县府

［嘉兴通讯］自华方新四军到达海盐、海宁后，即向嘉兴方面推进。该军干部派特务长陶柳驰赴嘉兴以南之新篁，××师师长姜树伟接洽，将所部抽出劲旅，决定进攻嘉兴。该县各区区长兼各支队长均已委出，省政府委出之县长赵炽亦经在嘉兴之近郊成立县政府，以便就近发挥作战力量。平嘉公路早已破坏无余，在该路之中心新丰一带，发现顾祝同之巨大之布告甚多。嘉兴日军原驻有山本部队，自在乌镇、新市间被华军朱希部击溃后，日军干部已另易小泉部队换防。小泉部队到嘉兴后，即强令伪县署组织铁道爱护会，专门计划保护铁道之方法。因此，着保甲长强抽壮丁，组织护路队。该县壮丁不愿被抽，纷纷逃亡。近来，嘉兴四周炮声隆隆，××师沈骏生部一度猛冲平湖县城。在猪行街、小街一带击退日军。平湖日军退入城中不敢外出。同时，华军范机才部亦在崇德、石湾、洲泉间击溃日军，追杀达四十余人，夺获军用品无算。

——1939 年 2 月 4 日

日军犯仓　惨遭击溃

［平湖通讯］华军沈、罗两部会合民众自卫队，由县长张格非率领，围攻平湖县城，相持历有八日之久。困守平湖之日军紧闭城内，城墙上密排钢炮，向城外盲目轰射，华军则无损伤。惟城外民房为日炮轰毁甚多，华军总司令部设在新仓镇上，

三日该处举行盛大之追悼会，追悼此次攻城壮烈牺牲之志士四名。金山日军拟乘华军不备，大队出发，兜绕新埭，企图直袭新仓。讵因迷路，在新埭北下方图镇，有游击队金部三百余人，突出将日军包围，激战历三小时。下方图镇全镇商店约三百家左右，为日军将东西市梢纵火焚烧，所有房屋，全化灰烬。无辜民众，亦为烈焰包围，葬于火窟者有数十人。日军见游击队声势浩大，不敢恋战，纷向金山溃退。

——1939年3月9日

平湖各界痛悼攻城烈士

四千余人同声一哭

［平湖通讯］一月二十日及二月五日，华军奉令两度进攻平湖县城，烈士陆协和、姚仁荣、宋芬雨、周袖生、钟少余、俞老虎等六人，奋勇争光，冒险攻城，不幸身殉。平湖县党政军以及各界民众以陆烈士等壮烈牺牲，可歌可泣，特于日前在新仓镇公共运动场举行追悼大会。到四千余人，由县长主祭。恭献花圈，报告各烈士史略时，闻者莫不动容。至烈士家族，只到陆协和妻一人，年约二十余。渠向到会者鞠躬致讲时，见其双目红肿，可想象其哀痛至切。会毕游行，沿途高唱追悼会歌，呼口号，观者云集，途为之塞。

——1939年3月31日

浙西华军开始反攻（节录）

沪杭路沿线鏖战甚烈

［嘉兴通讯］平湖县长自许敏中接篆后，即将县自卫团队加以整顿。十四日晚，由 × × 防次出发围攻邑城。兹悉其前哨已抵西、北两门郊外矣。

——1939年4月16日

平善松三县境激战

日军被诱死伤甚众　宣抚班长队长阵亡

［平湖通讯］盘踞松、善、枫、平四处之日军，由汉奸护路委员作向导，水陆兼程出发，袭击华军。当抵松江县属之潮泥滩镇时，华军 × × × 师，联合 × × × 旅田

团，即以少数队伍，诱其深入，迨抵梧桐庙镇，即四面包围，发生激战。松江日军闻讯，亟派援兵陆续开向新埭，加入作战。亘三日三夜，适日军满载子弹之汽艇，在潮泥滩地方被华军设法打沉。日军以子弹断绝，无法顽抗，嘉善日宣抚班班长藤冈、松江日军小队长森谷均告阵亡，另有同样地位之日军官亦有数名失踪。嘉善、枫泾日军几全部覆灭，生还者仅四五名。松江日军被××师生擒七十八名。至盘据新埭镇之日军，死亡亦众。该镇新出现之伪维持会会长亦被华军砍首。梧桐庙镇华军同时诱日军进至大通桥镇，即在镇上发生巷战，因之民众家无法逃避，死伤的达百人以上。镇上民房商店，悉成灰烬。距镇三四里之乡村，以及梧桐庙镇，同罹浩劫。又日军抛弃军用品无算，日兵尸骸，不及运去，日军愤怒之余，乃以重资诱令各护路队中之甘为虎作伥者，为其向导，搜索近郊，戕杀无辜良民以泄忿。

——1939年5月7日

平湖日军中伏被活擒（节录）

并击沉日汽艇两艘

［平湖通讯］平湖县城前日开到日军三百余名，妄想扫荡近郊华军，强拉菜贩为向导，仅出发至距城里许之徐家埭地方，即被华军张子明部突出包围，当场击沉日汽艇两艘，击毙日兵三十八名，截获长短枪六十余支，活擒日军十余名。其中一名满野金岸津，据供年廿四岁，东京人，在田中部队充一等兵，司令部在松江，司令为田中芳雄，渠于去年由东京开来，先至枫泾。彼系独子，家有老母、艳妻，被军阀强征入伍，实出无法，言时声泪俱下，状甚悲伤。

——1939年5月19日

四千华军在乍浦登陆

向浦东方面散开

浙沿海将有战事

昨晚据可靠方面消息，新四路军四千名全副军备，已在乍浦登陆，而向浦东方面散开。按日军舰泊于乍浦港外，已阅多时，昨悉业已撤退。昨晨，曾见日飞机向杭州湾方面飞去，大约乃图击退华军，故有此举。按：乍浦前传数星期前为华军克复，近闻复为日军占据。华军今决计再占该地，显欲沿沪杭铁路反攻，以期克复杭州也。昨悉泊于杭州湾外之日军舰，因潮水不利于泊至秋间，故全撤退。众料华军将乘此机会，攻击乍浦与浙省沿海各县。该方面旦夕必复有战事发生矣。

——1939年6月1日

湖州丸小轮　被炸沉没

在新埭附近地方　被华正规军截获

本埠日商平湖轮船公司共有湖州丸第一号、第二号航班两轮，行驶于上海、平湖之间，兼靠王家渡、杜家行、塘口、闵行、米市渡、佘来庙、泖泾等小码头，每日一来一往，上海码头系在四川路桥。本月二十三日，湖州第一号由平载货返沪，当日晚间，驶经新埭附近，突遇中国正规军流动部队四十五旅行军经过，喝令停驶，搜出某项物品。以有关军事，将船员六人唤起，即将第一湖州丸灌以煤油，并丢掷手榴弹，爆炸焚烧，霎时沉没。被捕六人，昨日释回一人，尚有职员五人仍无音信。平湖公司于接到释回之一员报告后，除命湖州第二丸停止直放平湖，暂以泖泾为止外，一面设法向该处华军当局营救，请求将被扣五人释放。

——1939年7月27日

平和兴记运输公司来函[1]

径启者，今阅贵报登载“平湖轮船因装运日军用品被华方军队袭击”新闻一则，查与事实不符。缘敝公司所驶上海—平湖航线，本月二十三日用轮船一艘，曳客船、货船各一艘，内中完全装载商品开往平湖，当日下午六时许，抵达新埭时，适逢军队过境，登轮检查，因由乘客身上搜获通行许可证，遂发生误会，将轮烧毁，并将职员五名扣留。刻敝公司正设法营救中。此系经过实在情形，祈代更正，以免传闻失实。此致申报馆台鉴。平和兴记运输公司谨启。七月二十七日。

——1939年7月28日

1　标题为编者所加。

华军围攻平湖县城

[金华]十七日夜，华军某部进至平湖附近，向平（湖）乍（浦）公路之日军监视，并布置攻击平湖。十三日午，同时发动，围攻平湖县城。日凭强固工事顽抗，刻尚在激战中。（十七日电）

——1939年8月19日

平湖新埭镇恒泰典存沪金珠饰号放赎通告

自八月廿五日起至九月廿五日止，在本典原址验票登记。自十月一日起至十二月卅一日止，在上海新闸路卡德路口久康典放赎。特此通告。

——1939年8月22日

沪市西南郊

情势日趋紧张[节录]

青松两县交界华军待机

大队进迫平湖声势甚壮

上海、平湖间之水道交通，因华正规军密集于新埭一带，严阻用丸字立名之轮船行驶，故迄难恢复。上海赴平之轮船，仅止于泖泾。泖泾以上，赖木质民船载客运货。兹据航业界传出消息，平湖县长某，因微服亲自巡查民间疾苦，被奸徒走风，遭日军一队包围于某村。拟将该村房屋人民，尽付一炬。县长视死如归，挺身而出，以致被俘，但房屋与乡民等得保全。嗣经华军得悉，已派大队向平湖县城进迫营救。

——1939年10月7日

乍浦华军　控制钱江[1]

浙江乍浦海口现已全部为华军××师及××独立旅克复，所有平湖县行政

1　标题为编者所加。

机构亦设于该处，已为控制钱塘江两岸军事根据地。兹据来人谈，大批华军一部分包围平湖，大部分军队绕过平湖，向嘉兴、硖石进发。沪杭路上将有战事，平湖城外之子弹，时常射入城中。

——1939年11月5日

简　　讯

平湖县长许敏中上月被掳脱险，不再回任。省方另委张革非继任该县县长事。

——1939年11月12日

1940年

平湖城内炸弹案

炸伤日军二名

兹据平湖来人谈平湖炸弹案详情。据云本月一日上午，平湖城内南大街汽车路同记饭馆前，有日军数人行经该处时，突由该饭馆楼上掷下手榴弹数枚，当场爆炸，日军两名被炸重伤。一时秩序大乱，行人警避。日军得讯，立即大队驰至，架设机关枪，开放示威，但并未获得掷弹者。事后，该饭馆曾因此被停止营业数日。

——1940年3月16日

平湖东门外孙氏宗祠产权代表人孙保生遗失港照启事

兹遗失坐落平湖县东湖镇孙家漾港照一纸（东至孙家村，南至陶家村吴家栅，西至中小港中止，北至江家村），四址（至）如上。除呈请东湖镇公所转呈备案外，嗣后发现原有港照，一概作废。特此登报声明。

——1940年12月31日

1941 年

陆孟远季贤启事

家君年力就衰，事变后业务荡然，所剩平湖县境薄田三百十余石（除祠田、祭田外），曾于上年四月间由母舅胡辅生君分配匀摊，各自拈阄，赠与孟远等三房。所有单契俱全，深恐有人冒将孟远、季贤之田凭空向人抵卖。事关产权，务请各界勿受其愚。特此登报声明。伏希公鉴。

——1941 年 2 月 14 日

陆钱景瓒启事

去年四月间，舅公赠与余夫妇平湖县境薄田一百另五亩。有另单契俱，全因氏夫仲沧专事游荡，无所不为，近闻其有凭空向外抵卖情事。氏以儿女衣食所依，断难承认。为此登报声明，务乞各界万勿接受，以免纠纷。伏希公鉴。

——1941 年 2 月 14 日

平湖胡芸古汉记租栈遗失市房契据声明

本栈所有祖遗坐落平湖县外城隍坊忘圩（即东门外庙街雀竿弄对面）市楼房三间两进，计基地一一四号四厘、一一五号一分三厘九毫。上开产业之全部契据，因事变时遗失，日后发现，作为废纸。特此登报郑重声明。平湖胡芸古汉记启。

——1941 年 6 月 22 日

浙当局优恤吴叔芬女士

［金华］平湖县新仓小学校长吴叔芬女士，不幸于日军侵扰时，痛被杀害。当局据报，已予从优抚恤，以彰贞烈。（十七日电）

——1941 年 7 月 18 日

1942年

平湖新仓朱马氏朱寿萱等紧要声明

本人等所有浙江平湖县、江苏金山县田产，从无托人出卖或出抵情事。如有擅自出卖或对任何人设定抵押权者，于法当然无效。各界幸勿受愚，特此郑重声明。

——1942年2月25日

平湖殷迪臣悬赏二百元招寻单据

鄙人于八月十六日由申回平，中途遗失置产簿一本及单据一包，计鸣南圩抄号业单、登记证、所有权状，又忘圩抄号登记证及晋圩、弊圩、起圩、廉圩、怀圩、育二圩、知圩、理圩、□圩、素圩、史圩、斯圩、履圩、流高圩、羽圩、发圩、听圩、八圩、叔圩、训圩、岁圩、宜圩、安圩、严圩、曰圩、淑圩、赤圩、园圩、一圩、诚圩、孔圩、儿圩、公圩、途圩、霸圩等各圩业单、登记证、户折、所有权状、土地声请书等。现业名字均以殷宝善、殷莘耕、殷吉生、殷耕生、殷介生、殷辰生、殷俊臣、殷迪臣、殷镜臣、殷垚坤具名。如有发现抵押等情，请各界幸勿受愚，鄙人概不负责。除状请平湖县政府备案外，倘有人拾得全部交来者，当以新币二百元为酬。更有追究来原，备款以待，决不食言。此启。

接洽处：上海亚尔培路凡尔登六三号，王炎瑞君。平湖大南门街殷耕生君。

——1942年9月6日

征求平湖田产

如有出让平湖县境田产（除西五坊外）者，不拘多寡，多数更为欢迎。请将田产清账连同价格并说明、契据全否，函示上海南京路慈淑大楼五一〇号丁裕记经租处（即丁裕长律师事务所）。函到三日内，当有确切之答复。面洽时间：下午二至四时。

——1942年9月7日

平湖举行清乡宣传

[嘉兴二十日中央社电]平湖县党部宣传股因鉴于二星期清乡工作开始在即，特联合县政府、民教馆及各中小学举行清乡扩大宣传。除于街头通衢张贴清乡标语外，并将表演戏剧、歌唱及演讲等节目。

——1942年9月21日

新安程养清涵出卖田租声明

查先严琴堂公置有平湖县新埭区戈溪坊份字圩田十八亩七分九厘八毫，佃户芮三老大额租米五石五斗，芮圣昌额租米六石六斗，王来福额租米八石八斗。池圩田六亩一分七厘，佃户万金昌额租米三石三斗，朱海和额租米四石。亩圩田十五亩七分一厘三毫，佃户李有福额租米十二石五斗，赵二观额租米四石四斗。新东坊称圩田十八亩三分七厘一毫，佃户李顺云额租米五石八斗，李有余额租米五石二斗，顾三观额租米十石。北张斗坊悬字圩田九亩三分一毫五丝，佃户六阿咬额租米十一石。现因管理不便，凭中卖与邱天德为业，业经立契交割清楚。惟上项业单证件于民国廿六年间办理土地登记时全部缴存平湖县政府，执有声请文件收据三纸为凭。后因事变，被火焚去。确无在外重典、重卖情事。除由义和协记典当出具保证书外，特再登报声明。

——1942年9月27日

丁裕记经租处代表平湖陈思义栈遗失田契声明

缘陈思义栈前受买虎啸桥戚霆记栈所有梁庄坊训圩、卑圩，独山坊咏四圩，黄姑坊从圩、登圩民田，以及褚泾、黄姑坊荡田，总共额租九十九石六斗六升，曾经戚姓立契，并交付契据，由本栈收管，并经本栈向平湖县政府办理土地清丈手续。惟二十六年事变后，查得上开田产契据只存戚姓卖契四纸、佃户名单两纸、清丈收据六纸、业单两纸、户折两纸、红契一纸、抄号两纸、验契执照两纸、登记证书两纸、粮串四纸，其余契据以及清丈收据均已遗失，并无其他纠葛。嗣后如有发现，应作废纸，特代登报声明。(佃户清单附后)

荡田

褚泾坊

郭二观三石五斗七升

毕二观四斗

翁三和一石二斗五升

黄二叔八斗二升

高大观三石一斗五升

黄姑坊

沈八老三石二斗

沈大二务三石七斗

陆大观二石四斗

方金虎二石五斗

陈寿正一石

李全和七斗五升

陈小阿福一石二斗

朱怀金五斗一升

金来庆五斗一升

民田

梁庄坊

姚进华五石

刘永寿五石三斗

盛善发三石三斗

刘珍寿三石又三石

张七叔及姜瑞棠十九石四斗

刘金得七石二斗

沈留根五石

马七观二石五斗

王阿大一石

周德福三石三斗

林双龙三石三斗

独山坊

江五观二石六斗

黄姑坊

李龙观一石七斗

李阿荣八斗

李三观二石六斗

李大观一石七斗

徐大观四石

共九十九石六斗六升。

——1942年11月5日

陆晋阶为陆芹生君遗失受抵田契声明

缘民国廿五年一月间，本人出押于陆芹生君处平湖独山等坊民田三百八十一亩，另抵借国币七千元，立有抵押据一纸，并交去田契，计业单一百〇四张，抄号九张，登记证书廿八张，户折八十四张，验契六张，税契五张。廿六年间，曾由陆君代向平湖县政府办理土地登记手续，尚未换发土地执业证。所有上项抵押据及田契登记文件，均因事变遗失。兹因本有备款取赎，陆君无从将上开田契检还。除由陆君出立遗失据，并登载十一月十日《中华日报》，声明遗失作废外，并由本人于十一月十一日、十二日将遗失田契细账登载《中华日报》，诚恐遗失在外，发生纠葛。如有第三者对此声明发生异议，或主张任何权利者，限于廿日内以书面向上海南京路慈淑大楼五〇五号丁裕记经租处声明，逾期不得再有任何主张。此启。

——1942年11月11日

1943年

田单遗失声明

鄙人有平湖县永凝坊一都二图八百五十号基地八分二厘内省照、清丈图照费收据各一纸，又外南门汤圩传子坊巾圩、寐圩、南巷坊煌圩水田二十七亩七厘七毫业单十五纸、县政府管业执照一纸，因廿六年事变遗失。如有他人拾得，概作无效。特此声明。莫寄苹启。

——1943年2月25日

苏浙两省产米　粮部在苏设产销处(节录)

［苏州二十五日中央社电］粮食部以苏、浙两省之吴县、常熟、昆山、太仓、无锡、江阴、武进、宜兴、松江、吴江、青浦、金山、嘉兴、嘉善、平湖等地，为产米中心区域，兹为适应战时体制，统一收购食米，以备不时之需起见，特于苏州设置苏松常嘉区米粮产销办事处，专司上开各地食米采购、运输等事宜。处长一职，业经部委该部总务司长胡政兼任。

——1943年3月26日

平湖与乍浦间长途汽车通车

［嘉兴二十五日中央社电］平湖至乍浦间公路前经浙清乡办事处拨款令饬平湖特区公署修筑，业已完竣，并由华商兴亚汽车公司呈准特署开驶长途汽车，每日往返各一次，二十四日起正式通车。

——1943年4月26日

遗失田单声明作废

兹有浙江省平湖县半路坊东十九都第二百八十三号弃地二亩，又第二百八十四号东地二亩另四厘五毫,又西区佐字圩第二百八十七号东地五亩,印单三纸,佃户潘三兴额租七石七斗。又西盛字圩第五十四号东地七亩另五厘,印单一纸,佃户裘德荣额租七石正。又第一百四十一号西地三分,又西区侠字圩第一百四十六号西地六亩六分四厘,又第一百四十七号西地二亩九分四厘二毫,印单三纸,佃户沈关通、沈甫荣额租十石另七斗六升。又广陈坊东十九都西区大封字圩第七十三号三亩另四毫,印单一纸,佃户俞荣甫额租三石二斗。又新仓坊东十九都西区尹字圩第一百七十四号西田四亩,又第一百七十五号西田二亩一分九厘四毫,又第一百七十六号西田六亩六分七厘二毫,业单二纸,又抄号一纸,佃户赵丙荣、赵三兴额租十二石另一升。又西区尹字圩第二百六十一号东地三亩五分六厘五毫,又第二百六十二号东地三亩九分九厘,又第二百六十三号东地二亩三分四厘五毫,又第二百六十四号东地二亩三分四厘三毫,又第二百六十五号东地七亩七分五厘七毫(即又西区尹字圩第二百六十一号至二百六十五号东地)共计念亩正,业单五纸,佃户沈珍官、沈三和、朱万官额租十七石七斗。又第二百三十一号西地三亩一分九厘五毫,业单一纸,佃户潘来顺额租二石七斗。又第二百二十五号东地二亩三分八厘四毫,业单一纸,佃户金全生额租二石正。又第一百三十一号东地至一百三十四号东地,共计十亩另四分八厘九毫,业单四纸,佃户龚和尚、张二和额租八石六斗。又调圩坊中正界盈字圩第三百八十三号三甲上熟荡三亩,新单一纸,佃户许小阿悌额租二石七斗。又新港坊中南正界盈字圩第三百二十六号二中二亩五分,又张字圩第一百六十七号六下八甲上熟荡九亩五分,新单二纸,佃户黄桂福额租七石九斗四升。又新港坊中上界山东界收字圩第九百三十四号八上八亩,又日字圩第四百四十号三中甲则荡十亩,两共十八亩,新单二纸,佃户赵阿和、周阿龙额租十一石五斗。又调圩坊南正泹三界张字圩第八百二十二号四亩,又宙字圩第三百另二号三亩,两共七亩;八甲、十甲上则新耕荡,新单二纸,佃户张中和租额六石二斗六升。以上所开印单及业单、新单及登记证收据等件,全部遗失。除向县府办理手续外,特此登报声明作废。朱颢弟即颢记启。

——1943年7月22日

1945年

遗失声明

坐落平湖县西圣塘坊建字第53号三亩五分九厘一毫第126号四亩六分二厘六毫、第151号三亩四分八厘四毫、外南门坊汤字第351号五亩九分九厘九毫、大乘坊杷字第23号六分九厘一毫、第28号一亩二分八厘五毫、第29号一亩八分五厘、翠字第269号二亩八分五厘五毫，田单八张，业已遗失。特此声明作废。苏君焕启。

——1945年6月9日

双枪王八妹谈八年抗敌经过

［中央社杭州十三日电］转战太湖区域以及钱塘江南北敌后八年之女英雄双枪王八妹，日前由平湖防地来杭。中央社记者十三日往访，据谈上月初在平湖地区与敌方激战多次，毙敌小队长五名、士兵百余。八年来与敌血战，得民众协助者至多。渠现任杭州护航大队长，俟兵员安定，即解甲归田。

——1945年9月15日

1946年

厉行冬防通坐巡逻(各地通讯·平湖)

本县军事科卢科长,鉴于冬防重要,特拟具厉行连坐巡逻办法三项:(一)各乡镇保户,如发现奸匪或抢劫时,而不报告者,事后当地首长及左右三家居民,亦受连带处分。(二)全县划区巡逻,由警备区自卫队选派担任,并于每次到达地点,须要当地首长签名盖章,证明报查。(三)巡逻时如获嫌疑人犯,不得擅自释放,或隐匿不报,应即拘送冬防办事处办理。

——1946年1月21日

县开办兵役训练班(各地通讯·平湖)

本县沦陷八载,人民精神颓唐。全县二十六万民众,组织散漫。县军事科有鉴于斯,为注重国民教育,养成忠勇健全之新国民,于本年度起将切实施行壮丁训练。兹悉县科先予基干人员开办兵役训练班,集中本县保队附及甲长,施行技术训练,时间为一个月。现该班业已开始,虽值废历新岁,仍照常训练。

——1946年2月7日

县税停顿影响收支(各地通讯·平湖)

本县县税处自获悉新任履新消息后,各稽征所均呈停顿现象,各主任都相率离职,影响县府经费颇大。兹悉新任王处长绍荣,昨已召集各股负责人,就原有稽征员尽先开始征税,以免税收停顿,影响县府收支。

——1946年2月10日

实行水陆交通检查(各地通讯·平湖)

本县辖境水陆交通车船时有抢劫情事,县府为便利行旅,维持社会安宁计,由县警察局及自卫队联合组成临时检查机构。昨在县府召开水陆交通检查会议，议决全县设检查所一所、检查站九站，所长、站长由县长于警察局及自卫队官长中遴选兼任。检查所设于城区，各站分设交通线，检查违禁品及行旅身份、车舟载重等事项。

——1946年3月7日

敌伪产业公告标费（各地通讯·平湖）

本县敌伪产业，计菜籽五百余石、碾米机一套、机器小艇一艘。前经苏浙皖敌伪产业处理局驻浙办事处派员封存，委托县临参会保管。兹接该处来函，奉中央核准标卖，嘱县先调查物资价格，再行定期出售。闻在本月底，可正式公告标售。

——1946年3月31日

县府发放积欠教费（各地通讯·平湖）

本县教育经费，因地方财政，日着手整理期中，[1]以致积欠三个月未发。数百余小教同仁生活困难，窘迫异常，于县教育会成立时，决议推派代表要求发清。当局尤为在困难中尽量设法，业定本月九日先行发放一个月，已通饬各校具领。

——1946年4月11日

平邑汉奸分批解禾（各地通讯·平湖）

汉奸周逆鹏飞、刘逆棣华、丁逆吉人等共四十一人，在上年十二月间，均已提起公诉，高院为便利审判，昨令县府饬将该逆等押解至嘉兴地方法院审判。于十五日上午十时派干员先将周逆等念一人押解赴禾，其余二十名候令提解。

——1946年4月20日

二批奸逆解禾审判（各地通讯·平湖）

本县续有巨奸刘棣华、方明远、丁善心、周剑青、谢炳良、贝锦成、蔡佐亭、张连

1　编者按：原文如此。

奎、沈葆祺、许巧生、伍克昌、潘唐根、徐安如、顾志林、俞家骥、戴几章、王顺荣（即“王政”）、杨丰一、陆洪声等二十人，于二十三日上午五时，专车由县府押解至禾。同日原车将已决汉奸计逆有成等发还来县执行。

——1946 年 4 月 27 日

乍浦自卫队哗变

［本报杭州二日电］平湖县自卫队三十人，原驻乍浦，前日哗变，死伤警察各一。旋下海遁去，现正追缉中。

——1946 年 5 月 3 日

县参议员全部选竣（各地通讯·平湖）

本县第一届县参议员于本月十二日上午八时，全县五十乡镇及六个职业团体同时举行，党、政双方派员监选指导，业已全部选出。区域五十人，其余大亭乡当选人胡仰他及独山乡杨凤岐、银华乡奚铭王、椿前乡奚复一等七乡镇，因涉及选举舞弊及违法事项，县府已饬重选。职业团体，计农会马和、马克始、丁裕长、张庭治、封文炳、黄百器（女）六人，工会凌振球一人，商会蒋柏年、范彬华等七人，教育会屈家楠一人，渔会干凯军一人，自由职业汪琋（女）一人。

——1946 年 5 月 19 日

浙伪员在沪就逮

［本报讯］邑庙警察分局日前接获密报，谓有平湖汉奸金玉林潜逃在沪，当由沈分局长饬警员严密查拿。旋于六月廿七日在十六铺里马路中央市场茶馆内将金拘案，供认历任浙江省伪保安团平湖县保安大队情报组组长、嘉兴移风乡乡长等职，任内曾刺探吾方军事消息，供给敌军，及代敌征收军粮等情不讳。奉批解送地检处讯办。

——1946 年 7 月 7 日

双枪手王八妹哗变之说不确

［本报杭州七日电］浙西著名双枪手黄百器，即妇孺皆知之王八妹，前传于七月廿三日率部四百余人哗变，流窜太湖，并在金山吕桂一带大肆抢劫。事非确讯。王部于胜利后由政府改编，列为平湖县自卫第三大队。平湖县长已呈报省府沈主席，请求追究新闻来源。

——1946年8月8日

巨奸逮捕递解抵杭

江北人陈逆复生，在本县沦陷期内，迭充密探长、侦缉队长、宪兵队探长等伪职。平时敲诈平民，杀害我方志士及地下人员不计其数。抗战胜利后，该逆潜赴沪滨，旋又在金山县警察局充当巡官。嗣经平湖县党部探悉，赴金检举，乃由金山解往苏高法院，在七月六日由苏州递解来县。县司法处公开征求该逆罪行，昨奉浙高院电知解杭侦查，业于本月六日由沈主任审判官亲自押送至杭。

——1946年8月10日

平湖警局护航　田租标准议定

［本报平湖讯］值兹冬防期近，自卫队改编声中，地方治安实至为重要。警局为谋水上治安，特自下月一日起组织冬令护航队，派警随船武装保护。又新埭镇自卫中队开拔后，人心惶惶，深恐不法之徒滋事。协议即日起实施宵禁，七时后断绝交通。

［又讯］本年度田租缴额标准，已经县整理自治财政委员会及公有款产管理委员会联席会议决定，计全县共分三级，甲级每亩净缴三斗五升二五，乙级二斗九升四，丙级二斗三升七七。

——1946年10月21日

平湖县府督导役政

［本报平湖讯］县府为顺利推行役政，特组织兵役督导组六组，连日分赴各乡

镇办理督导事宜。申请缓征召已于三日截止，四日起开始抽查壮丁名册，七日完成。一俟督导组十六日结束后，即填发征集令，约于二十日起开始征集。

——1946年11月10日

平湖缩编乡镇裁去三分之二

［本报平湖讯］本县乡镇缩编，县府刻已依照各乡之户口、面积、地形、历史、交通、财富六项准则，将全县五十三乡镇紧缩为十九乡镇，分别划定竣事，即将开始正式缩编。其最后决定方案，探录如下：（一）原有当湖、永丰、启元三镇，合并为当湖镇；（二）东湖、圣塘二镇，合并为东湖镇；（三）汉塘、司福二乡镇，合并为汉塘镇；（四）南墩、赵顾二乡合并为南顾乡；（五）骑军、莲珠二乡，合并为骑莲乡；（六）乍浦、司庄、东桥三镇，合并为乍浦镇；（七）大亭、虹墅、瓦西三乡，合并为瓦亭乡；（八）徐埭、清溪、号圩三乡，合并为清溪乡；（九）黄姑、大堰、独山、梁庄四乡，合并为黄姑镇；（十）全公、大小营、秀平三乡镇，合并为全公镇；（十一）银华、周官、洙泾三乡，合并为周泾乡；（十二）新仓、赵新二乡镇，合并为新仓镇；（十三）马沈、新治、放港三乡，合并为马新乡；（十四）三叉口、衙前、金桥三乡，合并为三衙乡；（十五）广陈、东泗合并为广泗乡；（十六）新埭、戈张、新泖三乡，合并为新埭镇；（十七）茅乘、□张石、埭西三乡，合并为埭乘乡；（十八）南传、时大二乡，合并为泖南乡；（十九）扶行、椿前二乡，合并为扶椿乡。

——1946年12月9日

平湖县长巡视冬防

［本报平湖讯］本县县长钟树仁鉴于时届隆冬，为探求乡区民众生活情形及指示今后冬防工作，特于前日偕同记者及随员等再度出发，分赴各乡巡视。足迹遍本县乍浦、新埭、新仓等数区。

——1946年12月11日

平湖筹备欢送新兵征属招待所短期内可成立

［本报平湖讯］本县各界为举行欢送新兵入营，亟宜早日筹备。特于十三日在

县府召开筹备座谈会，决议新兵入营每名送慰劳品一万元，并购买猪酒等物，送新兵中队。同时于入营期内，全城一律悬旗鸣炮。

［本报平湖讯］本县新兵征集所为便利新兵家属来城探望计，特筹设新兵家属招待所。推定新埭张镇长，乍浦陈志丰，新仓胡镇长，城区程、钱二镇长负责筹备，限于最短期内成立。

——1946年12月17日

代　邮

复某君：来函指陈茅乘乡长非法事，顷得平湖县县政府函开："茅乘乡乡长朱学智于农历十月廿五日中午派国民兵队班长侯美甫、乡丁王文荣前往第一保催收军粮差价。至王家明家，以伊妻态一度颟顸而予□送保办公处。经保长朱小弟解劝释放，适于当晚因小产致死。其夫即向县司法处控诉，被告侯美甫罪嫌较重，已押候侦查中。"特复。

——1946年12月26日

各地零讯

［平湖讯］本县三十五年度冬令救济会于二十三日开第三次会议，决定全县共分四区，设置施食站，城区每日八十名，乍浦、新仓、新埭每日各四十名。

——1946年12月27日

1947年

遗失平湖县城区消防总队捐册作废声明

查本人前准平湖县城区消防总队嘱向旅沪同乡募捐并发捐册九本，竟因公私忙碌，致遗失捐册三本（计平字第〇二七六号至〇三〇〇止，三〇一号至〇三二五号止，〇三七六号至〇四〇〇号止，共三本计七十五页）。除函知平湖县城区消防总队外，特此登报声明作废。

——1947年3月15日

平湖菜子贪污案（各地通讯·嘉兴）[1]

嘉兴地方法院受理之平湖菜子贪污案，经检察处侦查半年，已告终结。关振东（前平湖县长）、彭辅周（前平湖税处长）、万迪生（前平湖县府主任秘书）、朱希（前十区专员）、冯□（前十区保安副司令）、顾荣□（嘉兴公记粮行主人）六人，贪污证据确实（共计菜子五船，计二千八百六十五包），依法提起公诉。

——1947年4月28日

轮船被劫（各地通讯·平湖）

行驶于沪平间元企新轮船，于五日由沪驶抵新埭附近，因机械损坏，停泊该处修理。讵被武装匪徒四人登轮搜劫，损失颇巨。

——1947年5月9日

浙省府临时会议　调范文治长平湖

［本报杭州二日电］省府委会今举行临时会议，通过平湖县长钟树仁病逝，遗

1　标题为编者所加。

缺调桐乡县长范文治代理。桐乡县缺，曹平治接充（按：曹为中央挑选及格人员）。

——1947年9月3日

平湖县田粮处严禁预买预卖稻谷青苗

［本报平湖三十日讯］县田粮处以预买、预卖稻谷青苗，不但剥削农民，且情同赌博，严予查禁。所订预买、预卖契约，概□无效，特布告查禁。

——1947年10月2日

鼓励征人征属　平湖制发“光荣牌”

［本报平湖廿四日讯］平湖县政府为鼓励出征军人荣誉、安慰军人家属精神起见，县府特制发“光荣牌”，按户悬钉征属门首，以资激励。

——1947年10月27日

平湖县选举纠纷投票所数处被毁　选所电示恢复续选

［本报杭州廿七日电］平湖县瓦亭乡、王店桥、虹霓及徐溪乡等处投票所，于大选第二日及第三日先后被选民沈当林、陈光明、戴红荣等率众捣毁，散失选票共达三三〇〇余张。当经该县选所派员拾回一部份，密封存案。省选所接悉后，现已电示，限文到两日内，恢复续选完毕，拾回票于开票时并计票数，散失选票则作废票论，对捣毁票匭人员，应即送司法机关严办，以维法纪。

——1947年11月28日

顾守熙律师代表天主堂圣母会声明产证被窃启事

兹据上开圣母会负责人声称，本会前在浙江平湖县乍浦镇大员山即晕顶山购置山地八坵及前沙田，官产处公布图第十五号二段晕顶山山顶地一坵计地七亩一分六厘六毫，所有产权凭证不幸全部被窃，无从查获。特委贵律师代表登报声明等语前来，合代声明如上。顾律师事务所，英士路三三二弄一号，电话八四五三八号。

——1947年12月21日

1948年

双枪王八妹近讯

[本报平湖一月卅日讯]“双枪王八妹”之动态，久已脍炙人口。惟近顷外传消息，颇多以讹传讹者。兹据本报接获近讯，渠率领之平湖自卫第三大队自于民国卅年十二月奉令缩编为平湖县自卫第三中队后，又改编为保安警察。渠常时即解甲归农，迄未担任任何武装部队长官，且于卅五年间，由平湖县农会会员选举渠为平湖县参议员，工作颇为紧张，外传旧部哗变，显属无稽。

——1948年2月2日

浙平湖等地清乡

[本报杭州一日电]为确保京沪杭三角地区之绝对安全，苏浙两省防范极严，本省平湖县等地今起展开彻底清乡，以杜绝奸宄活动。

——1948年3月2日

三县线互相通话

最近隔岸余姚的四明山中传来不宁的消息，白沙滩浒岛上谣传有数百人要对乍浦的方向登陆。记者为了此事，曾和金山县长王绍曾、平湖县长范文治谈及。据他们告诉我，登陆目前尚不可能，他们自金山卫起各个据点上都有保警队与常备队的配合驻守。最近青年军也来协助，浙江水警也派一中队来驻防。在海岸线的内地，也配置着若干常备队与保警队，以备应援。平湖县城离乍浦仅十三公里，平湖和金山有三道县线可以互相通话。他们两位县长当着我的面说：“要做到手臂相助，唇齿相依。”惟据两位县长说，这四十余华里的海岸线，最好能派一艘军舰，不时来往梭巡，则可保无虞了。

——1948年6月2日

1949年

田粮处管理员盗用稻谷案（袖珍新闻・平湖）[1]

［本报讯］田粮处前新埭办事处管理员马绪金盗用稻谷达一千七百余石，无法弥补。虽经前县长范某与前田粮处郑定方来县斡旋，因各报认为是案重大，赔偿盗用稻谷外，应须严办。是案于三十一日由地方法院刘推事审判结束，处无期徒刑。

——1949年1月6日

香船翻沉（袖珍新闻・平湖）[2]

［本报讯］东门外扶行埭乡民李阿根等，于十一日下午三时许，专备香船，驶抵县属白柳港附近，转来平湖向杭州进香。不意在港湾转角时，因风势紧急，一时失却控制力，船身一侧，河水泻入船中。乘客惊慌，乃告翻沉。有老妇三人，当即淹毙，余均侥幸上岸。

——1949年3月14日

清算前任县长（袖珍新闻・平湖）[3]

［本报讯］前任县长范文治被控调省，在任时对于财粮收支多有弊窦，经县参议会八次大会决议设置清算范文治财粮收支委员会，于十三日举行首次会议，从事清算。

——1949年3月16日

1　标题为编者所加。
2　标题为编者所加。
3　标题为编者所加。

松花蕈与猪鱼子

陈左高

近常读本刊陈诒先先生谈吃诸文，深感醰醰有味，兴会所趋，亦略述我乡平湖风味。

平湖县属乍浦镇，四围多山，故俗名“九峰”。若陈山、黄山，尤时见乡贤篇什。其地产松花蕈，大与铜元相仿，每届春夏之交，生于山边松下，自然孕育，不加人工播植，因是产量殊微，一岁不过十斤。缙绅之士，视为佳肴，尤以我乡尼庵所制，最称独绝。其法以蕈与净油合煎，味鲜腴，远逾张家口口蘑。忆昔袁寒云在世日，尝持乾隆怡府笺，作工楷，致画家兄巨来，索取此蕈，推为至美之味，虽枚乘甘餐，殆不是过。

又乍浦海畔，多猪鱼，其子可食，业此者大只聚鱼子用布包扎如拳形，然后炙之，色若琥珀，战前每枚售价约银圆四五枚，其即有厚利可图，于烹调之术，恒珍秘不宣。购之者将其切成薄片，略蘸白糖和食，鲜味驾广东龙虱而上之。海上糖食肆所售之熏鱼子，与此迥然不同。斯二物者，一荤一蔬，系用以饕餮嘉宾，予不食也久矣。至世传西瓜、糟蛋为平湖名产，然西瓜尚有德州、哈密等名种，四川糟蛋亦称珍味，独松花蕈、猪鱼子，甘香狡腴，无可与之媲美。惜乎产量过微，名遂不彰云。

——1949年3月30日

嘉兴师范学校教职员集体请假（袖珍新闻·平湖）[1]

［本报记］省立嘉兴师范学校于十九日起全体教职员总请假两天，为支持全省省立中等学校向教育厅争取合理待遇，并推派代表赴杭州，与各校一致行动。该校派夏鼎等二人为出席代表，已于二日首途。

——1949年4月22日

1　标题为编者所加。

囚犯保释(袖珍新闻·平湖)[1]

[本报讯]近因时局关系,监狱署囚犯食粮发生问题,凡判决在有期徒刑十五年以下者计七十二名,奉准保释。又前年山阳班血案主角黎阿迷,于廿六日越狱潜逃,追至南门外击毙。

——1949年5月4日

海盐上海道上

绿　洲

杭州撤失后,笔者即伴老母及同时逃出之难民十数人乘船离杭,历四日而抵达海盐。

怀着一种流浪的心情上了岸,才知道海盐四郊并无国军驻防。在安吉、孝丰激战的时候,这里就已呈真空状态,没有国军也没有共军,市面仅由少数地方组织的"保甲联辖队"维持治安,倒甚少有抢案等事发生。街头异常萧条,金圆券已绝迹,市民均以银圆、铜币为交易的通货。仅有的三四家报馆均已停业,仅余一份四开的海盐地方报。

五月五日黎明后,气候转阴,晨间九时许,即细雨纷飞。笔者打听得有独轮板车可通离平湖五十里许的羊角镇,即伴老母以大头五圆,外加八九分重的金挖耳一根的代价,雇车一辆往该镇。沿沪杭公路而行,途中车轮轧轧,野田烟雨,别是一番滋味。

……

入晚抵羊角镇,镇内并无共军。当晚雨住月出,假宿一极小之客栈内。次日,天气转晴,气候甚热。乃又另雇一双轮牛板车往平湖出发。牛行甚慢,且沿途公路均遭炸毁,必须另湾小道而行,惟情况尚安靖。午后三时许抵平湖。平湖并未被共军占领,然市面甚混乱,银牛手中之大头已无人问津,米价狂跌,店铺多数关闭,街头仅少数自卫队及保安警察维持治安。笔者闻次日晨有早班汽车至松江,乃伴母至车站夜宿。

1　标题为编者所加。

七日晨六时，连续有七班车开至松江，然拥挤的情形实属罕见。经余一再与司机磋商，并允另以大头四枚为报酬，方允老母坐入司机之侧。九时，车方开出，至奉贤、柘林、亭林、金山，均被沿途军警拦阻搜查，耽搁至晚方抵松江。下车即闻平湖撤失，同车者均额手称幸。

八日晨，乘火车至上海，车抵龙华即停止不开。经探询，方知又是军警检查。此次检查甚严，无沪市民身份证者不得下车，笔者亦不能免。后经余出示证件，并打电话请沪市某报馆友人钱君证明方允下车，乃又乘汽车抵上海。（十四日于上海）

——1949年5月16日

篇目索引

一　画

二　画

三　画

四　画

五　画

六 画

七　画

八　画

九　画

十 画

十一画

十二画

十三画

十四画

十五画

十六画

十七画

十九画

后　记

多年来，平湖市档案馆先后与华东师范大学历史学系、中共党史系合作开展平湖老鼎丰酱园档案的整理与研究工作。至2021年，已经完成“平湖老鼎丰酱园档案整理丛书”（19种）、“平湖老鼎丰酱园档案研究丛书”（6种）。自2020年起，双方继续合作整理平湖历史档案，收集并整理平湖地方历史文献，编纂和出版“平湖历史文献整理丛书”，已经出版《平湖针织业文献选辑》（2020年）、《近代平湖土地文献选辑》（2021年），这本《〈申报〉平湖文献选辑》为该丛书的第三种。

这项工作得到了浙江省档案局、浙江省档案馆、嘉兴市档案局、嘉兴市档案馆、中共平湖市委和市政府、华东师范大学马克思主义学院的指导，还得到了华东师范大学图书馆、浙江省图书馆、平湖市图书馆等机构的大力支持。初稿完成后，陆保林、郭杰光、陆曹珺、黄艳、沈俊审校全稿。上海辞书出版社杨丽萍老师策划出版事宜并提出了修改建议。感谢所有关心、支持和帮助项目研究，以及为此书出版付出辛劳的各位老师！

作为“平湖历史文献整理丛书”的成果之一，不足之处，祈望得到读者的批评指正！

编　者

2022年8月

图书在版编目(CIP)数据

《申报》平湖文献选辑 / 董建波编. -- 上海：上海辞书出版社，2022
(平湖历史文献整理丛书/董建波，陆保林主编)
ISBN 978-7-5326-6005-6

Ⅰ. ①申… Ⅱ. ①董… Ⅲ. ①平湖—概况—近代 Ⅳ. ①K925.54

中国版本图书馆CIP数据核字(2022)第217209号

平湖历史文献整理丛书
SHENBAO PINGHU WENXIAN XUANJI
《申报》平湖文献选辑
董建波　陆保林　主编
董建波　编

责任编辑　杨丽萍
装帧设计　姜　明
责任印制　王亭亭

出版发行　上海世纪出版集团
上海辞书出版社(www.cishu.com.cn)
地　　址　上海市闵行区号景路159弄B座(邮编201101)
印　　刷　苏州市越洋印刷有限公司
开　　本　720毫米×1000毫米　1/16
印　　张　26.25
字　　数　442 000
版　　次　2022年12月第1版　2022年12月第1次印刷
书　　号　ISBN 978-7-5326-6005-6/K·1231
定　　价　168.00元

本书如有质量问题，请与承印厂联系。电话：0512-68180638